超葉隠論

CHŌ HAGAKURE RON

執行草舟
SHIGYO SOSYU

実業之日本社

超葉隠論

葉隠十戒

第一戒
武士道といふは、死ぬ事と見附けたり。

第二戒
二つ二つの場にて、
早く死ぬほうに片付くばかりなり。

第三戒
図に当たらぬは犬死などといふ事は、
上方風《かみがたふう》の打ち上《あが》りたる武道なるべし。

第四戒
毎朝毎夕《まいちょうまいゆう》、改めては死に改めては死ぬ。

著者小学五年生のときに思想、生き方、死生観などすべてに渡る公理として大著『葉隠』の思想から十の言葉を選び「十戒」として纏めたもの。その後の著者の思想的展開の原点となっている。

第五戒　恋の至極《しごく》は、忍ぶ恋と見立て申し候。

第六戒　一生忍んで、思い死にする事こそ恋の本意なれ。

第七戒　本気にては大業《たいぎょう》はならず、気違《きちが》ひになりて死に狂ひするまでなり。

第八戒　不仕合《ふしあわ》せの時、草臥《くたぶ》るる者は益《やく》に立たざるなり。

第九戒　必死の観念、一日仕切《しき》りなるべし。

第十戒　同じ人間が、誰に劣り申すべきや。

執行草舟　選

デザインは佐賀藩出身の祖父・執行弘道氏が刀の鍔を象ってつくった蔵書シール。日本最初の蔵書シールと言われている

超葉隠論

目次

第一部　思索篇——「超葉隠論」（執行草舟　書き下ろし）

思索篇
第二章　永久燃焼論

思索篇
第三章 永久恋愛論

思索篇
第四章 永久革命論

思索篇
第五章　永久運命論

思索篇
跋

第二部　質疑応答篇・インタビュー──
「超葉隠論」
（聞き手　実業之日本社　編集部）

質疑応答篇・インタビュー
序

質疑応答篇・インタビュー

第一章 永久孤独論

質疑応答篇・インタビュー

第二章　永久燃焼論

質疑応答篇・インタビュー

第三章　永久恋愛論

質疑応答篇・インタビュー

第四章　永久革命論

質疑応答篇・インタビュー

第五章 永久運命論

装幀　秦　浩司
校正　山本和之
ＤＴＰ　株式会社　千秋社

第一部

思索篇——「超葉隠論」

（執行草舟　書き下ろし）

序

まず初めに、『葉隠』*という書物について簡単に述べておきたい。それは、この書物が全く誤解されたまま現在に至っているからに他ならない。

葉隠とは、「武士道」の書物ではないのだ。それは、ひとりの武士の慟哭であり、その覚悟が述べられているものである。だから、江戸期の武士階級に認められていた公認の本ではない。公認のものは朱子学*に基づく道徳と礼儀、そして何よりも権力志向が貫かれたものしかない。葉隠はいわゆる「禁書」だったと言ってもいいだろう。だから、それを読み、そして実践しても、誰にも認められないものだった。

それが、葉隠の最大の価値を創っている。そしてその魂とも言えよう。武士として本当に生き、そして死にたいという志を持った者だけが、手書きで写し、廻し読みをしていた。したがって葉隠は、権力に全く媚びることのない時間を歩み続けた。

だから葉隠を学んでも、現世では何の役にも立たず、また何の得もない。それはこの現代でも全く同じことだ。自己の魂の鍛練だけに生き、そして死ぬ。それ以外に葉隠のもつ意味はない。その全く何の役にも立たない葉隠が、現代の人間の魂の在り方に一つの道筋を与えているのだから面白い。

いま我々は、そういう時代を生き抜いているのだ。私は生涯を貫いて、この葉隠だけを信じ、そしてこの思想のみで生き、また死のうと決意している。その幸運、その喜びを嚙み締めない日はない。葉隠とはそういうものだから、これを読んで人生の役に立てたいと思う人々は、まず読まないほうがいい。

山本常朝*という、江戸初期に生きた本物の武士が叫ぶ、その慟哭と悲痛を追体験したい者だけが読むべきものと言えよう。その追体験が、自己の生命の喜びとなるには長い時間が必要となる。共感とは、同じ長い人生を共に歩まなければ得られないのだ。

したがって私は本書において、その長い人生において得た「共感」を述べたいと思っている。私が共感した、葉隠的な生き方とは何か、そして死に方とは何かということに尽きる。

私は六十年をかけて、葉隠との共感作用を醸成して来た。その共感は、結果として日本の最も深淵な武士道的魂との出会いをもたらしてくれた。権力による歪みのない武士道の軸心だ。ひとりの武士の赤誠から滴った生き方である。

だから、それは文明や文化とも違うものかもしれない。ひとりの人間の「涙」と呼ぶことが最も正しいだろう。本当のことは、人間の真心から滴る涙の中にしかないのだ。私は魂の文化とその武士道を貫く、「血と骨」に出会っていたことになる。

武士道は、日本文化の背骨とも言うべきものである。そして武士道のもつ歴史は、「人類とは何か」を我々に突き付けているように思っている。表層の武士道を突き抜けて、葉隠の魂と対面した者は、武士道が人類的問題であることに気付くだろう。だからこそ葉隠には未来を創る力があるのだ。それは葉隠が、武士道という文化の「初心」だからに違いない。

葉隠には、武士道がもつ原初の清純の薫りが漂う。現代は、人類の文明としては死滅している。それは、人類がその初心を忘れてしまったからに他ならない。初心の中に、すべてがある。武士道すら、文明の中で衰滅してしまった。それは、ただの道徳に堕してしまった観がある。

葉隠の骨髄には武士道の初心がある。人間の赤誠と、生きることへの涙があるのだ。それを私は書きたい。それは今の世においては、超道徳・超歴史・超生命・超文明・超武士道とも呼ぶべきものとなるだろう。それは今の世に、人類の初心がないからだ。だから私は本書において、超人間の生き方を語ることになってしまうに違いない。

葉隠とは、現代において、人間を超えたい者だけが読むべき本なのだ。葉隠の研究などという現代病を超えた、「超葉隠」を私は提示したいと考えている。

葉隠を体得したい者は、この葉隠すら超えなければならない。

葉隠は、一言で言えば人間のもつ魂の超越性を語っている。そのような意味で、私は小学生のときから、葉隠に最も近いものとして『新約聖書』を座右に置いているのだ。キリストの言葉も、また人類のもつ魂の超越性を述べているからだ。その共振の力によって、私は葉隠的な人生を何とか送って来ることが出来た。

私には葉隠しかない。そのような人生だった。それを支えてくれたのが、キリストの言葉だった。その一つが「ルカ伝」（第十章四十二節）にある。「しかし必要なことは、ただ一つだけしかない」というものである。人間が、己れの魂を超越するために必要なことは、ただ一つしかないのだ。それが私の場合には、葉隠だった。

やはりキリストの言葉に励まされ、現代に新しい生の実存哲学を築き上げた人物にミゲール・デ・ウナムーノ*がいる。このスペイン人は、その『ドン・キホーテとサンチョの生涯』において、「人間以上のものたらんと欲するときにだけ、人間は本来的な人間となる」と言っている。

人間の生を探求した者は、必ず人間存在の初心に還ることとなる。ウナムーノはまさに人間の魂の初心を語っている。その『生の悲劇的感情』は、私の「葉隠思想」を支える最も重要な哲学となっている。真に生きるとは、自己の人生を超えることなのだ。跳躍であり、飛翔である。

ルネッサンス*以来、合理と科学に冒された人類はいま死に瀕している。だからこそ、あのニコライ・ベルジャーエフ*はその『歴史の意味』において「人間は翼を失った」と言ったのである。現代人は魂の本当の輝きを失った。生命の本当の飛翔を失ったのだ。人生には飛翔が必要なことを忘れてしまった。

だから我々に未来はない。日常的な自己を超える、本来の自己の輝きを忘れた。人間には翼があることも忘れた。そんな当たり前のことすら忘れてしまったのだ。人間の魂は、どこにでも行くことが出来る。どんなことでも成すことが出来るに決まっている。それを思い出さなければならない。

葉隠の核心には、人類の魂が織り成す「歴史的実在」がある。武士道という文化の中で、真に苦しみ抜いた人物の魂だからこそ、歴史の実在を捉えているのだ。その実在を現世に表わそうと試みるものが本書である。

歴史的実在とは、過去に生きた人々の血と涙が創り上げた現実に他ならない。しかし、この実在もまた、合理と科学によって踏みにじられてしまった。キリスト教も形骸と化した。武士道もまたしかりである。葉隠もまた研究され尽くし、全くただの「文献」となってしまった。現代は武士道も葉隠も死滅した。

したがって、今や普通の葉隠解釈とその実践が「超葉隠」となってしまったのだ。現代の葉隠観を超えなければ、葉隠の魂に触れることは出来ない。魂の飛翔によって、我々は葉隠との魂の合一を果たさなければならない。

私はそれをやり遂げて来た。それは信ずること、続けることの賜物と言ってもいい。幼き日の感動と、不断の読み込み、そして自己の共鳴した思想の抽出という作業にそれは負っている。私は葉隠を愛し、その思想と日々対面して来た。葉隠を自己の全存在をかけて「祈り」とするために、それを纏め上げたのだ。

それが私だけの「葉隠十戒」という戒律である。

私は自戒のために、あのモーセの「十戒」*に倣ってそれを創った。つまり、それを守らなければ必ず死ぬという誓いの下に創ったのだ。それは小学校五年のときだった。それ以来、六十年以上に亘って、私はこの「葉隠十戒」だけで生きて来た。私の全読書、全生涯はすべてこの十戒のどこかに収斂して行くのだ。

私の人生は、これ以外にはない。この十戒は、私が葉隠の骨髄と感じたものである。この中に、葉隠のすべてがある。この実践と鍛錬だけが「葉隠的人生」を創る。自己を超越した自己を築き上げるのだ。この「葉隠十戒」の現代的意義を問う意志が、本書を貫徹している。

私は「葉隠十戒」だけの人間だと先に述べた。その単純さが、私の最大の誇りとなった。単純であることによって、私はいかなる困難にも苦悩にも真正面からぶち当たることが出来た。単純とは、また柔軟ということでもあるのだ。私は長い葉隠の修練によって、何か自己が一つの「流体」であるように感じている。

流体だから、何にでも成れるし、何でも出来る。どこにでも進出し、どのような細かい所にも入り込むことが出来るのだ。何にでも体当たりすることが可能となる。それは自己が流体だから、体当たりの衝撃波を吸収することが出来るからに他ならない。流体でなければ、私はきっと圧死していただろう。

私が流体と成ることが出来たのは、もちろん葉隠そのものが流体だからなのだ。葉隠の思想は、不断に流動してやまない「暗黒流体」である。最近の物理学で証明されているダーク・マター*やダーク・エネルギー、またその総体として宇宙の九割以上を占めると言われている暗黒流体（ダーク・フルーィド）と呼ばれる宇宙的本質が、葉隠の発する力に最も近い。

暗黒流体は宇宙を支配し、物質を物質たらしめている力である。それは宇宙のあらゆる空間を満たし、またあらゆる物質の内部に浸潤している。人間なら、まさに魂のもつ真の力となっているものだろう。その力と同じ力を、私は葉隠の存在に感じているのだ。

私は葉隠だけを仰ぎ見て生きて来た。だから私の魂と肉体には、葉隠の思想が浸潤している。それは暗黒流体の圧力として、私の肉体の奥深くにまで入り込み、また魂の奥底まで浸潤している。その浸潤の感覚を私は流体と感じ続けているのだ。

私の全存在のあらゆるところに、葉隠の暗黒流体が浸潤して来ている。毎日毎日、それは私の魂と肉体を浸し続けて来たのだろう。私は葉隠の言葉に、暗黒流体のもつ宇宙的実存を感じている。葉隠は、現代人が最も捉え難い思想だと言われている。それは葉隠が、捉え所の無い流体だからなのだ。

この流体を愛し信ずることによって、自己の存在のすべてに浸潤させるのである。この浸潤作用に苦悩と悲痛が伴うのだ。非自己の力に、自己のすべてを晒せば、苦悩だけしか残らないだろう。しかし、その苦悩が葉隠の魂と自己の魂の合一化を行なわしめると言っても過言ではない。

私はそれをやり続けた人生を送って来た。だから自己自身が、年月とともに流体と化することが出来たのだと感じている。流体となった生命は、体当たりと運命に生きることだけが楽しみとなる。この世のすべてに浸潤する楽しみほど、大いなる楽しみはない。

葉隠は固定されていないのだ。だから私の「葉隠十戒」も不断に流動する嗚咽《おえつ》であり、私の雄叫《おたけ》びなのである。私の叫びは、流体と化した私の生命と言えるだろう。私の「葉隠十戒」が他者の役に立つとすれば、それはこの「葉隠十戒」という流体を抱き締め愛そうとする決意にかかっている。

私から流れ出る暗黒流体の浸潤を愛した者は、葉隠的な人生を築き上げることが出来るだろう。そして、流体エネルギーの浸潤を受け続けた人間は、本人そのものも流体と化する。そして流体と化した人間こそが、真の体当たりと自己の運命に向かうことが出来るようになるのだ。

私は暗黒流体の浸潤という現象を、葉隠を通して経験した。そして先述したように私自身が、流体としての人生を歩むことが出来るようになったのだ。

私は人間のもつ魂の力とその力を地上で具現する肉体を、宇宙の中心的な実在だと思っている。人間の実在は、宇宙に遍満する非物質である暗黒流体という負のエネルギーによって成り立っている。負のエネルギーが我々に、愛や義や信を何よりも重んずる魂の圧倒的な力の下に生きる生き方を成さしめるのだ。そのような考え方が、本書の中で多く語られることになる。

それを成しとげる思想こそが葉隠の宇宙的使命とも言えよう。

その精髄を「超葉隠」として語りたい。私のすべてである「葉隠十戒」もまた、合理と科学を超越しなければ何も分からない思想なのだ。もちろん、物質と我々の実人生のすべてを超越しなければ何も分からない。したがって私は、それらを語るのに宇宙の中心エネルギーである負のエネルギーをもって語ることになる。エネルギーは流体として我々の魂や肉体に浸潤する。だから葉隠の思想とは、未来へ向かって流れる「生ける流体」だと知ってほしい。

思索篇——

第一章 永久孤独論

孤独とは何か

我々はまず、葉隠という「美学」の根源を見つめることから始めなければならない。そのためには、自己と葉隠との対面の仕方を決めなければならない。葉隠との付き合い方の全体を覆う考え方を知る必要があるのだ。葉隠は、どのような人物と親和性があるのか。それを感じるところから、始めなければならない。

葉隠との親和性は、孤独を厭《いと》うことのない生き方から生まれる。孤独の中を生き抜き、孤独の中に死することを厭わぬということである。その心がなければ、葉隠が自己と共振することは決してない。

孤独とは、自分固有の人生を貫く決意のことを言う。それがなければ、葉隠に触れる必要はない。自己の魂と自己の生命を、真に愛する者だけが、葉隠と交流できるのだ。それも、一生を通じてということに尽きる。少なくとも、葉隠と生涯を共にする気持ちがなければ何も分からないだろう。

その決意を、私は「永久孤独論」と名付けているのだ。永久の孤独だけが、葉隠と自己の融合を果たす条件となる。私はこの決意によって、葉隠的人生を確立して来たと思っている。その孤独に耐える力だけが、葉隠と共感できる魂を醸成させてくれたのである。

永久孤独論とは、自己の生命が本当にこの世に一つしかないことの自覚なのだ。その一つしかないことへの誇りを培えば、葉隠の思想は自己の内部に浸潤して来る。この世に一つとは、過去にも一つであり、未来にもまた一つとして繋がっていることの認識でもある。自己の存在が、この世のものでしかないと考える者には、葉隠は理解できないだろう。過去・現在・未来の三世を貫徹して、一つの自己を感じる者だけに葉隠はほほえみかけてくれる。

フランスの生理学者ルコント・デュ・ヌイ*はその『人間の運命』の中で、

「人間の運命は、この世のものとは限らないということを決して忘れてはならない」

と言っている。孤独に耐えて、偉大な研究に身を捧げ尽くした者だけに言える言葉だ。デュ・ヌイには人間の本当の価値が分かっていた。あの偉大なアレキシス・カレル*の親友であったことも偶然ではない。騎士道の精神をもち、そのように生きた人物である。この二人は、二十世紀の科学に、人間の魂の価値を付加した人物たちとして歴史に刻まれている。

私は、孤独のもつ力だけが本当の生き方を引き寄せられると言いたいのだ。孤独のもつ力を軽視する考え方こそが、現代の軽佻浮薄の文化を生み出したと思っている。『超葉隠論』を始めるに当たって、私がその第一章に孤独のもつ力を挙げたのは、それほどに孤独が大切だからなのだ。葉隠との対面は、孤独なる自己が行なわなければならない。自己の生命のもつ孤独性を深く認識して、葉隠と対面する。それ以外には、葉隠と自己との共感が生まれることは決してない。

人間の生命がもつ孤独性とその屹立《きつりつ》だけが、過去と未来、そして現世のすべてを身の内に体現する方法なのだ。私は究極の孤独の中で、葉隠と対面し続けて来た。それによって、私は自己固有の歴史論・現代論・未来論をもつことが出来るように成ったと思っている。

つまり、葉隠のようなひとりの人間の至誠が貫徹した書物には、人間存在と宇宙空間のすべてが含まれているということに尽きる。葉隠を愛し信じた者は、過去・現在・未来をつんざく英知が身に付くということである。それだけの付き合いを葉隠と行なわなければならない。それが本書『超葉隠論』の意味である。

覚悟と闘い

さて、この第一章においては葉隠の全体に係わる思想を見ていきたいと思っている。何よりもまず、葉隠は、生きる上の「覚悟」を問う美学である。この問いが、自分自身だけに対して発せられるのだ。他者は一切関係ない。山本常朝とそれを読む自己だけの世界における「問い」ということである。だから孤独が何よりも大切になる。

あのドイツの宗教哲学者マルチン・ブーバー*の言う「我と汝」の関係を常朝と自己との間に築く。常朝と自己だけの世界を構築できない者に、葉隠は何も語りかけてはくれない。まず、生きる上での覚悟。そして死に方に係わる覚悟。これらのことが、自己の生命に対して問われて来る。

自分がどう生きたいのか、どう死にたいのか、またどこへ向かって歩みたいのか。それらが問われる。

　その問いだけが、葉隠のすべてを貫いている。書物全体が、読む者の覚悟を問うているのだ。この問いに答えていく過程が、葉隠の言う鍛錬の道と言えるのだろう。その鍛錬の道筋が、第二章以下で述べられることになる。

　ここでは、自己の生命の本当の価値に気付かなければならないということだけを言っておく。それがなければ、すべてがない。それも、本当に生き切ること。本当に死に切ること。そして永遠の魂を掴み取ること。そのような人生を必ず送るのだという決意だけが大切なのである。その決意が本物のとき、それを覚悟と呼ぶのだ。

　覚悟のない者に、未来はない。

　未来とは、人間の覚悟だけが生み出す生命的時間を言うのだ。我々人間にとって、機械的な宇宙的時間は未来ではない。それは混沌であり、荒涼たる無である。葉隠との対面を続ける者は、必ずこの覚悟の問題を会得する時期が来る。また来ない者は、葉隠そのものを捨てるだろう。つまり葉隠を抱き締める者は、必ず覚悟が据わって来るということなのだ。覚悟は、自己の肉体と自己の魂との対話であり、また対決となるだろう。この対決が、無限の孤独の中で進行していくのだ。

　まさにこの世も、他者も全く関係ない自己固有の時間の経過を経験していくだろう。魂と肉体の戦いである。そして、魂が肉体を支配する日が来るに違いない。覚悟が、その日をもたらしてくれる。

この魂が肉体を支配していく過程を、私は「超越的収斂《しゅうれん》」と呼んでいるのだ。覚悟がもたらす苦悩と悲痛が、魂の奥底に吸い込まれていく過程と言えよう。それらの涙を、魂が吸収することによって、肉体を乗り越えた自己が出現する。もちろん、それは完成して終わるものではない。

この状態を維持し発展させることに、葉隠的人生の真の意義がある。そして、それこそが「永久孤独論」の本質的生き方となる。この魂が肉体を支配した状態を、死するまで維持すること。それは孤独の崇高性によってしか実行できないのだ。

この覚悟が生み出す状態は、現世的な他の要件を考える人間や、他者の影響を受け易い人間には不可能なこととなろう。孤独を厭《いと》う人間は、この魂が肉体を支配する状態を創り出すことには必ず失敗する。それは現代が物質主義であり、肉体至上主義だからに他ならない。それが分かっているから、葉隠的人生は孤独の中でしか醸成できないと言っているのだ。

魂の尊厳

これを支える形而上学的基礎は、魂の尊厳が人間存在のすべての価値だと信ずる考え方にある。この思想は、物質主義の完全否定である。そして、人間の魂がもつ力への絶対的信頼によって成り立っている。

この魂を支える力こそが、「負のエネルギー」で構成されているのだ。その負の宇宙エネルギーの力を絶対的な価値とみなしているところに魂の絶対的尊厳がある。我々の魂は、負のエネルギーの働きによって、愛や義や信のために肉体を投げ捨てることが出来るようになる。その力を絶対視する思想が葉隠を貫いているのだ。そのような価値と自己が親和力をもったとき、魂が自己の肉体を支配することが出来るようになる。

また人間のもつ魂への深い理解が、葉隠との親和力によって逆に生まれると言ってもいい。だから葉隠は、肉体よりも魂を重視する文化が生み出した生き方とも言えよう。そして孤独の中における自己の覚悟だけが、その文化を引き寄せ、魂の肉体支配を可能ならしめている。

魂が肉体を支配する超越的収斂こそが、葉隠の思想を摑むための出発となろう。

その実行が、武士道的な人生を送りたいという自己の覚悟にかかっている。先述したように、葉隠全体を覆う思想は、この覚悟を問うものと言っても過言ではない。だから、葉隠と共に歩もうと決意する覚悟が生まれないなら、葉隠から放射される魂は何も分からないということになる。

葉隠十戒とは

さて本書の中核を成す「葉隠十戒」は、葉隠の精神を表わす精髄となっている。私が抽出した、葉隠の最も根幹の言葉である。

本書はその十戒の人生的展開を行なうことを主眼としている。すべてを凌駕する、人類の絶対的価値としての魂を語るために、この十戒の展開を行なうことになるだろう。それはまた、魂を構成する宇宙の負のエネルギーを地上における絶対的価値と見る、私の人生観を余す所なく見せることとなろう。「葉隠十戒」が、葉隠の精髄だということは、十戒が最も厳しい覚悟を読む者に求めるということになる。

私は小学校一年のときから『葉隠』を読み続けて来た。そして、この「葉隠十戒」を抽出したのが小学校五年のときである。

それ以来、この十戒は私のすべてとなっている。私の人生で、この十戒のどれかに収斂しない事柄は一つもない。存在のすべてが、この十戒から生まれ、また十戒に向けて収斂して行く。私はこの十戒を抽出し、それをわが人生の「根源」に据えると誓った日から、私の本当の魂が成長し出したのだ。つまり、その日に覚悟が生まれた。

それ以来、私は六十年以上に亘って「孤独」な人生を貫いて来た。孤独だけが、自己の魂を守る力をもつからだ。その生き方は、この十戒によって自己自身の存在に対する覚悟を決めたときに始まった。

私の人生とは、この覚悟が織り成した道程と言っても過言ではない。私のすべての生命活動は、この十戒に向かって行なわれている。私のもつすべての知識は、この十戒の本質的理解のためにのみ志向されている。私の人生の思い出のすべては、この十戒の中にしかない。すべての思い出が、この十戒の中に封じ込められているのだ。

私は体当たりと、自己の運命を愛するだけの人生を送って来た。そのような意味で、私の人生は問答無用だった。誰からも理解されることはなく、またそれを望むことも全くなかった。良くも悪くも、私の人生は一つの覚悟によって生み出されたということだけは確かである。

そして私は、いま七十歳と成っている。この時点で、自己の人生を顧みたとき、覚悟が生み出した人生を送れたことだけを、本当の意味で誇りとすることが出来るのだ。だからこそ、私は本書を執筆することになったのだろう。

助右衛門切腹の儀

覚悟ということについて、私が知る限り、この世で最も崇高で厳しい出来事が歴史に刻まれている。それは『葉隠』巻六に記された鍋島助右衛門切腹の儀*と伝えられた実話である。この史実については、滝口康彦がその物語を『葉隠無残』という文学となして今に伝えている。そこに見る「血染川」がまさにこの史実に他ならない。

この物語は、理不尽な罪によって佐賀藩主鍋島勝茂から切腹を申し付けられたひとりの古武士の、魂の葛藤をあますところなく伝えるものと言えよう。

そしてこの古武士が、武士道において、あまりにも偉大だったことによって巻き起こされた「悲劇」が我々の涙を誘うのだ。鍋島助右衛門の切腹に伴って、妻子を含めその一族郎党十九名が殉死したのである。それを悲劇の名の下に顧みないか、またはそれを我々の父祖の涙として我が魂の奥深くに浸潤させるかによって、その人物は全く別の生命体と成る。

私は、これを父祖の流した歴史の涙として、一日も忘れたことはない。この日々の魂の蓄積だけが、葉隠の奥深くに潜むその超越的収斂を自己の骨髄に打ち込んでくれるのだろう。そして最も大切な事柄は、このような凄絶《せいぜつ》な武士道が、人間の日常を超越した崇高な覚悟から生まれたという事実を知ることにある。

この武士道の歴史にとって最大の出来事は、切腹を申し付けられたときに助右衛門が放ったその言葉にあるのだ。

申し渡しのための使者は、まず切腹までの時間的猶予と切腹の理由を説明しようとした。このときの助右衛門の返答が記録されている。助右衛門は間髪を入れずに「覚悟は決めていたことじゃ。理由などどうでもいい」と言ったのである。そして数日後の指定日に対して「二、三日も待つ必要はない。今日ただいま切腹いたす」と述べたと伝えられる。

この覚悟が、武士道史上最大の切腹劇を巻き起こした。このような覚悟をもつ助右衛門と、それを慕う人間たちの深い絆を感ぜずにはいられない。覚悟とは、その頂点を極めれば、これほどに凄まじいエネルギーをもつものなのだ。この助右衛門の、死に臨んでも、その理由など問わないという生き方と死に様は私の魂に革命を起こした。

覚悟と負のエネルギー

私はこの事実によって、覚悟というものの本質を仰ぎ見ることが出来た。その日から私は、この覚悟に近づく人生を送りたいと思いながら生きて来たのだ。私が苦悩の人生を歩んで来たのは、このような理由による。助右衛門の述べた覚悟は、人間にはほとんど到達不能に近い覚悟である。それが葉隠の覚悟なのだ。私はこのような崇高な事実を知ってから六十年に亘って、自己のもつ卑しさと日々対決しながら生きて来たのである。

そこに至れない自己と、毎日対面しながら生きて来た。しかし、必ずそこに至りたいと日々願いながら生きて来たのだ。覚悟という魂の価値と日々対面していると、それが一つのエネルギーだと気付くようになる。それは人間の魂に宇宙から降り注ぐ一つのエネルギーだと感ずるのである。我々がこの世で知るエネルギーではない、人間の精神を立たしめるようなエネルギーと言ってもいい。私はこのエネルギーに「負のエネルギー」という名を付けているのだ。

そして、このような偉大な覚悟というエネルギーと対決すれば、それが徐々に自己の魂の中に流体として浸潤して来るという感覚を味わうこととなるだろう。はっきりと認識することの出来ない流体であるがゆえに、そのようなエネルギーは物理学的にも「暗黒流体」（ダーク・フルーィド）と呼ばれているのだ。それは助右衛門を助右衛門たらしめたエネルギーと言ってもいい。そのエネルギーが徐々に私を浸して来るのだ。この感覚を摑まなければ、葉隠のような偉大な思想は自己の中に入って来ない。

　私はもちろん、まだ葉隠の崇高に至っていることはない。その途上に生きる者である。多分、このまま死ぬのだろう。しかし私は全く自己の生き方を悔いることはない。それは自分が、崇高で偉大な魂の文化に向かって生き切ろうとしていることを知っているからだ。この世に生まれた自分の生命に、宇宙的な価値が少しはあるのだと自覚できるからに他ならない。人間にとって最も大切なことは、自己の生まれた理由を知ることである。つまり自己のこの世における存在理由（レゾン・デートル）と呼ばれるものだ。

　私は、葉隠的な覚悟を身に付けようともがく人生を送って来た。それによって私は自己のこの世における存在理由のすべてを知ったのである。魂に降り注ぐ一つの宇宙エネルギーである「覚悟」と対面を続けることによって、私は自己の生命の実存に触れることが出来るようになった。魂の力とは、そのどれか一つとでも、まともに対決すれば、その全貌に触れることが出来るようになる。

　助右衛門の実話は、私に覚悟のもつ崇高性を知らしめてくれた。そして、それこそが葉隠全体を覆う思想の核心だったのである。

　葉隠は、そのすべてに渡って人間の生き死にに関する覚悟を自己に迫って来る。それから逃れたい者にとって、葉隠は無用の長物となるだろう。この覚悟という魂のエネルギーの浸潤を私は日々受け続けた。その力によって、私は自己の日常性を突き抜ける多くの「時」をもつことが出来たのだ。

日常とは、正のエネルギーが支配する地上の物質界である。その日常を生きるのに、我々人間は魂という非日常の宇宙エネルギーに晒される中心軸を与えられているのだ。この宇宙エネルギーを、私は負のエネルギーと呼んでいる。それを受けた魂を生かすことが、人間にとって自己の存在理由をこの世で実現する唯一の意味を創っている。そのために西洋では騎士道が生まれ、日本では武士道が生まれた。その武士道の魂が純粋の形で残されたものが葉隠と言ってもいいだろう。

だから葉隠は、単なる書物ではない。それは魂が、書物という形になっているだけなのだ。

葉隠が求めるものは、すべて魂の問題だけしかない。それは武士道という歴史的実在の形すら問題としていない。歴史的な武士のもっていた形式など、葉隠ではどうでもいいのだ。葉隠はただひたすらに、崇高な魂のあり方だけを説いている。些末的な事柄の表現も、その奥には魂の崇高なくしては分からないものが多い。

だからこそ、葉隠を一つの宇宙的エネルギーと捉えなければ、我々はそれに親しむことは出来ないのだ。宇宙から我々の魂へ降り注ぎ、人類の存在理由を創り上げた負のエネルギーの感知なくして葉隠の思想は分からない。

葉隠を地上の武士道の中だけで考えていては、それはストイックで厳しい人生を我々に押し付けて来るだけのものとなってしまう。そうではなく、葉隠は我々が肉体的な日常生活を超越して、魂の崇高に向かうことへの祈りが込められた書物なのだ。

覚悟と孤独

覚悟をもつという魂の価値が、この壮大な書物の底辺を支えている。我々日常を生きる生身の人間にとって、覚悟がいかに困難であり、また大切なことなのかが思い知らされる。この覚悟が、深い孤独の中でしか醸成されないのだ。

先に挙げた例でも、鍋島助右衛門の人生は深い孤独の中を生き切っている。孤独であるがゆえに、助右衛門は自己の魂との対話を死の瞬間まで続けられた。そしてその孤独によって、助右衛門は多くの愛を他者に与えられる人間に至っている。他者の愛を求める人間たちの対極にいた人物と言えよう。

深い孤独だけが、真の愛を培うことが出来るように私は感じている。多分その愛が、自己存在に関わる本当の覚悟というものを生み出してくれるのだろう。私はそのように思う。

人生は、自己の存在に対して本当の覚悟をもとうと決意することから始まるのだ。覚悟とは、一つの自己責任でもある。人生のすべてを自己責任で全うする決意である。それがあって、初めて本当の人生が出発する。葉隠とは、魂に生きる本当の人生の出発を促す書物と言ってもいいのではないか。

覚悟は、人生においてそれほど大切なものとなっている。その覚悟が、孤独の中でしか培われないのだ。覚悟は、何度も言ったように魂の問題と言える。その魂が、自分の肉体と対決しなければ本当の覚悟は生まれない。また肉体と同質の存在である日常性や世の中との関係もまたしかりということになる。生活に流されることなく、また世間の人々の影響を受けないようにしなければならない。自己の存在そのものが、宇宙から降り注ぐ負のエネルギーと対面し続けなければ覚悟は生まれない。

そこに集中する日々を送るのである。そのときの感覚を、私は宇宙の暗黒流体が自己の存在の中に浸潤して来ると捉えているのだ。その感覚を分かってほしいと願っている。葉隠の思想と自己が対峙し続ければ、必ずそのような状態になって来るのだ。その状態が、孤独の中でしか行なわれないということの重要性を知る必要がある。日々の気晴らしに現《うつつ》を抜かしている人間は、この覚悟という魂の崇高と出会う日は永遠にない。

先に挙げたマルチン・ブーバーの『我と汝』においては、神と自己との真の関係について孤独がいかに大切かが述べられている。神を感ずるためには、絶対的な孤独が必要であると説かれているのだ。私が葉隠に対して思うことは、これと全く同じ考え方である。

絶対的な魂の価値と向き合う場合、人間はそれと対峙し続ける絶対的な孤独が必要となる。私は葉隠を神と等しいものとして日々出会い続けて来たのだ。だからこそ、その魂が自己に浸潤するためには、孤独ほど大切なものはないと知ったのだろう。

この孤独は、自己の魂と、自己の実在という自己存在に係わるあらゆる環境との対立によって初めて実現することが出来る。このことを何度も思い出して噛み締めなければならない。この孤独を、自分が創り出せるかどうかにすべてがかかっているのだ。これを創り、それを自己の裁量で持続できれば、自分は徐々に葉隠的人生を会得していくことが出来るだろう。出来なければ、葉隠は遊び半分の下らない道徳と何ら変わらないものに堕してしまう。

超越的収斂とは

この魂の崇高性を、あらゆる存在の中心に据えていくことが最も大切である。この状態を、自己存在に対する「超越的収斂」と呼ぶ。

そしてこの超越的収斂こそが、自己の魂と宇宙の実在との真の関係を可能ならしめてくれるのだ。この「永久孤独論」で最も中心となる思想は、この超越的収斂ということになるだろう。そしてこの超越的収斂が、恐るべき孤独の中で進行していくのである。孤独を実現できない人は、魂の崇高をもたらすこの超越的収斂とは生涯に亘って出会うことはないだろう。

超越的収斂は、すべての中心に自己存在だけを置かなければ起こらない。

だから、魂の崇高に向かう絶対的決意のない者がこの状態になれば、恐るべき「孤立者」が生まれることになる。しかし魂の崇高を求める者は、孤独によって覚悟と同時に、その他の価値のある宇宙的な負のエネルギーのすべてを受け取っていくためにそうならないということなのだ。生死すらすべて自己責任で行なうという、崇高な魂の価値に向かう者は、同じだけの愛や義や信の宇宙エネルギーを身に浴びることになる。だからこそ、孤独がその高貴な働きしかしなくなる。つまり、孤立にならないのだ。

つまり魂の崇高へ向かえば、高貴な意味における自己中心主義が生まれてくる。それこそが真の孤独を創り上げる。

本当の自己中心とは、実はすばらしいものなのだ。自己の生命を愛し、自己の宇宙的使命に生きるということに尽きよう。悪い自己中心は、魂の崇高に向かわずに、この地上の欲望を得たいがために陥る孤立を招いて終わるだろう。要は自分を超えた価値へ向かおうとするか、肉体を含む自分自身だけに価値を感じているかの違いとも言えよう。この違いが、天と地の差を人生にもたらすのだ。

魂の崇高へ向かう者は、この世の多くの価値観よりも、自己の魂の鍛練にすべての価値を見出している。その場合の自己とは、実はこの世だけの自己ではない。この世の自己とは、肉体と環境を含む自己存在のことだ。そういう小さな自分を問題としている者は、必ず先ほど言った悪い意味の孤立になってしまうだろう。そうではなく、永久の孤独に向かわなければならない。

永久の孤独によって、魂の崇高を目指せば、我々は永遠の自己という存在と出会うことが出来る。

それは魂が宇宙的実在であり、その活動が宇宙の負のエネルギーの働きである愛や義や信というもので行なわれているからなのだ。我々の魂の本質とは、宇宙的実在が個人個人の肉体に分布されているだけの存在なのである。その魂が、各人の肉体に分布されて、個人のもつ肉体性と葛藤することによって、心が生まれ我々が言う個性が誕生して来ることとなる。

魂の崇高を求めるとは、その永遠に変わることのない実在、つまり愛や義や信を絶対の価値として生きることに繋がるのだ。その一環として葉隠的な覚悟の問題も存在していると言ってもいいだろう。

だから魂の特別な価値を目指して生きる者は、人類の過去も未来もすべて理解することが出来るようになる。真の武士道の魂とは、悠久の過去から永劫の未来までをつんざく宇宙的エネルギーの流れに他ならない。この世の小さな自分だけにこだわるような者は、葉隠を身に付けることは出来ないのだ。

葉隠的な覚悟とは、現世だけの話ではない。そう思って初めてこの覚悟というものを摑むことが出来る。この魂の価値を摑むための孤独も、また永遠に繋がるものでなければ意味をなさないと言える。

魂とは、人類的な問題なのである。だから葉隠もまた、我々に人類的な問題を突き付けて来るのだ。いかに大変で回りくどいことであろうと、葉隠的な人生を摑むには、どうしてもこの魂の崇高へ向かう問題は回避できないと知る必要がある、そのために、永久の孤独を覚悟しなければならない。

それによって、超越的収斂という体験を経て初めて葉隠と対話の出来る自己が生まれて来ると言える。この修練の過程で、先ほど悪い意味の自己中心に陥ることもあり得ると言った。これは修行過程には必ずあるもので仕方のないものかもしれない。

山本常朝も葉隠の中で、武士道を身に付けるには「大高慢」の気持ちが必要であると語っている。本当の謙虚は、大高慢の中から生まれるのである。最初から物分かりのいい者などは、小者の中のまた小者であると常朝も語っていた。

高慢に犯され、他者から嫌われ社会的に痛い目に遭うのも、また武士道を身に付ける修行なのだ。高慢とは、自信過剰のことだが、その位の思いがなければ武士道などには挑戦できるわけがない。これもまた人生の必要悪と割り切って、耐えるしかないだろう。

高慢は、それを打ち消す慎みとの対立抗争の中から、苦悩によって自己の中に収斂していくしかない。この高慢は私も含め多くの者が陥る病根なので、また最後の第五章「永久運命論」の中で詳しく見ていくこととなるだろう。

点としての自己

ここでは、この高慢の問題を自分なりに乗り切った状態を考えてみることにしたい。そのときには、どういう自己が存在しているかということだ。まず孤独の中心は、「慎其独」（其《そ》の独《ひと》りを慎む）と『大学』*（伝六章）に記されている状態を言う。

これは一切の環境や他者に関係なく、いつでも自分の魂と自己存在との間に対話と対決があるということを表わしている。要はどういう状態でも、自分を欺かないということである。この慎みが孤独を自分にとって活かすものとなるのだ。

この慎みをもったとき、人間は自分自身を小さな「点」として認識できるようになるのだ。超越的収斂によって生まれた「点」である。自分自身が、魂の崇高を求めて苦悩した挙句に出会った「点」と言ってもいい。

だからこの点は点と言っても、ただの点ではない。大いなる点なのである。収斂によって生まれた、ブラック・ホールのような点だ。つまり宇宙エネルギーの固まりと言っても過言ではない。エネルギーの固まりだから、核分裂という強大な爆発エネルギーを秘めていることを認識しなければならない。

自己を点としての存在と化することによって、初めて真の孤独が確立して来ることとなる。この魂の収斂を行なえた者だけが、永久の孤独の入り口に立つことが出来るのだ。

そしてこの点こそが、この世の始原から未来の果てまで続くことの出来る、自己固有の魂の素材に成ることが出来る。点だから、どこへでも行くことが出来る。点だから、何にでも成れる。点だから、どこまでも大きく成れるのだ。

この点は、直線と化せば世界の果てまで行くことが出来る。それどころか、宇宙空間の涯《は》てまでも行くことが可能なのだ。そして大地を穿《うが》てば、地獄の底を見ることも出来るのである。

そしてそれは面と成って、次元を超えることも不可能ではない。面は、魂の可能性が秘める憧れの形態の一つである。それは宇宙的幾何学の美しさを我々人間に示してくれるだろう。またこの点は、立体と成ることによってこの世の文明を築き、その未来の姿を観察することも出来るようになるのだ。

点の躍動は、我々人間に与えられた、真の自由の響きがある。

超越的収斂が、この点にまで収縮されたとき、我々の肉体や自己存在の真の高慢に気付きそれと対立抗争する自己自身が生まれる。魂の収斂に成功した者は、必ず崇高へ向かう人生に突入するのだが、やはり長い時間に亘って物質的自己との対立は続くことになるだろう。その苦悩こそが、また真の自分の生命的価値をこの世に現成させることになる。

点はすべての出発となり基準となる大いなるものであるが、やはり高慢な自分から見れば、点は点に過ぎないのである。本当にすばらしい、人間的な苦悩と呼ばれる精神的な苦悩が、そこから始まると言っていいだろう。

現代の人間は真の精神的苦悩を知らない。

現代人の苦悩とは、自惚れから生まれた自己固執の単なる「悩み」でしかない。それは自己の限りない肥大化によって生まれた、自己欺瞞の最たるものと言っていい。それは自己を限りなく苛み、社会的な孤立しか招かない。

私の言う苦悩とは、限りなく大きな自己存在に向かって叫ぶ、大いなる悲痛なのである。ここをよく見極めなければならない。人間の器量を大きくしていく苦悩と、自分を限りなく小さく縮めていく悩みとはその根源を異にしているのだ。

葉隠との対決によって巻き起こる苦悩は、永遠の自己に向かう真の苦しみと言えるだろう。それを苦しみ抜くことだけが、葉隠との共感を生み出す唯一の生き方と言えるのだ。だから、我々の存在が点に過ぎないという苦悩は、量り知れない未来と繋がっている。葉隠の思想のゆえに苦しむことは、間違いなく大いなる人生の出発と言って過言ではない。我々の存在が、点であることによって苦しめば苦しむほど、その涙の淵源の中から葉隠的な生き方が生まれ出づるのである。

無点に非ず

私は自分が魂の超越的収斂を行なって自分の点としての認識を得る前に、すでに自己存在の点としての価値をある二人の人物から教えられていた。そのことが、私がただ独りでこの超越的収斂という価値に気付くことを可能ならしめてくれたのだ。まさに私にとっては恩人の中の恩人とも呼ぶべき夫妻である。

それは、幼い日に我が家の近所に住んでいた、あの有名な社会改革者の宮崎龍介氏*と歌人の柳原白蓮*氏の二人となる。

夫妻は元々、戦前に駆け落ちの大恋愛事件によってもその名が日本中に轟いていた二人だった。家から百メートル位の所に、それは見事な日本家屋の邸宅に住んでいた。私は幼き日からこの夫妻にかわいがられ、いつでもその邸宅の庭で蟬取りなどをさせてもらっていたのだ。

この二人が、ある日「非無点」（無点《むてん》に非《あら》ず）という言葉を私に教えて下さったことがあった。宮崎氏は父親が有名な革命家の宮崎滔天《とうてん》*であり、伯父が自由民権思想の持ち主で西南戦争で戦死した宮崎八郎だった。だから多分、革命家の中で伝えられた言葉だと思う。

私は夫妻に出典を聞くことを忘れ、今は二人とも他界しているので、もうその出典は知る由もない。しかし、この言葉の意味は、龍介氏・白蓮氏から直に何度も話し聞かされたのである。そのことによって、私は人間存在の原点が小さな点であることを納得していたのだ。

点であることの悲しみ、そして点の偉大さ。点として存在していれば、それは見えなくとも重大な存在なのであるということを納得していた。

そして後日、葉隠との対決による超越的収斂を経て、自己の点としての存在を真に知ることとなったのだ。だから真の孤独の出発としての点を自覚したとき、私の魂は震えるほどの喜びに包まれたのである。

多分、無点に非ずという考え方を前もって知っていたから、私は葉隠との本当の関係に入ることが出来たのかもしれない。私は無点に非ずという考え方から、それほど大きな影響を受けたのである。それは、思想の内容もさることながら、やはり宮崎夫妻の愛情と共に私の中に定着した考え方だったからに違いないと思っている。

無点に非ずとは、まず我々の存在の小ささを語っている。しかし、その小さな存在であるがために、我々は却って無限の大きさに向かって成長し続けることが出来るのだ。小さくなければ、無限に向かうことは出来ない。

そして空の星のたとえを忘れることが出来ない。昼の空に星は見えない。しかし厳然として星はそこにも存在しているのだ。点はたとえ見えなくとも、厳然として存在している。まさに無点だが無点ではないという無限弁証法の輝きである。

だから私は、幼き日にすでに一人の人間は小さな存在であるが、それゆえにこそいかなる大きさにもなれるのだと認識していた。これが葉隠を自己に引き付ける原動力になったのではないかとすら思っている。

我々は見えない小さな点だが、絶対的存在として厳然と宇宙の中に存在しているのだ。この思想が、自己の小ささと対面したときに、それを乗り越える力を私に与えてくれたと記憶している。自己はいかに小さくとも、我々はその存在を卑下するものではない。それは無限を包含しているのだ。

この無点に非ずという思想は、私の葉隠理解と、その後の私の哲学修行に多大の後押しとなった。この小ささの喜びと、無限の発展性を知ったとき、私は自己の巨大な孤独が実に豊かなものに思えてきたのだ。

孤独によって、人間はいかに小さな存在とも成ることが出来る。そして現世の希望などではない、人間存在の真の憧れに生きることが出来るようになるのだ。この転換に成功すれば、魂の崇高に向かう人生は拓いてくるに違いない。

ロダンの孤独

あの偉大な彫刻家ロダン*の人生について、私の尊敬する詩人リルケ*はその『ロダン』において語っている。「ロダンは名声を得る前、孤独だった。だが、やがて訪れた名声は、彼をおそらくいっそう孤独にした」。ロダンの真実をリルケはこう語っていたのだ。

ロダンは小さな自分を受け入れていた。そして、そこから生まれた孤独によって、あの偉大な人生を築いたのだ。ロダンの彫刻がもつあの崇高と美は、ロダンが抱く永遠の孤独性によって培われていたのである。

その孤独が、ロダンの魂を崇高に結び付けていた。

そしてロダンの偉大性は、この魂の崇高とそれを支える孤独を一生に亘って貫き通したことにある。私には、この孤独がロダンに芸術的発想と宇宙の実存を表現する力を与えたことが分かる。ロダンのもつ厳粛で崇高な美は、宇宙から降り注ぐ負のエネルギーをその魂に膨大に蓄えなければ可能なはずがない。

これが私の言う永久の孤独を積極的に受け入れた人生なのだ。ロダンはその力を彫刻に集約したと言っていいだろう。私は、この力をすべて葉隠的人生の貫徹に振り向けようと思っている。生きる時代も生きる場所も、私とロダンは全く違うが、我々は魂の上で永遠の友人なのだ。

私はロダンと私が全くの別人だと思ったことはない。魂の永遠とは、そういうことなのだろう。

永久孤独論と名付けたように、孤独を生涯貫き通すことが最も重要なのだ。現世だけでなく過去と未来にも自分が生き、そして同じ孤独を貫き通さなければならないことは先にも少し触れたことだ。

この自己の現世的時間軸を超越した真の孤独を生きなければ、孤独は却って現世的な孤立で終わってしまうことも前に述べた通りである。永遠の孤独を摑むことが大切なのだ。そのために魂の崇高だけに向かわなければならない。

武士道のような偉大な文化、そして偉大な美学を前にしたとき、我々は遊び半分でそれに近づいてはいけない。葉隠の魂を何よりも大切なものとして、真正面からぶち当たらなければならないのだ。

孤独と向きあって、我々は魂の崇高に憧れる必要がある。私はそれに失敗して、孤立に陥ることの恐れを随分と述べたが、実はその孤立すら、がむしゃらに押し通せば孤独に変換するのである。人間のもつ一念は、本当に岩をも貫き通すということを、私は自己の体験も含めて悉《つぶさ》に見て来たと言える。

絶対的孤独とは

魂の崇高を摑みたい者は、孤独そのものの価値の中を生き抜かなければならないのだ。そうしなければ、葉隠の魂の浸潤を受けることはないだろう。元々葉隠は偉大な宇宙的エネルギーによって認《したた》められたものである。そのエネルギーが流体と化して、自己の魂の奥底までを浸さなければならないのだ。

過去に生きた孤独なる魂が、今を生きる孤独なる魂を探している。その期待に応え切る魂だけに、その魂の崇高なエネルギーは流れ込んで来ると知らなければならない。

私が言っている孤独とは、「絶対的孤独」だということは充分に分かっていただけたと考えている。つまり何かのために孤独となるのではない。何かの必要で孤独になるのでもない。孤独であることが、自己の存在理由であるところまでいかなければならない。孤独そのものに、絶対的な価値を見出すということである。だから孤独によって何かを得ようとするものではない。孤独のまま、ただ生きただ死んでも全く悔いることのない孤独ということに尽きる。

それこそが「永久孤独論」の思想にふさわしい孤独である。そして葉隠をこの世に残した思想とも、完全に共振し共感する思想となっているのだ。

この思想によって、葉隠は現代の日常の中に甦るのである。それによって、非日常を日常と化する人生を歩むことが出来る。孤独の中における、葉隠的人生が日常のものと化せば、私が最も重視する魂の根源である「負のエネルギー」についても把握することが出来るだろう。

負のエネルギーは、宇宙空間に充満するエネルギーであり、物質の構成を支えているものでもある。それは計測不能のものであるが、現代物理学の量子論によって理論的に証明されているものでもあるのだ。その負のエネルギーの力によって、我々の魂の価値が生まれていることは何度か触れている。我々人間だけが、自己の命よりも大切にしている愛や義や信が、その代表的なエネルギーと言えるのだ。

この負のエネルギーを感知するために与えられている我々の魂の価値を、自己の肉体やあらゆる物質、そして現世のすべての価値よりも上に置かなくてはならない。そうしなければ、葉隠のような人類の根源的文化の真髄は全く分からないのだ。

もちろん、そうしなければ先ほどから挙げている愛も信も義も、そして友情も芸術も何も本当には分からないのである。それらはすべて、魂を中心とする負のエネルギーの産物だからなのだ。だから葉隠を体得することは、またすべての魂から生まれるものを体得することに繋がると言っても過言ではない。

事実、私は葉隠の魂として抽出した「葉隠十戒」を生き、それだけで死のうと決意して今日まで来たが、先ほど述べた負のエネルギーから生まれたものに関してはほとんどの人たちを驚かすだけの「理論」をもっている。それは葉隠だけの人生を送って来た者にとって、全く不思議なことではあった。

しかし、大人になって宇宙物理学を学ぶに至って、そのことはよく理解できたのである。絶対的な孤独の中で、負のエネルギーによって創られた葉隠と対峙して来た人生は、そのまま負のエネルギーすべての浸潤をこの身に受け通した人生だったのだ。

私にとって負のエネルギーは、流体として体感されている。

私は量子論の言うダーク・マターやダーク・エネルギー、そしてニュートリノ*などのすさまじい嵐に晒されているに違いない。それらを総称して私は「暗黒流体」と言っていることは何度も述べている。その浸潤に私は晒され続けて生きて来た。私は元々現世には全く興味がない人間だったので、特に暗黒流体とは相性が良かったのかもしれない。そのような事実に、私は大人になってから気付いた。

この「永久孤独論」において、繰り返し述べられた「絶対的孤独」だけが、自己と葉隠との出会いを可能ならしめてくれるのだ。

つまり自己の魂と葉隠の思想とは、永遠の彼方でしか交叉《こうさ》（キアスマ）出来ないのである。その交叉には、時間軸がない。過去も現世も未来もないのだ。必要なものは魂に浸潤する宇宙の負のエネルギーを、その故郷である宇宙の彼方にも感知する、我々の深い孤独だけと言ってもいい。だから現世だけに生きる人間には、決して葉隠の真髄は理解できないのだ。

過去と未来の時間が、いま生きている現在と重複する人間にして、初めて葉隠的人生は理解できることとなる。つまり何度も言ったように、時間を区切ることのない永久の孤独の中を生き抜く魂を有する者だけに、葉隠という永久的孤独の産物は語りかけてくれるのだ。

孤独の多様性

昔の人が神を求めたように、我々は葉隠とその武士道を求めなければならない。あのエミール・シオラン*も自己の永遠の孤独を「神の内なる孤独《ソレダッド・エン・ディオス》」(Soledad en Dios) と言っていた。恐るべき知的創造に生きたシオランの孤独とその日々の創造に私は思いを馳せる。シオランが求めた神は、私が求めた葉隠と全く同じものに違いない。

エネルギーは波動である。だから武士道的なエネルギーが対極に振れれば、あのジャン・ジャック・ルソー*のような怪物を生み出すことを知る必要もあるだろう。葉隠を生み出した孤独の恐るべき力が、あのルソーをも生み出したのだ。

ルソーはその巨大な思想体系の構築に当たって、やはり孤独を最大の力としていた。

「偉大な情熱はすべて、孤独の中から生まれて来る」

このルソーの言葉ほど、人類文化の陰陽の重層構造を感じさせてくれるものはない。

このように重層的な「永久孤独論」における、孤独の真の意味を理解していただければ、覚悟についても自《おのず》から分かるだろう。つまり葉隠が我々に求める生死と人生の覚悟も、自己と永遠が憧れの彼方で出会わなければ決して生まれないのだ。現世だけの人間の孤独は、悪いほうにだけ出てしまうということだろう。

だからこそ、自己の永久の孤独を生き続ける者にだけ、真の生命との出会いがやって来ると言えるのだ。このことによってのみ、本当の覚悟というものが生まれ出づるのである。人間の魂にとって価値のあるものはすべて、孤独なる魂の中で生まれ育まれたとずっと述べて来た。その一つがまた覚悟というものなのだろう。

永遠と出会った真の生命だけが、本当の覚悟を生み出すことが出来る。

私は本章において、何度も真の覚悟だけが葉隠の思想とその命懸けの生き方を、自己の人生に招き寄せる力があると述べて来た。私は曲がりなりにも、真の覚悟をもって葉隠的な人生を送って来たと自負している。そしてその人生を、私は私なりの言葉でまとめているのだ。

それが「ただ独りで生き、ただ独りで死ぬ」というものである。

私はこのように生き、そしてこの通りに死ぬ覚悟をもつ。私は葉隠の思想と美学を、自己の人生と化したことに心の底からの誇りを感じている。

もちろん、私もまた簡単に葉隠的な生き方を摑めたのではない。私は偶然、何度も死の淵を乗り越えて生きて来た。それは病気のこともあり、また自ら招いた「けが」であったことも何度かある。

その死の淵において、宇宙エネルギーを流体として自己の魂と肉体に浸潤させることを学んだようにも思っている。それは私が青年の頃、実際に死の淵を彷徨っていたときの経験から考えていることである。私は青年のときに、ある歌人の歌と出会うことによって、真の孤独を感じ、また葉隠の本体が私の中に浸潤し尽くしたように感じているのだ。

その歌人とは、三浦義一*である。この三浦義一の歌集『悲天』との出会いが、私の存在そのものを創り変えたように思っている。つまり私はそのとき死んだのだと考えているのだ。

そして新しい人間として「復活」(ヴァスクレセーニエ)したように感じている。私が復活を遂げることになった歌がある。それは「現《うつ》し世に　また逢ふべしや　うつし世に　生きて寂ぶしゑ　死にて寂ぶしゑ」というものだった。私はこの義一の歌に出会って、永遠の孤独というものが肚に据わったように思う。

私の中に、新しく永遠の孤独者が生まれたのだと感じていた。その出会いの日に、葉隠の全思想が、私の生命の奥深くに落底したのを感じた。そして私は葉隠だけを、人生の中心に据える本当の覚悟が生まれたように思ったのだ。そう思いながら『悲天』の衝撃波に身を晒し続けていた。死に瀕する体が、その衝撃波によって生き返って来たことを感じた。それは医学理論の全く逆だった。

そして武士道に生きる人間が出会う、この世における最大の芸術的な魂との邂逅がなされた。「丈夫《ますらを》の　このかなしみを　いかにせむ　ともしびの下《もと》に　太刀をぬきつつ」の絶唱である。この義一の歌によって、何よりも葉隠のもつ混沌の力を摑んだ。暗黒のうねりが、巨大な流体となって、我が実在のすべてに浸潤し尽くしたのである。葉隠がこの世に甦ったような衝撃を受けた。天空を流れ降《くだ》る銀河のように、私の暗黒の生命の中にともしびが点《とも》った。

私はこの『悲天』の中に、神を感じていた。何か武士道を生み出した神の意志を感じたのである。この神が、私のもとに天降ってくれたに違いない。私は新しい生《いのち》を享けたのだ。新生の喜びを得たとき、私はあのビザンチン帝国最大の神学者シメオン*の言葉をひとり呟《つぶや》いていた。「孤独なる神よ。孤独なる我れのもとに来たれ」と。

思索篇——

第二章 永久燃焼論

人間の使命

第一章「永久孤独論」において、我々は孤独に成り切るということの意味をみた。真の孤独を経ずして、人間はいかなる価値をも成し遂げることは出来ない。

葉隠に伝えられた武士道の根源は、人間存在のあらゆる文化をも包含するものである。元々武士道とは、人間が真に人間らしく生きるために生まれて来た「生き方」なのだ。葉隠を考える場合、いつでもその根底の精神を忘れてはならない。そして、その人間の根底を把握するためには、どうしても孤独というものが必要となる。

その孤独によって、自己が「点」に向かう存在であることを真に把握したとき、自分を取り巻くすべての物事が自己自身に対して「収斂《しゅうれん》」して来ることを我々は知った。この収斂は、魂の問題として我々の認識に触れる。そして収斂が重なることによって、そこに一つの「重力」が生まれて来ることになるのだ。

重力とは、宇宙の一環として生きる我々自身の生命に対する「自覚」と言っていいかもしれない。それは、自己存在の宇宙的使命を我々に感じさせてくれることになるだろう。

重力の感知は、自己の存在理由の探求を促すということに尽きよう。

そう成ったとき、ひとりの人間は、自己の生命燃焼の必要性を痛感せざるを得なくなる。生命とは、燃焼するためにこの世に存在している。それを深く感ずるのだ。

人間に与えられた生命は、成功するためにあるのではない。幸福になるために存在するのでもない。いわんや楽しみや安定などであろうはずもない。長生きや健康ですらないのだ。生命は、ただひたすらに燃焼するためにある。

葉隠は、その人間生命の燃焼を語る碑《いしぶみ》である。我々の父祖が、その人生の上に流した涙によって創られた、一つの文明的神話なのだ。それには、我々人間がその生命をどう燃焼させたのか、また人間に与えられた宇宙的使命を、どのようにして、この地上に具現したのかが記されているのだ。

人間は、自らに与えられた宇宙的使命を果たすために生きている。それを認識できなければ、葉隠は何の意味もない「古文書」に成り果ててしまう。葉隠は、我々人間のこの地上における使命を語っていると知らなければならない。

人間としてこの世に生まれたのなら、どう生き、どう死ねば、人間としての生命燃焼を遂げることが出来るのかを問うているのだ。だから、人生の価値が我々の生命燃焼にあることがその大前提と成っている。

葉隠は、その燃焼の方法論とも言えるだろう。人間として、最も生き甲斐のある燃焼とは何か。また最も死に甲斐のある燃焼とは何か。そのようなことを、我々に突き付けて来るのである。安全・安心を人生だと錯覚する人間が葉隠を嫌うのは、かかる理由による。

生命の燃焼

葉隠は我々に、人間の生命燃焼がもつ美学を説いているのである。その美の条件として、人間として生き切るための人生の完全燃焼の方法論を取り挙げているのだ。葉隠に言う燃焼とは、「燃え上がる」ことではない。燃えるという燃焼や、燃え上がるという燃焼には、他力本願の考え方がみられる。

葉隠の燃焼とは、自力だけによる継続的な燃焼である。重力の収斂によって生ずる燃焼と言えるだろう。だから我々の知る燃焼としては、核融合エネルギーの燃焼に近いものとなろう。超高温・超高圧による原子の重合が、いわゆる核融合である。そのとき、電子の放出などによって空前のエネルギーが放射されることになる。それが我々の知る核融合エネルギーだ。

この核融合の特徴は、その放出エネルギーの厖大《ぼうだい》と継続にある。そして、宇宙を創る本体のエネルギーだと知らなければならない。融合の無限連鎖反応によって、永久に近いエネルギー活動があるということになろう。だから私は、葉隠的な生命燃焼を「永久燃焼」と名付けているのだ。

それは自力だけで行なう燃焼であり、また永久という時間の感覚で行なう燃焼である。それも、我々の生体と魂の内部深くで孤独に行なう作業となる。自然界と違い、我々の体内で「常温・常圧」で行なう核融合反応なのだ。我々の体内で、日々新たな生命エネルギーを自ら生産し、それを我々自身の生命力として蓄え、そして発出する。まさに核融合エネルギーの生命的発生と言ってもいいだろう。

そのような生き方を、我々は自己の「生命的原理」としなければならない。それが葉隠の精神となっている。葉隠が謳う武士道的エネルギーは、この核融合的燃焼によって、ただ独りの力によって無限の彼方まで放射し続けることが出来るのだ。

このエネルギーが、自己の生命の完全燃焼に向かって集中的に放出されていくこととなる。宇宙から与えられた使命とも言える我々の存在理由という一点に向かって、我々の生命は奮い立つのである。そして永遠の彼方において、人間の宇宙的使命が終わるとき、我々の生命もまた燃え尽きるのだ。

葉隠のもつ永久燃焼という思想は、理解しようと思えば自己が破壊されるだろう。それは理解するものではない。我々が自己の親を慕うように、ただひたすらに慕うのだ。幼児のように、我々の父祖が涙の中から生み出した生き方を信ずるのである。山本常朝が、この燃焼をもって「死に狂ひ」と表現していた所以《ゆえん》だ。

超越的融合

私は葉隠の燃焼について、シュールリアリズム*の詩人 西脇順三郎*の詩を通して他者に語ったことがある。それは「えてるにたす」という詩に表現されている。

人間という時間から
離れたい
考えるということは永遠でない
考えれば考えるほど
永遠から遠くなる
永遠はすべての存在を否定する
永遠を考えないことは
永遠を表現する唯一の形だ
脳髄を破壊して
永遠の中へとけこむ他ない

この詩だけが、葉隠の言う永久燃焼を精神的に支える自己の形而上学と成り得るだろう。

この「永久燃焼論」を、私は「超越的融合」と呼んでいる。この超越とは、永遠と自己との合一を言っているのだ。超越しなければ、葉隠は分からない。人生とは、超越に向かう道程を言う。

その最も美しい超越を、葉隠的な人生が示唆してくれている。

人間であることを乗り越えて、人間に元々与えられた崇高な使命に向かうことに尽きる。そしてこの使命のために生きるのだ。高貴で美しいものに挑戦することが、燃焼の本体と言えよう。

葉隠とは、青春のことである。私は葉隠をそう思っているのだ。

あの倉田百三*はその『愛と認識との出発』において、

「夢見ることを止《や》めた時、その青春は終わるのである」

と言っていた。我々は、自己の生命が高貴で美しいものを志向する限り、青春の中に生き続けている。

葉隠とは、そのような意味で、人生に与えられた一篇の詩とも見ることが出来よう。葉隠に体当たりをする限り、我々は永遠の青春を生き続ける。それは葉隠が、人間というものの青春のあり方を示す精神文化でもあるからなのだ。

超越とは、自己を乗り越えることである。

そこに人生の価値を見出す限り、その人は果てしない青春の真っ只中を生き切ることとなるだろう。だから、ここに言う自己の本当の生命燃焼とは、この超越的融合のことを言っている。それは我々の日常を乗り越え、我々に自己存在の永遠性を指し示してくれる。人間とは、永遠を慕う生命なのだ。人間の生が、過去と未来を包含しているのはその謂《い》いである。

人間の生は現世だけのものではない。それが動物との決定的な差だ。だから、我々が人間の原点を求める限り、我々の生もまた永遠を身の内に引き寄せることになる。永遠に向かうとは、自己の死と過去の死者を現世の生に引き寄せることに他ならない。

それこそが、葉隠の言う死ぬために生きるということだろう。我々は、自己の生の本体である自分の運命に、死ぬ気でぶち当たらなければならない。この死ぬ気で運命にぶつかることによって生ずる衝撃が、先に述べた核融合エネルギーの燃焼を促す。

無限の生命力

核融合を、生体内において生じさせるのである。

常温・常圧のもと、我々の生体内に一つの「生合成」としてそれは成される。

核融合だから、そのエネルギーは全くの自力によって無限連鎖的に永遠に向かって放出され続けることとなる。そのようなエネルギーを得るための、死ぬほどの鍛練とまた経験がどうしても大切なものとなって来る。

その方策もまた、葉隠を実に面白いものと成している。死という動かし難《がた》い一点に向かうことによって、却って、我々の生命の中に熱い炎が生まれて来るのだ。

死は、我々の生命そのものの収斂である。だから、我々の生命がもつ根源的実在とも言えよう。その一点に、命懸けでぶつかる。それは根源的矛盾との対面となろう。その矛盾が、不合理と混沌の宇宙を我が身に引き寄せるのだ。

生命の根源にぶち当たることによって、我々は宇宙の根源的エネルギーと共振する。それによって、宇宙の根源力である核融合エネルギーと自己の生命力との共感を得るのである。そこに集中すれば、我々の生命力は無限に向かうエネルギーを得ることが出来るようになるだろう。

それは自分だけの、決定的な体験を必要とするものかもしれない。自己固有の神秘体験ということになるのだろう。それが無くても、永久燃焼を会得する者もいるに違いない。しかし私の場合は、やはり自己固有の体験を必要とした。

それは全くの個人的体験である。二十八歳のときに経験した大失恋と、それに伴う自決の体験と言える。詳しいことは、『おゝポポイ！――その日々へ還らむ――』に書かれているのでここでは簡単に述べることとする。

『おゝポポイ！』は私の前半生の墓標として出版されたものだが、詳しくはそちらを見るとして、簡単に言えば、失恋の事件とその痛みにより、私は生きる上での「自己の立場」をそのとき全く失ってしまったのだ。そのために自決を決意したのだが、ある「神秘体験」によって、それが未遂に終わったのである。

私は二十八歳のある日の払暁、城ヶ島の岩礁に立っていた。自決するつもりで、そこにいたのだ。結論としては自決に失敗したわけなのだが、その失敗が私固有の「神秘体験」となったのである。私は死ぬべき場所を見つけ、意を決して脇差を我が身に突き立て死のうとした。そのとき、太平洋の果てから、太陽が昇り始めたのだ。

その太陽の荘厳と美しさに私は身震いし、そして私の魂は震撼してしまった。そのまま太陽は私の目前にまで迫り、目の前一杯に広がった。そして私はその火の玉のような太陽に呑み込まれていったのだ。いや私が太陽を呑み込んだのかもしれない。それはもう記憶にない。ただ一つ言えることは、私はそのとき、太陽と自己の生命の一体化を実感したのだ。

太陽のエネルギーの中に自己が突入し、自己の生命エネルギーと太陽のエネルギーの合一を摑み取ったように思う。紅蓮の炎の中に私の生命が揺らぎ、私の生命の深奥の一点から新しい太陽が昇った。

その状態は、私の記憶によれば、中国の古典『荘子』*（内篇 斉物論）に謂《い》う、「吾喪我」（吾《わ》れ、我れを喪《うしな》う）という破壊された脳髄の状態だったように思う。

私は気絶したまま約六時間を過ごしたが、その間、私は自身の生命が太陽の中で核融合によって生まれ、新しく新鮮な「光子《こうし》」*の流れとなっていくことを感じていた。核融合から生まれた「光子」を、自己の生命として感ずることが出来るようになったのだ。

その日から、私の中で新しい葉隠が生まれることになった。その葉隠は、流動し生きている葉隠として私の眼前に出現した。私が葉隠となり、葉隠が私自身でもあるということの不思議を体験したのだ。

二十年間読み続けた葉隠の、核融合エネルギーを私が摑み取ったときではないかと自分では思っている。その光子から生まれる輝きが、いま私の書いている葉隠のこの「永久燃焼論」なのだと言っても過言ではない。後日、この神秘体験によって、私の葉隠理論が飛躍（エラン・ヴィタール）して行くことを知ることとなる。

この後、私は自己の人生を築く思想を確立していくことになる。その思想は「絶対負の思想」と名付けているが、これについて語ることはまた稿を改めて行ないたい。どちらにしても、この神秘体験が、それまでの葉隠を私の肚に落とし、私の新しい思想を創り出す契機となったことをここでは知っておいてもらいたい。

太陽は核融合反応で燃える天体である。そして、それは宇宙の混沌に浮かぶ光り輝く「生命」の標《しるし》なのだ。流体が、重力とそこから生ずる核融合の力によって星と成っている。それは宇宙の力を示す最も分かり易い例ともなるものだろう。私はそれと合体した体験をもつ。この体験は、私の生命がもつあらゆるエネルギーを活性化させることになったと思われる。その体験が、自己の信念である「葉隠十戒」の一つ一つを根源的にこの地上に投射することになるのだ。

生命のエクリチュール

まずこの「永久燃焼論」にとって、最も大切な戒律は第一戒から第三戒までとなる。

この三つの戒律が、核融合の燃焼を端的に表わしている。つまり、この三戒は生体内核融合による、自己の永久燃焼とは何かを摑むために存在する。元々「葉隠十戒」の掟は、私が生き、そして死ぬために、自己に課した掟だった。だから「葉隠十戒」は、私の墓標と言ってもいいものだろう。私は小学校五年のときにこの戒律を定め、七十歳の今日まで、それだけで生きて来た。私は万巻の読書を成したが、それらの書物はすべて、この十戒のどれかに収斂していく。私の人生、そして私の思想はこの十戒にそのすべてがあることはすでに述べている。私の魂は葉隠に始まり、葉隠に終わる。私の肉体もまたしかりである。

　葉隠十戒の中に、私の生存にかかわる一切が示されているのだ。書き記《しる》された「人間の痕跡」を、哲学ではエクリチュール*とも呼んでいる。その意味で、葉隠十戒は私の「生命のエクリチュール」と言ってもいいだろう。

　私は葉隠を自己のエクリチュールとすることによって、その力を私の内部に溶け込ませた。

　葉隠は武士道の魂を表わしている。だからそれは、民族の魂とも言えるものだ。その民族の魂を、私は自己一人《いちにん》の魂と化することが出来たと信じている。

　私の魂は、宇宙を志向している。生命と文明の在り方を志向することによって今日まで何とか成長を遂げて来たのだ。この不断の成長は、私が私個人ではなく、民族の魂を掲げて生きる者だからだと思う。あのヘーゲル*はその『哲学史』において、

「民族の精神こそが真の個性である」

と述べていた。

私は「葉隠十戒」を掲げることによって、真の個性をもつ人生を歩んで来たと思っている。それは私が、十戒を通して日本民族の魂を日々感じ取っていたからに違いない。そして、民族の出発の始原性こそが、フランスの神秘思想家ルネ・ゲノン*の言う人類の「根源的伝統」だと知るときが後年に至って訪れたのである。

この根源的伝統とは、また人類の文化発生以前におけるその宇宙的使命を示すものとも考えられる。したがって私は、葉隠十戒のゆえに、人類の最も根源的な秘密にまで、自己の魂が到達していたことを知るに至ったのだ。

ことほどに、私の魂の発展は葉隠の力に負っていた。そして葉隠の魂のために死ぬ気で生きて来た。葉隠には、人間にそう感じさせるだけの力が内包されていたのだ。

その力を、私は本書を通じて、この地上に展開したいと思っている。本書を読まれた方々が、私が葉隠から得たような思想を得てほしいと願っているということに尽きよう。だから私は、いかに厳しいことでもこの紙上において言うことが出来るのだろう。

葉隠の実行は、人間を捨てなければ出来ない。つまり人間であることを超越しなければ出来ないのだ。

この超越こそが、我々人類に与えられた宇宙的使命だと知る必要がある。それゆえに、私は葉隠を人類の黙示録だと思っている。人間の意志の力を示す黙示録である葉隠は、また人間の終末を感じさせる力をもっている。この黙示録としての葉隠の在り方に、私は自己の体験から気付き始めたのだ。

真の未来への予言書であるあの『未来のイヴ』を著わしたヴィリエ・ド・リラダン*は、その中で「人間の意志は、たったひとりの意志でも、世界を揺るがす力を持っている」と言っていた。この未来への透徹力の中に、私はリラダンのもつ騎士道精神を深く感じたのを覚えている。

それはまた、葉隠の意志がもつ未来創造の力を表わす言葉だとも私は思っているのだ。葉隠は、未来の人類を創り出す黙示録としての力をもつ。それは葉隠の中に、現在の人類がもつ死生観の「到達点」が述べられているからに他ならない。

死というロゴス

さて、それでは「葉隠十戒」の中の第一戒について考えていきたいと思う。あの有名な
——武士道といふは、死ぬ事と見附けたり——
である。死に狂いの出発となる思想と言えよう。
第一戒には、葉隠に宿る魂のすべてが降り注いでいる。それはまた、私の全意見であり全科学である。また全芸術であり、全行動であり、全過去であり、また全未来でもあるのだ。この思想が、「葉隠十戒」の初めにあることに、私は表現できぬほどの喜びを感ずる。これほどの勇気ある言葉が、この世に存在するだろうか。

この言葉のためだけに、私は死ぬことが出来る。つまり、それゆえに生き切ることもまた出来るということに尽きよう。この言葉の実行は問答無用である。その実行と解釈の方法を問わない。がむしゃらに、死ぬまでこの思想にぶち当たるのみである。

これは自己の命の終末を見せてくれる言葉なのだ。私は自己の終末に向かって突進するだけの人生を送る。もちろん体当たりを繰り返し、私の人生はそのまま未完となり中途挫折する所存である。つまり、自己の人生と前後左右の世界をすべて切り捨てて、体当たりを人生に喰らわすのだ。

私の人生は、この思想の地上的展開に過ぎない。それ以外に、私は何も望まずまた何を得ようとも思わない。この思想の人生的実行を目指して生きることとだけしかない。

死ぬために生きることとは、私の人間としての生《せい》のすべてである。だからこそ、この第一戒に始まる十の戒律は、私の「生命のエクリチュール」とも成っているのだろう。

死の覚悟をもって生きることだけが、本当の人間のための生命燃焼を創る。

体当たりの人生は、死の覚悟なくして決して出来るものではない。何が起こるか分からないのが人生である。また目の前にある出来事が、真実かどうかということもまず分からない。

その中にあって、全身全霊の体当たりを敢行するのだ。保身を考える者に、本当の体当たりは決して出来ない。ましてや安心・安全・保障などを求める人間には絶対に出来るわけがない。葉隠が初めに掲げる思想を、愛し抱き締めなければ出来ないのだ。

それには、この第一戒が一つの流体エネルギーと化して、毎日毎日、朝から晩まで自己の中に浸潤して来なくてはならない。この言葉を流体と感ずれば、その内容は自己の生命の内部に必ず浸潤して来る。

この言葉としての思想が、自己に浸潤する状態に成ったものを古代ギリシャでは「ロゴス」*と言った。このロゴスとは、キリスト教で言えば、神に近いものである。つまりは、そうならなければ思想が自己の血肉に化することはないということだろう。

言葉に込められた流体がロゴスと成れば、自己の生命が徐々に流体と化するようになる。そうなれば、体当たりが楽しくて仕方がない状態が現出するのだ。我々は、その状態を創るまでの過程を鍛練と呼んでいるに違いない。

私が宇宙の本質を、「暗黒流体」（ダーク・フルーィド）だと思っていることは先に述べた。その暗黒流体とは、オクスフォード大学教授ジェイミー・ファーンズ*が唱えた学説である。ファーンズは多分、ポール・ディラック*が唱えた「相対論的電子方程式」を踏まえて、負の質量をもつ暗黒流体が宇宙を構成する中心と考えたのだろう。その流体こそが宇宙を貫徹するエネルギーなのだ。だから、宇宙的な思想は流体として捉えるのが正しい。そしてその浸潤を受け、自己もまた流体と化するのである。

葉隠が宇宙的思想であることは、その根源となる武士道の民族的発生段階を見れば分かることである。葉隠流体説は、人類の文化の発生的根拠に基づくものであることも、ここで断わっておいたほうがいいだろう。

この「武士道といふは、死ぬ事と見附けたり」という言葉に匹敵する思想は歴史的には三つしかない。それはキリスト教の「ヨハネ黙示録」*と仏教の「般若心経」*、そして古代インドの「バガヴァット・ギーター」*だけと言っても過言ではない。

そこから生まれる生命思想は、それの全否定の思想を流体として受け止め、自家薬籠中のものとした人間だけが知る全肯定と言えるのではないか。これは、死ぬことが宇宙の真理であることから生ずる、真の弁証法的論理と言えるかもしれない。死ぬ覚悟を本当に決意することによって、本当の生《せい》を生きることが出来るのだ。

死は生である

死ぬことだけが、真に生きることを生み出す。死に狂いとは、このことを言う。

人間の本当の生を送った、歴史上の人々がそれを証明しているだろう。好き嫌いは別として、あのフランス革命が人類史的な問題であったことを疑う者はいないだろう。そのフランス革命は、二人の偉大な生命によって敢行されたのだ。

その二人がロベスピエール*とナポレオン*である。ここでは、自ら行なった革命によって、自らが断頭台に消えたあのマクシミリアン・ド・ロベスピエールの最後の言葉を生の雄叫びとして思い出すことにしたい。

「死は、不死の始まりである」(La mort est le commencement de l'immortalité.)。

そう言ってロベスピエールは死んだのだ。死に当たって、こう叫ぶことが出来るような人生を、ロベスピエールは送って来たということに尽きる。

その生き方が、ロベスピエールを歴史的な人物と成した。私はそう見るのである。良くも悪くも、その燃焼する生命がフランス革命を断行した。ここには死が生であり、生がそのまま死であることの人生的真理が潜んでいる。

人間の生命には、善悪がない。我々人間の生命とは、善悪の彼岸にこそあるのだ。善悪を考え過ぎる者に、体当たりは出来ない。自分が悪人として死することも辞さない人間だけに、体当たりは断行できるのである。この大矛盾に生きることが、自己を流体と化さなければなかなか出来ないのだ。自己が流体と化せば、いかなる自己の変化にも、自己自身の魂が付いて行くことになるだろう。

近代の成功思想や幸福思想に毒された者は、この葉隠第一戒は死んでも分からないと思う。ただ分からなければ、自己が近代の汚染を受けていることを認識したほうがいい。人類を人類たらしめた、我々人間の「根源的伝統」に照らせば、死ぬために生きることのほうがずっと人類の文明に近い。死がなければ、生はない。本当の生《せい》を生きるために、人間は死を選ぶ生き方をして来たと言ってもいいのだ。

　葉隠は、それを一言の下《もと》に言い切ったということに尽きるだろう。こういう思想を言い切るには、やはり人間以上の勇気を必要としていたに違いない。誤解と悪意の中に、自己の人生を投げ込む勇気だけが、これを断言させたのである。

　葉隠第一戒とは、このような崇高な勇気が生み出した歴史的な言葉なのだ。我々は、人生をかけて、それを味わい尽くさなければならない。それが、武士道という日本文化の背骨に命を懸けた、我々の父祖に対する恩返しだと私は思っている。

誠を仰ぐ

　言葉の価値を測るとき、我々はその言葉に含まれる矛盾の輝きを見なければならない。生きるとは、矛盾の中を突っ切るということに尽きよう。また死ぬとは、矛盾のすべてを引き受けて彼岸へ旅立つことに他ならない。それが我々人間の人生の真実なのである。

　だからこそ、真実の人間は矛盾を恐れずに生き、また矛盾を恐れずに語るのだ。我々は、その矛盾を恐れずに真実を抱き締める「誠《まこと》」を見なければならない。言葉とは、字の羅列ではない。誠の雄叫びなのである。それを感じなければならない。

　この葉隠第一戒の勇気と同じ言葉を、私はキリストの言葉に見る。それは『新約聖書』「ルカ

伝」第十二章四十九節にある。キリストは、
「私は、火を地上に投じるために来たのだ」
と言ったのだ。これは私の最も好きなキリストの言葉の一つであるが、キリストの語る思想から言えば、大変な矛盾を覚悟しなければ絶対に語れない言葉なのだ。長くなるのでここでは挙げないが、この言葉に続いてキリストは、反発と矛盾を抱えることになる考え方を示している。この矛盾を突き破る勇気こそを、私はキリストの真実性だと思っているのだ。

他者に認められたい人、成功したい人間には、この勇気は絶対に生まれない。保身の言葉しかその人間からは発せられないのだ。

私はキリストの言葉を、葉隠第一戒と同じ「誠」の言葉として捉えている。誠の言葉に触れたならば、我々は自己の人生を賭して、それを実行しなければならない。それがまた、人類の誠の歴史に対する、我々一人ひとりの「魂の誠」というものではないだろうか。

我々人間の生命は、死ぬためにこの世に来たのである。

死を考え、それを実現するために我々人間の根源的伝統が生まれたのだ。人間の生命の最も尊い生き方が、人類の始原よりその「犠牲的精神」にあったことは全世界の民族に共通するものと言えよう。

他者に自己の生命を捧げる生き方こそが、人類の誠を創り上げた。つまり、死ぬために生きる者こそが、人類の最高の英知を引き継ぐ者となれるのだ。その生き方と死に方が、「葉隠十戒」の

第一戒に据えられることとなったのである。

死ぬために生きることが、真に生きることなのだと知る必要がある。実は生きることの真の出発とは、死に方を決めることに他ならなかったのだ。

偉大な文化の継承者だけが、それを率直に語ることが出来た。生きるための最良の教えとして歴史に刻まれる、あのモンテーニュ*の『エセー』にもこのことが語られていた。「死を教えることは、生きることを教えることになるだろう」（第一巻二十章）。モンテーニュも、騎士道に生きた貴族だったと伝えられている。

私が問うているのは、ただの人間とは何かということではない。高貴な人間とは何かを私は問うているのだ。高貴な生き方とは何か。そして崇高な死に方とは何かを私は問うている。ただ一度の人生である。高貴を求めずして、何の気概やある。出来るか出来ないかなどを問う者は、すべて臆病者でしかない。人間としてこの世に生まれたなら、自己の生命に高貴を求めずして何とするのか。

真の生き甲斐とは、高貴な生であり、また崇高な死である。

それが人間として生まれた者のやるべき使命なのだ。人間の使命とは、そう生き、そう死ぬことにある。現世のことなど、どうでもいいのだ。

そんなものは、我々の価値に何の関係もない。それこそ、適当にやっておけばそれでいい。気概の文化が生み出した最大のものが、武士道である。その武士道の生きた血肉が葉隠なのだ。そしてその葉隠を支える思想が、この第一戒の言葉となる。

死を見つめる者だけが、人類の未来を感ずることが出来る。生きることだけに価値をもつ者は、過去も理解することが出来ず、また未来を想像する力も生まれない。生命の本源に連なっていないからだ。生命の本源を見つめる者だけに、未来はほほえみかける。

私には人類の未来の姿がよく見える。これは別に偉そうなことを言っているのではない。現世において、人間の存在理由を知った者は、そのまま未来の姿を知ることが出来る。もちろん、過去の人間の真の姿も手に取るように分かることとなるのだ。

人間の生命の本質は、過去・現在・未来を貫徹する宇宙エネルギーの道筋に繋がる。それは永遠の中の、また一部を構成するものと成っている。私は葉隠を信じ、その武士道の言葉を実行しながら生きて来た。だから分かるのだ。

運良くまだ生きているが、自己の生命に関してはこの先を考えたことはない。死ぬために生きる者は、ある意味で「予言者」と成ることが出来る。それが分かってから、私は過去の予言者の生き方を学んだ。そして、そのすべての人々が死ぬために生きていたことを付き止めたことがあった。

人間の死とは

予言とは、死のエネルギーがもたらすものである。未来は、死が創り出すものなのだ。死を厭う者は、動物の生を送ることとなるだろう。そして動物として朽ち果てるのである。我々はこの「葉隠十戒」の第一戒において、生命の地上的真実を見て来た。多くの秀れた先人たちが、それを自らの言葉で言い表わして来た。その中にあって、私はこの葉隠第一戒ほど男らしく崇高な言葉に出会ったことはない。この言葉に生きるとき、私は日本人としての誇りに包み込まれるのだ。

生きようとしないことが、本当に生きるということなのだ。

私が自分自身の七十年の人生において、最も実感することもまたその通りとしか言えない。生きようとしたとき、私は自分でも信じられぬほど弱い人間に成り果てていた。そのような経験を何度かもったことがある。

止めようのない「保身」が、湧き出づる水のように、体奥の深くから湧き上がって来るのだ。その卑しさに、哭《な》くことも随分とあった。しかしそのとき、私の眼前には、いつでも「葉隠十戒」のこの第一戒が文字ごと燃えながら近づいて来るのである。

いつでも、私はそれによって救われて来た。自己の魂とその使命を忘れることを、止められたのだ。再び、体当たりの精神が甦り、私は「人間」の生き方の原点に戻ることが出来たのである。私のもつ人生観のうち、最も美しくまた崇高な生き方を、私はこの葉隠の第一戒からいつでも汲み上げ続けている。私にとって「命の水」とも成っているこの言葉は、流体と化して私の全細胞、そして全エネルギーの隅々まで行き渡り、私の今生の生《せい》を支えてくれている。

天命の死が訪れるまで、私は死にながら生きるだろう。この「永久燃焼論」は、「葉隠十戒」のうち第一戒から第三戒までを扱っている。この三つの戒の基礎がこの第一戒だと言ってもいい。第一戒の理解が深まれば、第二・第三はその応用として、自己の人生に途轍もない力を発揮することになるだろう。

死の認識がなければ、生そのものが成り立たないのである。

このような思想について深く強く思索した詩人に田村隆一*がいる。田村はその『詩論』において、「人間が死ぬことの出来ない世界は、生きることも出来ない」と言っている。ここに言う「生きる」とは、自己固有の生命の完全燃焼にあることは言うまでもない。葉隠の言葉を理解しようとするとき、我々は現代流の死や生を考えては全くその真意が分からなくなる。

葉隠の死は本当に生き切った人間の死だ。そして葉隠の生は、死と同一線上にある生のことなのである。それ以外に、人間としての人生はないと言っている。

いま述べた田村の言葉は、この葉隠の生き方を人間本来の生《せい》とした上での死生観なのだ。人間的な死は現代からなくなってしまった。現代人は物理的な心臓の停止や脳の停止を死だと思っている。死とは、そんなものではない。ひとりの人間の生《いのち》が、今生から去るということなのだ。それは過去を引きずり未来へ旅立つ一つの魂が、今生の肉体を離れることを意味している。宇宙の荘厳が現出する瞬間でもあるのだ。何ものかの魂を受け継いだ肉体が、何ものかのために生き切り、そして未来の何ものかのために再び宇宙に戻ろうとしている。

その「何ものか」が、人間の本質なのである。それを武士道は捉えているのだ。それを現代において田村隆一も詩として表現している。

だから田村は、この現代文明の中では我々は本当の生を送ることは出来ないと言っている。死を生《せい》の最高価値として認めない文明の下《もと》では、人間は本当の生を送ることは出来ないのだ。深い静けさだけが、燃え出づる炎を支える力をもっている。その静けさが否定されている。だからこそ、死を人生の最高価値として捉える葉隠の現代的意義が出て来るのである。

葉隠思想の復活は、現代文明の中に本当の生《せい》の息吹を吹き込むに違いない。

田村は続けてその詩「立棺」において、「地上には我々の墓がない、地上には我々の屍体を入れる墓がない」と歌っている。現代文明のもつ真の生命否定をこれほどうまく表現した文を私は知らない。

現代の墓は墓ではないのだ。あれは、この世を生き切った魂の宿る所ではない。人間の文化としての墓碑ではない。あれは骨の入れ物である。あれは死者を弔う碑《いしぶみ》ではない。あれはどこにでもある金儲けの道具に過ぎない。そのような時代を、我々は生きている。

人間の未来とは

我々の生は、その本源的価値を発動することによって、初めて永遠に繋がる魂をもつことが出来る。その結果として十全な死を迎えられるのだ。

我々現代人はここにおいて、すこぶる大切なことを忘れ去ってしまった。それは生きている人間の生が完全燃焼することによって、初めて真の人類の未来という時間と場所が拓いて来るということだ。動物の生に未来はない。動物は永遠に同じことを繰り返すだけのただの存在物なのだ。我々人間は、動物ではない。我々人間は未来を創る義務があるのだ。その未来を創造する生き方こそが、死ぬために生きる生《せい》だということを私は言っている。

つまり人間としての時間を送る人間的な生ということだ。それがあって初めて人間本来の未来が拓く。人間生命の完全燃焼がなければ、未来はないと知らなければならない。現代文明が滅びるとは、そのような謂《い》いである。現代の文明には、もはや未来を創造する力がない。

このまま行けば、我々人間は混沌の中に吸い込まれる自然物と化することに成るだろう。それを止めることが、死の再認識に他ならない。いま葉隠が問う事柄はそれである。

葉隠という日本文化を体現する思想のほかに、日本の未来を拓く思想はない。このような厳しさこそが真の人類愛だと私は思っている。人類愛の思想を、初めてこの世にもたらしたキリストが語った、先ほどの言葉もまた、人類の未来を創るための本当の愛だったと知ってほしい。

葉隠ほど、人間の生命燃焼を重んじた思想はない。逆説的に言えば、葉隠ほど人間を愛する思想はないということになるのだろう。死を教えることが、愛の根源なのだ。死に狂いである。それは生の燃焼をもたらす働きがそこに存するからだ。

この真の人間愛を、「美学」の位置にまで高めたものが葉隠と言ってもいい。死を受け入れることによって、生きることの真の喜びを我々にもたらす。そしてその葉隠の全思想を支える根本がこの「永久燃焼論」で取り挙げている第一戒から第三戒までの思想だと言っても過言ではない。

葉隠の力によって、死に狂いという生命燃焼の思想が、私の人生観を貫徹する中核の思想に成長したのだ。私の根本思想は、死が生より尊いことによって成り立っている。だから死者は生者より尊い。そして、まだ生まれ来《こ》ぬ未来の人間たちも現世の我々より尊いのである。

このような、死の絶対性こそが、葉隠という武士道の思想の根幹を支えているのだ。葉隠の魂を見つめれば、現世の自己の存在を捨てることによって、過去と現在、そして未来をすら見通すだけの思想をもつことが出来るのである。

葉隠の思想は、時間というものを超越している。だから死が生なのだ。その力によって、未来を見通すことが出来る。

それは死の絶対性を摑むと、宇宙を支配する「負のエネルギー」の実体が分かるからなのだ。負がすべての生命とその魂を支えている。もちろん死もまたしかりである。負のエネルギーによって死の本質がもたらされる。だからこそ、それから逃げることなく、自ら進んでそこへ向かうと、負のエネルギーが生ける生命にも近づいて来るのだろう。

燃える生命を支える力が、冷たく静かな負のエネルギーによってもたらされていると分かる必要がある。葉隠に生きるとは、そういうことに挑戦する人生でもあるのだ。

負のエネルギーが、計測不能の「流体」として我々の見える世界を支配している。それはすべての物質の中に浸潤し、その物質の生命を生かしてもいるのだ。

その浸潤を感ずることが出来れば、自己の生命は完全燃焼に突入していくだろう。そうすれば、死を想うことが生《せい》を生かすことに繋がっているのが認識されるに違いない。そして葉隠が、未来に向かう流体そのものであることを理解するだろう。

決断の本質

さて、死が生の根源であることは、かなり理解されて来たと思う。それさえ摑めば、第二戒からは随分と説明も楽になるのだ。ここで「葉隠十戒」の第二戒

―二つ二つの場にて、早く死ぬほうに片付くばかりなり―

を考えてみたいと思う。これは死が生の本体だと分かった人間には簡単な事柄となる。

これこそは人生の燃焼をもたらす最大の実践的思想の一つと言えるものだ。簡単に言えば、迷

ったときの決断を促すための考え方である。

私はこの思想のゆえに、現世で苦労したことは全くなかった。人生の決断に迷うことがなかったからだ。私にとって、人生航路の決断はいつでも決まっていた。しかし、生き方と死に方が決まっていない人たちにとって、この迷いは一筋縄ではいかないようだ。

初めに、第一章で説いた覚悟が決まっていなければ、この岐路の迷いは永久に解決しない。多分、みじめで哀れな家畜のような人生のほうへと、どんどんと流れていくだろう。安全・安心・安楽・保障という保身の考え方がその選択を促すのだ。つまり現代の消費文明の風潮が家畜へと自分を流していく。

まず覚悟である。次に現世の利益と保身を考えぬことだ。これが本章において、第一戒の思想として私がいま説き続けて来たことになるのだろう。死の崇高を抱き締めれば、現世などはどうでも良くなるのだ。

自分の決めた死に向かう人生は、迷うことがない。決断は、必ず自己の生命の燃焼を真に生かす道と決まっているからだ。簡単なのであるが、現世的な欲望を抱える人々にはいたって難しい。この迷いの根源を葉隠第二戒は、一刀両断にしているということだ。「早く死ぬほう」とは、現世的な「得」を捨てたほうということである。そして自己の死に方と生き方を取るという道のことなのだ。

つまり、苦しい道・困難な道・悲哀を含む道・悲痛の待っている道ということになるだろう。それらが、人間の生命の本質である限り必ずそうなるしかないのだ。辛く悲しいことだけが、自分の生命の本当の価値をこの世に現成させてくれる。

そして現世の物質界や他者の評価を受け難《にく》い道ということでもある。真の生命の道は、現世だけに生きる「大衆」には決して分からない道である。それが「早く死ぬほうに片付く」ということの本体である。

私自身は、そのような人生をずっと送って来た。そして年を経るたびに、その誇りに私の生命は打ち震えている。この辛く悲しい道を歩む決意さえあれば、人生には全く迷いはなくなる。後は、自分の決めた死に方に向かって、自分の決めた生き方を貫くだけしか残らない。つまり簡単に言えば、現世の利益の少ない道のほうを選ぶということに尽きる。決意さえあれば誰にでも出来る簡単なことと言えなくもない。

得をしようと思うから、迷うのである。みじめでも何でも、生きたいと思うから迷うのだ。葉隠は、前もって高貴で崇高な死に方とそこから生ずる生き方だけを説いている。それ以外の生を欲しなければいいのだ。

私はそうすることが出来た。そして歴史的にも多くの人々がそうして生きて来たのだ。それを知り、そして信ずれば、この道は誰にでも出来る。「早く死ぬほう」とは、人間のもつ動物的な弱さやみじめさに対して一撃を喰らわす思想なのだ。私は長年の修行によって、この言葉は飯《めし》より好きな言葉と成ってしまった。

生命の本質

我々人間は、宇宙の本源である愛に生きることに最大の「正義」がある。だから葉隠の指し示す選択が、絶対的に正しいこととなるのだ。

愛に生きるとは、真の生命燃焼を抱き締め、死の崇高を仰ぎ見て生きることに他ならない。現世の毀誉褒貶《きよほうへん》などに動かされることなく、自己に与えられた生命の喜びと魂の崇高に思いを馳せなければならない。そうすれば、第二戒ほど楽しい戒律はこの世になくなる。

この第二戒については、あのカント*の生命理論が最もこれを裏打ちする哲学的基礎となるだろう。それは『判断力批判』の中に見られる理論である。あの「目的のない合目的性」(Zweckmäßigkeit ohne Zweck.) と呼ばれる生命論だ。

これはまた、無目的の目的とも訳される。つまり、本当の生命の力とは、目的をもたないほうが、却って目的に沿って生きることが出来るという考え方を言っている。

葉隠が言う生命の価値に向かうというのは、生命がこのカントの言う「目的」そのものに成らなければならないということなのだ。カントは生命そのものの本質を言っている。生命はその本質に沿って生きるほど正しくまた燃え立つということを示す。

つまり葉隠の言う武士道は、武士道自体がこの生命そのものの本質にまで至らなければならないと言っているのだ。本当の「人間の生命」になれということに尽きよう。

　だから本質的に、自己の生命を本当に生かしたければ、体当たりが理論的にも最も正しい生き方だということになるだろう。カントの生命論は一例であるが、葉隠のもつ「科学性」には、驚かされるものがある。

　その理論は奥深くに潜んでいるが、今も見たように、歴史的な頂点に位置するものでもあるのだ。これはもちろん、山本常朝の生き方が「誠の道」に適っていたからに違いない。誠は、あらゆる艱難辛苦をつんざいて、宇宙のもつ力を己が生命にもたらすのだ。

　葉隠は、自らのもつ徹底的な不合理によって、却ってこの世の合理に適ったものともなっている。徹底的な思想と行動は、陰陽逆転を招き、徹底的な科学性すら生み出すのである。目的のない合目的性という「生命原理」は、この第二戒の魂と呼んでもいいものだろう。そして、このカントが摑み取った「生命原理」そのものが、山本常朝の抱いていた武士道の精神が生む生命に最も近いものでもあったのだ。ここに、私は若き日に葉隠のもつ不合理によって、カント、ヘーゲルを中心としたドイツ観念論哲学を自分なりに把握できた原因がある。

　葉隠とは、その不合理さえ信ずれば、このような力を内包する書物なのだ。このカントの「生命原理」と全く同じ思想を、不合理の頂点を極めたフランスの詩人がやはり歌っていた。それは、あのアルチュール・ランボー*である。

　ランボーはその『地獄の季節』の中で、「我々は聖霊に向かって行《ゆ》くのだ」（Nous allon à

l'Esprit.）と歌っている。これが葉隠の「永久燃焼論」なのだ。

死に向かって、生の限りを尽くす体当たりの貫徹ということである。

私はこの詩句を死ぬほどに愛しているので、いま私の経営する会社の工場の玄関に高々と掲げられている。この精神こそが、私の生であり、また我が社の運命を示している。ランボーも自己の生命に忠実だった。自らの愛する騎士道に向かって、ランボーは生きた。

聖霊に向かって行くとは、崇高な死を迎えたいということである。

葉隠と全く同じものだ。葉隠は、武士道すらを超越した「生命讃歌」とも言えよう。ランボーは、その勇気によって芸術の殿堂に入った。その魂は、永遠と交叉した。つまり「永久燃焼」そのものを摑んでいたのだ。

我々はこの「永久燃焼論」の中に、真の生命的原理を見出すだろう。つまり、生きることの真実である。それは暗黒の中に輝き、また霧の中から立ち現われて来るのだ。

真の生命を支える負のエネルギーの支配するこの葉隠の道を歩む者は、真の生命を得ることになるだろう。それがまた「愛の道」であることはキリストの言を待つまでもない。

犬死の効用

この第二戒を摑み取った者にとって、第三戒は真の武士道的自由を感じ取れる戒律となっている。第三戒は未完の人生、つまり犬死の人生を受け入れることを要求している。

―図に当たらぬは犬死などといふ事は、上方風《かみがたふう》の打ち上《あが》りたる武道なるべし―

人間として真の自由を得るか、また屈従の日々を選ぶかの問いを突き付けている。アメリカが独立するとき、あの有名なパトリック・ヘンリー*は「自由か、しからずんば死か！」(Give me liberty, or give me death!) と言った。この民主主義の「初心」をアメリカ人もすでに忘れてしまった。生命が真に生きるには、基本的に命懸けの自由を得る必要があるのだ。命よりも大切なもののために生きてこそ、初めて人間の人生と言えるものが出来る。

犬死や中途挫折、つまり未完の人生を恐れたら、すでに挑戦すら出来ないことになるだろう。自己の真の生命のために犬死することは、武士道的には実は最も誇り高い生き方なのだと知らなければならない。成功するよりも、葉隠的には「格が上」なのである。

それを知れば、我々は縦横無尽に大あばれすることが出来る。私もそうして来た。だから人生は楽しいのである。屈従を撥ねのけて、自由の世界に向けて羽ばたかなくてはならない。それが最大の先祖供養であり、また親孝行だということも知っておくといい。

犬死は、したほうがいいのだ。私はこの第三戒のおかげで、思う存分の体当たりをすることが出来る人生を送っている。死ぬ日まで、この体当たりを徹底的に続ける所存である。

それが出来るのは、自己の人生が中途挫折でよいと思っているからに他ならない。未完の人生、中途挫折の人生を受け入れることによって、真の体当たりが生まれる。人生で勇気が最も大切なものだと言われる所以《ゆえん》がここにある。犬死を受け入れて生まれる勇気こそが、生命の完全燃焼を成し遂げさせてくれるのだ。

これを阻害するものが、現代を覆う成功思想と幸福思想である。それらの考え方が、無闇と他者に認められたいと思う心情を生み出す。そこから出なければ、この第三戒は特に死んでも分からない。だから葉隠とは、どちらにしても、一度死んだ気になって実行してみることが重要なのだ。

人間の生命の力を本当に知れば、後はその生命が導いてくれることになるだろう。人間の生命の燃焼とは、宇宙の本源との触れ合いである。つまり自己の生命の実存と向き合うということに尽きる。だからこそ、勇気を振り絞って現世的な価値観から出ることが大切なのだ。武士道の目指す世界は、生命的実存の世界と同じ世界を共有する。だから勇気がすべてだとも言えるのだ。

最後に私が尊敬してやまぬスペインの神秘思想家　十字架の聖ヨハネ*（サン・ファン・デ・ラ・クルス）の言葉をもって、この「永久燃焼論」を締め括りたい。

お前の知らぬものに到達するために、
お前の知らぬ道を行《ゆ》かねばならぬ。

第三章 永久恋愛論

思索篇——

恋愛の根源

永久恋愛とは、無限の彼方に向かう遠い憧れに生きることを言う。憧れは、遠いともしびを見つめて生きることに他ならない。遠いともしびを見つめることは、魂の崇高を仰ぎ見続けることと言ってもいい。その生き方の中から、特に憧れの地上的展開を重んずる事柄を永久恋愛と名付けているのだ。

純然たる魂の震動を、この地上でどう行なうのか、である。したがって、我々の日常と最も密接に結び付いている思想かもしれない。これは恋愛の本質である宇宙的実存の地上的展開と表わせるものでもあろう。

恋愛のうち、我々のよく知る地上的な男女の恋愛は、その最も低俗な宇宙エネルギーの感知と言えるだろう。ただその中でも、心の底からの誠をもつ「純愛」は、魂の憧れに限り無く近い。そのような恋愛はまた、我々の心を震わす物語として歴史に刻まれていることを知っている。

葉隠の言う恋愛とは、その男女の純愛より、もっと深い「誠」を自己の生き方に転換したものと思ってもらえればいい。純愛の心が、永遠の彼方に向かって放射されていけば、それは葉隠の言う恋愛を意味してくるだろう。葉隠は、それを「忍ぶ恋」と呼んでいる。

この永久恋愛の思想によって、我々の魂は無限の進化上昇を続けることとなる。

自己の魂が永遠に向かって上昇して行くのか、また行かないのか、がその分かれ目となる。魂の無限上昇を伴わぬ恋愛はすべて、葉隠の言う恋愛ではない。自己の運命に向かっていることを信ずるに足る、何ものかを感じているかどうかの問題である。何ものかを待っている魂だ。魂を震わす何ものかの到来を待つその心こそが、永久恋愛の根源を創ることとなる。

何ものかの到来を待つ「祈り」が、本当の恋愛を生み出す。それを現わす最も有名な恋愛が、日本武尊《やまとたけるのみこと》＊とその妃・弟橘媛《おとたちばなひめ》＊の「永遠の愛」だろう。自己の魂の誠と、自己の肉体の生存そのものを捧げ合った本当の恋が、この二人を結び付けていた。

相手のために、自己の生存のすべてを捧げ尽くす愛である。日本武尊は東征の途上、相模の小野（秦野市《はだのし》）の戦いにおいて、業火の中から命懸けで姫と御子たちを救い出した。

そして、その純愛に応えるために、その後に走水《はしりみず》（浦賀水道）において海難に遭った際、弟橘媛は夫日本武尊の征旅を助けるために、荒波に自ら身を投じたのだ。当時、信じられたとおり、海神の怒りを鎮めるために自分自身が「生贄《いけにえ》」となって愛する者のために身を捧げたのである。我々日本人が、永遠に仰ぎ見る愛の姿がここにある。

このような相思相愛もまた、本物はすべて「忍ぶ恋」なのである。葉隠の言う「忍ぶ恋」は、沈黙の愛である。そして、それが自分の身を裂く本物の苦悩を伴う愛である以上、そのすべてが「忍ぶ恋」となるのだ。

一生に亘って口に出すことも出来ぬ愛。相手のためにすべてを捧げ尽くす愛。これらすべてが、自己の武士道である「忍ぶ恋」を創り上げることになる。葉隠の言う「忍ぶ恋」は、自己の命よりも大切なものに向かうその魂の在り方を支え続ける働きをもつ。その魂の中で、恋のときめきを伴うものはすべて、自己の「忍ぶ恋」と成り得る。その対象はまた思想でも生き方でも、相手は何ものでもいいのだ。

恋闕の形而上学

ヨーロッパにおいては、あの中世騎士道を代表する歌人《うたびと》（ミンネゼンガー）*だったヴァルター・フォン・デア・フォーゲルヴァイデ*の歌うミンネリートもまた真の忍ぶ恋となるだろう。その歌曲は貴婦人に対する精神的な愛を歌い上げた歌がほとんどを占める。

それは永遠を見つめるキリスト教信仰が生み出した「永久恋愛」の詩なのだ。永遠を見つめ、その永遠に向かって限り無く上昇する魂の讃歌となっている。地上の恋愛に擬して、中世リートもまた、永遠に向かう騎士道を歌い上げていた。

忍ぶ恋は、葉隠の中枢である。武士道の根源を支える中心思想と言ってもいいだろう。

忍ぶ恋は、私が立てた「葉隠十戒」においては、第四戒

—毎朝毎夕《まいちょうまいゆう》、改めては死に改めては死ぬ—

がその先頭に立てられている。そして第五戒「恋の至極《しごく》は、忍ぶ恋と見立て申し候」、第六戒

「一生忍んで、思い死にする事こそ恋の本意なれ」と続くのである。先頭の第四戒については、意外に思う人がいるかもしれないが、これが忍ぶ恋をもち続けるためには大切な思想となる。

この第四戒が忍ぶ恋の全体を支配する思想となっている。簡単に言えば、日々において自分の死に向かう人生の自覚がなければ、憧れと恋愛は決して忍ぶ恋には成り得ないということに尽きるだろう。

死の観念が、地上の愛を忍ぶ恋の崇高に結び付けていくのだ。

この世の生が、この世の生でしかないと考えている者に忍ぶ恋はない。この世とは、過去が投射された世界であり、また永劫の未来へ向かう出帆の場所だという認識が、忍ぶ恋の思想を支えている。

あの三島由紀夫*が、この崇高を「恋闕《れんけつ》*の形而上学」と言っていたことを思い出さずにはいられない。恋闕の形而上学とは、まさに葉隠の言う忍ぶ恋を言い当ててまた妙なるものと言えよう。恋闕とは、遠くから仰ぎ見る沈黙の「忠義」を言う。その忠義もまた、忍ぶ恋の純愛と全く同一のエネルギーなのだ。

この永久恋愛について、私は先に憧れの地上的展開と言った。その意味は、この恋愛が、我々の存在の根底を支える生命エネルギーのうち、その宇宙的実存である我々のこの世における存在理由《レゾン・デートル》を表わすものだということなのだ。この生命の存在理由が、物質と魂の地上における交流を表わす言葉だと認識してほしい。

この第三章「永久恋愛論」に至って、第一章の点としての孤独なる自己、そして第二章の核融合的燃焼による自己の生命力が現実的な意味を成して来るのだ。それらを経過することによって、我々葉隠の武士道を志す者は、魂の「量塊《りょうかい》エネルギー」を得るに至る。

焦がれうつ魂

永久恋愛の量塊エネルギーは、我々の魂を無限に向かう上昇エネルギーに変換する。つまり地上の存在である我々と、宇宙的実在との間の交信交流を成さしめてくれるのだ。それは忍ぶ恋の力が、垂直の天を目指して生きるエネルギーの産出をもたらしてくれるからである。

そのエネルギーには涯《は》てがない。そして目的もない。ひたすらに自己の魂を永遠に向かわせる。だからこそ、私はこの忍ぶ恋のエネルギーに対して、「焦がれうつ魂」という名称を与えているのだ。

私自身が、この焦がれうつ魂を自分なりに摑んだのは、かなり特殊な体験による。その記憶は、三歳のときに遡る。だから多分、生まれたときからなのだろう。それは物心ついたときから、十四歳の終わりまで続いた夢だった。

私は一週間に一度、必ずその夢を見た。その夢を見ると、その日は起きたときから、途轍もない悲しみに襲われるのだ。理由がない悲哀の感情である。それは六時間しか続かなかった。六時間が過ぎれば、またいつものような元気で明るい日々が始まる。その毎週来る六時間の悲哀が自分にも分からなかった。

それはいたって単純な夢だった。「かぐや姫」としか思えない十二単衣の貴婦人が、永劫の時間としか思えないような動きで、ただただ月に向かって昇って行くという夢なのだ。どこまでもどこまでも、いつになっても到達しない月に向かって上昇して行く。

その荘厳とその崇高が記憶に残るのだ。それは「荒涼」という景色の極点と言ってもいい。死の荒涼を私は感じていたに違いない。一週間に一度、十四歳の終わりまで、その崇高なる荒涼は続いたのだ。

その夢が終わりに近づくころ、私の「葉隠十戒」がその全貌を現わし、自己の中で確立したと言っても過言ではない。そのころから、私は生命のもつ悲哀を確実に自己の思想に取り入れていたように思う。

十四歳を境として、私の葉隠的人生は確定し、無限に向かって前進を始めたように記憶している。そして元々好きだった詩や文学の理解力が飛躍していったのである。その理由は、人間のもつ悲哀と死の本質を自分なりに摑んだことによると考えている。

この体験によって、私は自分の中に焦がれうつ魂を養ったと思う。その魂が、狂うほどの恋、死ぬほどの愛、そして永遠の苦悩に向かう真の憧れを考えさせたのだ。それを自己の思想の根幹に据えようと思った。なぜなら、それが人間の生命の根源だということを理解したからに他ならい。
この体験が、私の武士道、つまり私の葉隠を高貴で美しいものに仕上げてくれたように思う。このおかげで、私は自己の人生を決する「葉隠十戒」の中に、恋愛至上主義とも言える忍ぶ恋の戒律を三つも入れることに至ったと考えているのだ。

苦しく悲痛なるもののほかに、真の恋愛はない。それ以外の恋愛らしきものはすべて、本人の利害打算に過ぎない。それもまた人生の必要悪だとは思うが、その自覚と認識がことのほかに大切なものとなる。

しかし、この自覚は現代において、ほとんど無いように私は感じている。利害打算は、地上の最も汚れ果てた汚物である。これが葉隠が蔑む最大のものの一つと言っていいだろう。しかし、それもまだ本人が分かっていれば何とか救われる道がある。問題は、自己を誤魔化し魂を捨てていく生き方にある。

日々の死について

特に愛の名をもってする利害打算ほど腐臭を放つものはない。これが今日、世を覆っているように思う。この打算ほど宇宙的実存と対立するものはないのだ。崇高な自己の実存を汚すこの恋愛こそが、自己を地獄に突き落とすものとなるだろう。愛の名の下《もと》に、世の中や他者を誑《たぶら》かした生命ほど下賤な生命はない。

　中世最大の宗教家のひとりであるあの源信*は、『往生要集』において、このことを述べている。そのような生命こそが地獄にふさわしい、と。愛の名の下に行なう悪業の報いを問う文学こそが、あの高橋和巳*の『悲の器』である。そして、その巻頭には『往生要集』の言葉が挙げられているのだ。この現代日本文学の最高峰の一つも、この問題を問うていると言っていいだろう。

　忍ぶ恋は、葉隠だけではなく、人間存在の中枢をも支える思想なのだ。無限に向かう苦悩の愛が、西洋では神の中心だった。しかし西洋はすでに神を失った。つまり愛の本質を失ってしまった。

　人間の実存を考え続けたフランスの作家アンドレ・マルロー*は、その『西洋の誘惑』において、「神につづいて、人間も死んだのだ」（L'homme est mort après Dieu.）と語っていた。西洋では神の愛が死んで、自己の存在理由を失ってしまった。

　日本では、その愛の本源に武士道があったのだ。だが日本でも、真の武士道は死んだ。武士道が死ねば、マルローの言うごとく日本人もまた死ぬ運命にあるのだ。その日本文化の中枢だった武士道を支える思想こそが、葉隠に言う忍ぶ恋だったと言えるだろう。

　利害打算の愛を克服しなければならない。それが葉隠の言う忍ぶ恋の本質だと私は思っている。結ばれる恋愛は、結局は利害打算に陥ることが多いのだ。決して結ばれることのない恋こそ、自己のもつ最も純粋な魂を存続せしめるのだろう。

悲恋に人が感動するのは、その悲恋のゆえではない。利害打算に陥ることのなかった、その純愛の魂に感動しているのだ。忍ぶ恋がその純愛を養ってくれるのである。

多くの詩人や宗教家が、幸福の危険について警告しているのはその謂《い》いなのだ。幸福は利害打算という弱い心を、自己の奥底から引き出してしまうことが多い。その結果、真の恋愛は崩れ去る。

恋愛は苦しく悲惨である。しかしそれは魂と生命に、自己固有の輝きを加える働きをもっているのだ。葉隠はそれを言っている。第四戒に言う日々の死は、その苦悩と悲痛を耐え抜くための心がけと言ってもいい。真に生きるために、弱い自己を日々殺さなくてはならない。

我々が、自己の魂の中に真の恋愛の心を維持することは並大抵ではない。我々は死に続けなければ、幸福の誘惑にからめ取られてしまう危険が大きいのだ。詩人アラゴン*は愛と幸福の本質について歌っていた。

苦しみの伴わぬ愛はない
痛手のもとにならぬ愛はない
打ちのめされぬ愛はない
そして君への愛も　祖国への愛も
涙で養われぬ愛はない

幸福な愛はないのだ
しかし、それが我々の愛なのである。

元々、これが真の恋愛と言える。真の恋愛の本質を、葉隠はすでに予言し、そして断定していたのだ。

それが、忍ぶ恋の本質を創る。だからこそ、日々の死が、その忍ぶ恋を生涯に亘って貫く最も大切な戒律となるのだろう。日々、憧れの中に死ぬことが大切なのだ。真に生きるために死ぬのである。

この死こそが、永久恋愛に向かう地上的な我々の日々の思想とならねばならぬ。日々の死が、自己の本当の魂と真の生命を自分に教えてくれることとなろう。地上的に報いられることのないエネルギーほど、宇宙との交流エネルギーは大きくなると言えよう。

肉体的な死の意識が、魂の崇高を養うのである。この地上の肉体を日々殺すことによって、自己の不滅性へ向かう魂に糧を与えるのだ。

だから我々は、日々肉体的に死に、魂の呼吸を助けなければならない。この第四戒の生き方だけが、弱い自己から卑怯や未練、そして卑しさを拭ってくれる。このことによって、我々は真の自由へ向かって羽ばたけるのだ。

忍ぶ恋とは、真の自由へ向かう魂の雄叫びなのである。つまり真の自由は、日々の死によって

得られると言っても過言ではない。先述したモンテーニュはまた、
「死をあらかじめ考えることは、自由を求めることである」
と言っていた。

この自由が、忍ぶ恋という魂の苦悩から生まれて来るのだ。洋の東西を問わず、やはり武士道や騎士道に生きようとする者は、日々の訓練によって死を日常と化している。

非日常を日常と化すれば、自由と人生の豊かさは測り知れなくなる。その豊かな力だけが、永久恋愛の忍ぶ恋の中を生き抜く活力を、我々に与えてくれるのである。この非日常の日常化については、「養常の思想」として第五章「永久運命論」の中でまた詳しく取り挙げるだろう。

純愛の本質

恋愛の力が、人間の生命と魂を立てる。真の愛と本当の恋だけが、民族を生み出し文化の柱を立てたのである。そして文化が、武士道を紡ぎ出した。

民俗学者 折口信夫《しのぶ》*は、日本人の原点について深く考察していた。その結果、スサノヲ*と根の国（黄泉《よみ》の国）のもつ悲哀とその悲恋を民族の魂と考えたのである。「恋の亡びた日本なぞ、どっかへ行了《いっちま》へ」とその『現代襤褸《らんる》集』（日本の恋）において叫んでいる。それは悲哀とそれを生み出す悲恋こそが、いま見たように民族の魂の根源を創り上げたと考えたからだ。

燃えるような恋の力が、人間を人間にしたのである。恋の力を民族の根源力と喝破したとき、折口はスサノヲのもつ一念一徹の中に、本当の純愛の力を見て取ったのだろう。

　折口はスサノヲの純愛と慟哭を日本の魂と成した。戦後日本が出発したとき、折口は魂を失った日本の未来を憂いて歌った。「日本の国　つひにはかなし。　すさのをの　昔語りも　子らに信なし」と。日本から純愛が消えていった。純愛に苦しみ、嗚咽《おえつ》の声を上げる者がいなくなった。生命の雄叫びがなくなったのだ。恋がこの国から去ったのである。後には民主主義と平和、平等が、人間の魂を喰らいながら成長していった。

　忍ぶ恋が、美しい魂を磨き上げる。絶対に叶えられぬ恋ほど、その力は強い。絶対に口に出さぬ恋ほど、魂を浄化するのだ。恋愛とは、我々ホモ・サピエンスの中枢の実存を画するエネルギーである。それを魂の崇高に向かって開放しなければならない。

　恋の力が人類を立てたのだ。詩人ラ・フォンテーヌ*は「恋よ、お前はトロイを滅ぼした」(Amour, tu perdis Troie.) とまで歌っていた。つまりトロイ戦争*を描いた人類最初にして最大の大叙事詩とも言われるホメロス*の『イリアス』『オデュッセイア』は、恋から生まれたということになる。

　恋愛のもつ根源力は測り知れないのだ。その恋愛のもつ力は、魂の奥底に秘められるほど増大していく。その力を、自己の人生の生きる力に変換しようとする意志こそが、葉隠の言う忍ぶ恋を生み出した。

あのダンテ*は、ベアトリーチェ*への一生涯に亘る忍ぶ恋を耐えながら生きた。その苦悩の魂が、あの偉大な『神曲』をこの世に現成させたのだ。ダンテほどの偉大な忍ぶ恋は、その癒しのために宇宙の実存の力を必要としていた。『神曲』は、ダンテの捉えた宇宙の実存と言えよう。

永久恋愛は、人類の魂に手向けられた涙である。我々人類の滅亡した後、その祭壇に捧げられるであろう追悼の涙なのだ。我々の存在の最も美しかった思い出として、宇宙の暗黒流体の中にしっかりと刻まれるに違いない。

ドイツの詩人ノヴァーリス*が、「恋愛は、死において最も甘美なものとなる」と歌ったのはこの意味である。死とは、宇宙の実存なのだ。だから死ぬほどの純愛の力ほど、宇宙の本体と重なるものはない。

超越的上昇

葉隠は、このような人類の本源を、「忍ぶ恋」という思想として取り入れている。人類の本源的な力が、武士道の貫徹には必要なのだ。人類のもつ恋愛の力を、武士道の中に発揮させようとしている。

葉隠の思想とは、まさにその恋愛の力を、我々の生きる力、そして魂の力に変換したものと言ってもいい。山本常朝は、はっきりと恋は忍ぶ恋でなければならぬと断定している。それが先述した「葉隠十戒」のうちの第五戒と第六戒の中心部分を創っている。

武士道とは、耐える力である。生命の限りを尽くして、自己の弱さと戦う思想なのだ。

その思想の中心を、恋愛の思想が貫徹している。私はこの「永久恋愛論」の思想の中に、葉隠のもつ最も美しいものを見ている。武士道の中に、真の人類的ロマンティシズムをもたらす考え方こそが、忍ぶ恋の思想を創り上げているのだろう。

恋は忍んで忍んで忍び抜いて、その果てに死ぬのだと葉隠は言う。私が葉隠に惚れた理由は、ここに存する。私は本物と出会ったのだ。

忍ぶ恋によって、現世を突き抜け、過去と未来の魂と繋がることが出来る。だから忍ぶ恋に生きた人間は、この世に過去の魂を呼び戻すことが出来る。未来の魂を、この世に現成させることも出来るのだ。

これは純粋な魂の力が、時間というものをもたないことに、その理由がある。この世の時間を捨てれば、時間は永遠の宇宙へ飛翔することになる。忍ぶ恋は、その力を得る根源となる思想である。葉隠の中に、この思想があることによって、私は人類史の中に羽ばたくことが出来たのだ。

私は山本常朝の人生の中に、真の誠を見出している。それは常朝の忠義が、決して目立つことのない恋闕の忠義だったことも挙げられよう。そして愛する者に対して、決してその愛を口に出さなかった。

黙って生き、黙って死んでいったのだ。口述筆記をして、勝手にそれを後世に残した田代陣基《たしろつらもと》*

がいなければ、この葉隠さえ残っていなかった。常朝は武士の生命を全うしたかっただけなのだ。だからこそ、常朝は人類として生き、人類として死んだのだろう。

そして永遠と繋がった。いま、私がこの書物を認《したた》めていること自体が、常朝の生命の永遠を表わしている。常朝の残した歌ほど、永遠と合一した忍ぶ恋の本質を表わすものはない。

恋死なん
後の煙にそれと知れ
ついにもらさぬ
中の思いを

この絶唱ほど忍ぶ恋の苦悩を表わすものもまた、ない。

これが真の「不滅性への渇望」と言えるものではないか。スペインの哲学者ミゲール・デ・ウナムーノの人間実存の中心課題ともなっている思想だ。

自己の存在の不滅を願う祈りが、この常朝の歌の心を支えている。自己の恋が、永遠の恋そのものと成り果てている。死後に煙と成った自分の姿から、生前の本当の恋の心を推し量ってくれと言っているのだ。

これほどの武士道があろうか。葉隠はここに至って武士道をも超越した。葉隠の魂は、宇宙の実存に向かってその「超越的上昇」を果たしたのである。山本常朝は、その恋狂いに死することによって、武士道を突き抜けた武士道をこの世にもたらしてくれたのだ。

かの来たりつつあるもの

この山本常朝の心に、最も近いものの一つとして『旧約聖書』の「雅歌」がある。雅歌は、古代ユダヤ人が神へのあくなき憧れと恋心を歌い上げた詩と言われている。その雅歌において、人間生命の最大の喜びが歌われているのだ。
それは愛する者と巡り会う喜び、恋する者が、近づいて来る魂の震動を表わしている。雅歌第二章第八節にそれはある。

わが愛する者の声が聞こえる。
見よ、それは山を跳び、
丘を躍《おど》り越えて来る。

愛する者、恋する者の気配に震える魂を、これ以上に美しく語った言葉はない。これこそが、明治のキリスト者、内村鑑三*の言う「ホ・エルホメネス」（かの来たりつつあるもの）なのだろう。何ものかを待つ者の心にだけ響く、宇宙からの伝言である。

この雅歌の魂こそが、葉隠の言う忍ぶ恋の核心と言ってもいいだろう。武士道を突き抜けた常朝のもつ無頼の魂が、いまこの世に向かって叫び声を上げているのだ。私にはそれが聞こえる。それは山を跳び、丘を躍り越えて私のもとにいま来たっている。そうでなければ、私はこの「永久恋愛論」を書くことは出来ないだろう。常朝の涙が、私にこの永久恋愛論を書かしめているのだ。「かの来たりつつあるもの」を、仰ぎ見る者だけに聞こえる響きである。私には常朝の涙と、その激しい現世の恋心が痛いほど伝わって来る。

「雅歌」のこの歌を主題として、辻邦生*はあの『天草の雅歌』を書いた。まさに忍ぶ恋の、一つの極地が描かれていると言っていい。長崎奉行所の武士でありポルトガル語通辞 上田与志と混血の美女コルネリアとの純愛の物語である。

幕府の鎖国令によって、二人は引き裂かれてしまった。天川《マカオ》へ追放となったコルネリアに会うために、上田与志は死ぬのだ。死ぬために密航を企てた。そして切腹を申し付けられる。死んで愛する妻に会いに行くということに尽きる。風と成って与志は行《ゆ》くのだ。まさに『雨月物語』の「菊花の約《ちぎり》*」である。

切腹のとき上田与志は、はっきりと叫んだと記録されている。

「いとおしい妻よ、私たちを引き裂くものは何もない」

こうポルトガル語で叫んだと伝えられる。この上田与志の純心が、葉隠の忍ぶ恋をその魂に引き寄せるのだ。

この世のあらゆることは、与志とコルネリアには関係ない。それが関係する者は、すべての日常性と地上の物質的価値に呑み込まれてしまうだろう。恋する者は、それ自体の力として、理想に向かって生きているのだ。

『天草の雅歌』は最後に、コルネリアが天川の丘の上で与志の意志を乗せた風を感じていたことを告げている。私はこの小説の最後を、何度読んだか分からない。その都度、私はどうにも押さえきれぬ慟哭を覚えるのだ。そして、未来へ向かう永遠の愛を感じている自己と対面するのである。

忍ぶ恋に生きて来た自分と上田与志が、時代を超越して対面している。そして異国に去ったコルネリアに、私は若くして死んだ妻・充子《あつこ》の魂を感じているのだ。充子もまた私の魂が発する風を感じているに違いない。彼岸という異国で。

この純心この純愛こそが、葉隠の思想を自己の人生に引き寄せて来る。葉隠とは、人間のもつ純心を問うているのだ。人間として生まれ、人間として死ぬとは何かを「現世」に向かって語りかけている。だから、それはそのまま未来のものでもある。

葉隠の中に潜む黙示録的要素は、そのゆえに現成して来るのだ。この世しか感じられない者には、葉隠は分からない。この世と関係の深すぎる者には、もちろん葉隠の言う日常性の超越は分からない。人間の魂を問い続ける純心を失えば、我々は地上の物質的価値だけの中に埋没していくしかなくなってしまう。

恋に死する

人間のもつ純心と、その純心が生む純愛を、葉隠は武士道の中枢として据えたのだ。
葉隠は先にも少し触れたようにその第五戒において、

——恋の至極《しごく》は、忍ぶ恋と見立て申し候——

と述べている。この戒律をこの戒律のままに仰ぎ見る人間だけに、葉隠はほほえみかけてくれるに違いない。この第五戒について、何度も述べているのは、この命題が自己の心にそのまま定着しなければ、次の第六戒も何の意味もないものとなってしまうのだ。

第五戒と第六戒については、命題とその実践篇という関係になっている。第六戒の忍ぶ恋は、実は忍ぶことが我慢などではなく、純愛の力という大事を武士道の完成に導く重大な思想と成す方法論ともなっている。第六戒は言う。

——一生忍んで、思い死にする事こそ恋の本意なれ——

忍ぶ恋が、恋の本意なのだ。つまり人生とその武士道を支える本質だということに尽きよう。忍ぶ恋とは、忍べば忍ぶほどその価値は高まって来るのだ。だから忍ぶ恋とは、本当は辛いものでもなく、また耐えるものでもない。それは誇りと成り得るものである。辛さや苦痛は、忍ぶことの理解のために、地上的に理解できる表現を取っているに過ぎないのだ。

忍ぶ恋は、忍ばせていただくのである。自己の修行という手前勝手な考えによって、そうさせていただく。そう捉えるのが、最も正しいエネルギーの見方ということになろう。

それが儀式化していたのが、西洋の騎士道だったに違いない。日本とはその事情に多少の違いはあれ、やはり騎士の叙任に当たって、一生涯に亘り憧れ続ける「貴婦人」を選ぶことが義務づけられていた。恋心、つまり真の憧れというものが、日常の超越にいかに大切かを示す一例かとも思える。

恋に死することが、忍ぶ恋の武士道的な価値を創っている。恋そのものが、何ものかに対する強い想いだから、そうなるのだ。恋に死する者は、また忠義に死する者となる。そして忠義に死する者は、また家族愛に死する者となるのである。

三島由紀夫はその『朱雀《すざく》家の滅亡』*において、「遠くから想い狂う」または「遠くから仰ぎ見る」ものとしての忠義を、本物の忠義として描いている。沈黙の忠義である。そして、それを「孤忠」と呼んだのだ。この孤忠について、三島はそれを先述した「恋闕《れんけつ》の形而上学」と表現していたことをここに付け加えておく。

忠義は、恋である。家族への愛もまた、恋なのだ。それらは、魂の行なうことだからだ。これらの、人間にとって最も崇高な魂の価値は、すべて正のエネルギーである肉体の力とは違うエネルギーで動いている。正のエネルギーでは人間を愛することは出来ない。人間のもつ崇高は、すべて宇宙を形成する愛を中心とした負のエネルギーによってもたらされるのだ。

武士道もまた、負のエネルギーによって貫徹される。魂が、己の糧として負のエネルギーを喰らうのである。愛の貫徹もまた同じだ。再三言って来たように、信頼もしかり、正義もまたしかりだ。

日常を超越するとは、この負のエネルギーが日常生活のあらゆるところに浸潤することを言っている。

この浸潤が、忍ぶ恋という魂の作用でより強まると思えばいいだろう。つまり忍べば忍ぶほど、宇宙から崇高を目指す負のエネルギーが降り下って来るのである。それが毎日繰り返されることによって、日常的物質のあらゆる隙間を埋め尽くす日がやって来る。

負のエネルギーを発出する本体は、何度か述べたあの暗黒流体（ダーク・フルーィド）だと考えればいい。元々、宇宙はこの流体に埋め尽くされている。それを撥ねのけているものが我々の言う「物質」だと考えれば分かり易い。

道徳に非ず

物質とは、流体エネルギーから独立して存在するものを言う。物質にはそれとしての価値が、もちろんあるのだが、いまここで問題にしている負のエネルギーに関しては、物質はそれを排除してしまっているということである。

だから、物質である我々の肉体をもう一度、負のエネルギーで埋め尽くさなければならない。物質としての生命と、崇高を目指す負のエネルギーとの合体こそが、武士道の本質を創り上げていると思えば分かり易い。

正のエネルギーの価値としての肉体に、宇宙的実在としての負のエネルギーを浸潤させる。その長く強靱な鍛練が、武士道を一つの美学として確立せしめている。我々の整然とした秩序ある現存に対して、宇宙的な混沌の力を取り入れる修行と言ってもいいだろう。

宇宙が生成されたときの、その爆発エネルギーの余力を、我々の生きる人生の中に投影するのだ。その爆発エネルギーは、遍満する暗黒流体という負のエネルギーの中に閉じ込められている。その力を、葉隠の武士道は人生に引き入れようとしているのだ。我々が負のエネルギーに覆われたとき、そこには愛が聳《そび》え立ち、信が渦巻き、義が猛り狂うだろう。それを魂の超越的上昇と呼んでいる。

あの古生物学者テイヤール・ド・シャルダン*は、その『愛について』の中でこの負のエネルギーについて語っている。シャルダンは、負のエネルギーを独自に精神的量子（Quantum Spirituel《クワントム・スピリチュエル》）と名付けているのだ。

忍ぶ恋が、その精神的量子を我々の魂と肉体の隅々に浸潤させていく。

シャルダンもまた、忍ぶ恋の一生を送った人だった。その清廉を、私は仰ぎ見ている。『愛について』の中で「愛とは、引力である」とシャルダンは述べている。そして、その引力は宇宙の中心に向かって引き付けられ、我々の魂（意識体）に対し、憧れとして働きかけていると語っているのだ。引力として働きかけるとは、重力として降り注ぐという意味である。つまり、宇宙生成の原初の力が、精神的量子として我々に働きかけているということに尽きよう。

山本常朝は、そのことを自己の武士道として把握していた。この宇宙生成の力を自己のものと成していたことが、葉隠を「恋闕《れんけつ》の形而上学」の域にまで押し上げていくことになったのだろう。道徳と説教に覆われている、他の武士道の書物から、確かに葉隠は超越している。しかしまた、そのことが葉隠を非常に分かり難いものとしてしまったきらいもある。そして心無い者たちには、その言葉の上辺だけを随分と悪用もされて来たのだ。

道徳的な武士道の本は、実に分かり易い。それは道徳というものが、物質主義の思想によって成り立っているからに他ならない。物質とは、得するためにこの世に存在している。だから、道徳は学べば必ず現世的に「得」をするという思想で出来上がっているのだ。

したがって、道徳などはいくら学んでも、絶対に日常を突き抜けることは出来ない。せいぜい、この世でいい思いをするだけだろう。私は道徳好きの人にいつも言っている言葉がある。「どうぞ健康で長生きして下さい。成功し、幸福になって下さい」。それ以外に、言う言葉はない。

葉隠は、道徳ではない。それは死の哲学である。そして生《せい》の雄叫びなのだ。そして無頼の精神を養う。だから崇高であり、美学をもたらすということに尽きよう。

葉隠に匹敵するものは、武士道においてはあの宮本武蔵*の著わした『五輪の書』しかないだろう。宇宙と生命、そして文明の本質を直視する者だけが、葉隠の魂と触れ合うことが出来る。現世の成功や幸福、そして道楽や安楽を得たい者は、葉隠には近づかないほうがいい。

そのような者には、葉隠はきっと狂気でしかないだろう。葉隠は動物のものではない。葉隠は人間として生き、そして人間として死にたい者だけのためにある。愛や信や義は、人間のためだけにある。それは動物には必要ない。動物は死ぬまで生きれば、それでいい。

人生の真実は、あのウナムーノがその『生の悲劇的感情』の中で言っている言葉に尽きるだろう。

「人間は、苦悩の愛を取るか、それとも諦めて幸福な人生を取るかしかない」

このウナムーノの思想がすべてを語っている。

もちろん私は、苦悩の愛を目指している。そのための不磨の聖典が『葉隠』だということに尽きるだろう。

物質的な成功や幸福を求める者にとって、いつの世も葉隠は狂気の書だった。あの江戸幕藩体制の時代ですら、葉隠は禁書だったことはすでに触れた。その意味を考えてもらいたいのだ。

禁書を、聖典と仰ぐ人間が私である。ここに私の善のすべてと、また悪のすべてがある。良くも悪くも、葉隠は体当たりの末、死ぬだけの人生を讃えている。私は、だからこそ葉隠を愛するのだ。

恋愛は舞踏である

私は本当の美しさを求めたい。本当の崇高を生きたいのだ。本当の恋愛だけをしたい。本当の幸福を得たいのである。つまり宇宙的実存から生まれた、生命の奥底をつんざきたいのだ。

山本常朝がそうだった。あのウナムーノもそのように生きた。私もそのように必ず生きる。そして、そのまま死ぬ。それが本当の「不滅性」というものに違いない。わが命が、宇宙の実存と一体となるのである。現世とは、そのための挑戦の場でしかないのだ。

永久恋愛とは、このことを言うに違いない。忍ぶ恋が生み出す、永遠の舞踏とも言えるだろう。恋愛は舞踏である。永遠に向かって、わが愛する者と舞うのだ。虚空の中に放射されるように、その舞いを舞おうではないか。

その舞いだけが、人間の未来を創り上げることを誰が知ろうか。現在の苦悩だけが、未来を拓く力をもつ。だから、人間にとって最も美しい未来は、忍ぶ恋の先に存在することとなるだろう。人間の魂が、物質に押し潰されたとき、我々人間はその終末を迎えるに違いない。

今この物質文明において、我々が求める成功や幸福は、エゴイズムの発露でしかない。魂の内部は放電され、肉体の奴隷と化してしまった。現世におけるエゴイズムの解禁は、つまり未来の消滅を意味していることに誰も気付いていない。

魂の充電だけが、人類の未来を築くのである。その充電とは、もちろん負のエネルギーのことだ。我々の父祖は、その充電を宗教や武士道、そして騎士道によって行なって来たのだ。だからこそ、いま我々がこのように安穏と暮らしていける社会がある。その核心を体得しなければならない。

その最も深いものが、忍ぶ恋だとも言えるだろう。何ものかに恋い焦がれる魂、そして何ものかを愛し苦悩する魂が、人間の世の中を創り上げている。ここにおいて、現代文明が「放電」だけの文明であることを認識しておくのは無駄ではあるまい。

葉隠は、この忍ぶ恋の恋愛観によって、最も美しく優雅な思想に変容している。忍ぶ恋の高貴を理解せぬ武士道ほど、粗野で野蛮なものはない。崇高と野蛮は、紙一重の違いで表裏をなしているのだ。恋が葉隠の言う武士道の中心である。それも決して到達できないほどの気高い恋でなければならない。

この忍ぶ恋の恋心こそが、「切腹」を生み出した。

自己の生き方を、最も美しく終わらせるために切腹はある。切腹とは、真に生きるために死ぬということなのだ。だからこそ、切腹という儀式をもって、日本の武士道に真の「優雅」を感ずる西洋人が多かったのだ。

フランスの作家モーリス・パンゲ*もそのひとりだ。パンゲは、日本の武士道に「自己責任」というものの極点を見出していた。そして日本の武士道の本質を「運命への愛」（Amor fati アモール・ファーティー）と喝破していた。

私は、この言葉ほど武士道を一言で表わすものはないと感じている。自己の運命を本当に愛する者だけに、日本の武士道はほほえみかけている。

葉隠の死が、なぜ崇高で美しいのか。それもこの運命への愛が示しているだろう。葉隠の生が、なぜ忍ぶ恋であり未完の人生なのか。それもすべてこの思想が表わしている。この思想に生きるとき、人間はすべてにおいて高貴を纏《まと》うことになる。忍ぶ恋が、その者の現世を覆うとき、その人間の存在には優雅という価値が降り注いで来るのだろう。

優雅について

日本の武士道よりも厳しい生き方をした人間たちが、初期のアメリカ合衆国を創った。その者たちはピューリタン（清教徒）と呼ばれていた人々だ。その中のひとりに作家ウォルド・エマーソン*がいる。

その『エッセー』は、私の座右を離れたことがない。その中に、「優雅でなくては、人生ではない」（I can no longer live without elegance.）というものがある。これが、世界史上、最も厳格な信仰的生き方をした人の人生観なのだ。これは人生における、優雅の本質というものを語って余りあるものと私は思っている。

優雅とは、苦悩と悲痛が生み出すものに違いない。その優雅の本質が、葉隠の武士道を支えているのだ。そして、その中心思想こそが、忍ぶ恋と言ってもいい。忍ぶ恋は、恋の魂をもって、真の愛を実現することに他ならない。その愛を、自分が受け取ってしまう者には忍ぶ恋は決して分からない。

何ものかを恋することに、人生のすべてをかけるのだ。初めに恋がなければ、愛は生まれない。真の武士道は、恋に始まって愛の実現によって終わる。その愛の実現が、切腹であることも有り得るということになるのだろう。

葉隠は愛の問題を扱っている。だから、私は葉隠によって人類的問題のすべてを理解して来たのだ。葉隠の武士道の中に、愛が深く沈潜していたからに他ならない。忍ぶ恋によって、真に恋する「何ものか」に出会うことになる。その「何ものか」が、自己の生命を創る別の「何ものか」と交錯するのだ。

その繋がりの接合エネルギーによって、我々の真の人間燃焼が生まれて来る。これこそが、先述したマルチン・ブーバーの『我と汝』に説かれた意味となるだろう。我々が生きるこの生命力は、忍ぶ恋の苦悩との接点において、本当の「神秘」を生み出す力と成り得るのである。

つまり恋の悲痛が、自己と宇宙を「我と汝」の関係に導き入れるのだ。そこにおいて、初めて人間は永遠を摑み取ることが出来るのではないだろうか。

そして永遠を感ずることによって、我々は真に何ものかを待つことが出来るようになる。この

「我と汝」の関係は、他者の介入を許さない。そこに忍ぶ恋の生命的本質があるに違いない。忍ぶ恋は、自己と宇宙、そして自己と文明の間に「我と汝」の関係を構築する力をもっているのだ。

だから葉隠の言う忍ぶ恋は、真の憧れを生み出すことが出来るのだろう。元々、真の憧れが武士道を生み出した。そして武士道は、葉隠の出現をもって、人類を人類たらしめる力さえ内包することとなったのだ。

フランスの哲学者アンリ・ベルクソン*はその『創造的進化』において、「人間の意識は、脳から湧き出て来るのではない」と言っていた。つまり我々の存在の全体から、意識は湧き上がって来ると言っているのだ。

この意識を司っているものこそが、負のエネルギー（精神的量子）である。そして、その浸潤が魂を埋め、肉体の全組織と細胞に行き渡るときに、我々は宇宙と一体と成ることが出来る。そのとき初めて、我々は葉隠の思想をこの世に実現できるようになるのだ。ここに至って、我々は「葉隠十戒」の第六戒を楽しむことが出来るようになるのだろう。

純愛そのものとなる

暗黒流体については随分と述べて来た。それはまた、宇宙に遍満する負のエネルギーとも呼ばれるものである。その力で我々人間の魂が形成されている。そしてその魂が、我々の肉体を支配するとき、そこに人類の輝かしい文化が体現されていく。

その文化の中心的存在として、私は武士道と葉隠について話している。負のエネルギーが浸潤していく過程こそが、我々人間の鍛練と呼ばれるものなのだろう。その浸潤が、我々の存在のすべてを支配したとき、我々は本当の意味で葉隠的人生を送ることが出来るようになるに違いない。

そのための苦悩が、忍ぶ恋に収斂されているように感ずる。忍ぶ恋は、人間存在に与えられる苦悩の最大のものをもたらすだろう。その反動としての喜びは、遠い彼方にある。それは必ずあるが、遥か彼方で揺らいでいるのだ。そうではあるが、ここまで読み進んだ人は、忍ぶ恋を一生の根本思想となしてもらいたい。

恋の中に死するのである。それによってこそ、自己のうち深くに葉隠の魂が浸潤して来るに違いない。つまり、純愛が自己の存在そのものと化する。断じてそれを行なう覚悟が問われるのだ。忍ぶ恋で生きる覚悟、そして忍ぶ恋で死ぬ覚悟を我々に問うているのである。

忍ぶ恋とは、愛や義や信をただ断行することではないのだ。それらが、自己の存在そのものとなるところまで行かなければならない。つまり、それが負のエネルギーの体得である。そして、暗黒流体の浸潤を深く受けたことの証左となるのだ。

そうすれば、本人はたとえ悪を為そうとも、宇宙的実在の力をもって、すべて善なるものに変換されてしまうだろう。この状態に立つ者を、あのフリードリッヒ・ニーチェ*は「善悪の彼岸」に立つ者と呼んだのである。

忍ぶ恋の思想とは、それほどに崇高な考え方なのだ。唐の禅匠・趙州《じょうしゅう》*の言う「絶点」を、私は忍ぶ恋という生命存在そのものに成り果てることだろうと思っている。そこから、あの「十二時の歌」のような、自由奔放な生き方と死に方が生まれて来るに違いない。澄々《ちょうちょう》たる絶点と『趙州録』に表わされた境地である。葉隠は、必ずこの境地まで我々を連れて行くだろう。そのとき我々の生命は、過去と現在を貫通して本当の未来までを見通すことになるのだ。

最後に、この「永久恋愛論」を閉じるに当たって、最もふさわしい人物の言葉を述べて終わりたいと思う。その人物とは、あの偉大な『恋愛論』を著わしたスタンダール*である。

スタンダールは、『カストロの尼』という純愛文学において、真の恋愛の核心を語っている。「偉大な犠牲によって養われ、神秘に包まれてのみ生きのび、常に恐るべき不幸と背中合わせになっている」。それこそが真の恋だと言っているのだ。

これ以上の恋愛の定義は、多分この世にないだろう。「偉大な犠牲」とは、人類の存在理由の根源をなす。また「神秘に包まれ」とは、魂と肉体の相克が生み出した、人間という不可思議な生き物を言うのだ。そして「恐るべき不幸」とは、日常の中にあって非日常を仰ぎ見る生き方を語っている。

これらはすべて、この「永久恋愛論」の主題でもあることとは、すぐに気付くことと思う。多くの魂が、人類の根源とは何かを語っているのだ。葉隠は、その嚆矢《こうし》とも言うべきものと考えている。

思索篇――

第四章 永久革命論

魂の革命

我々は第一章において超越的収斂としての自己の点化における孤独というものをみた。第二章において、超越的融合としての核融合化における生命燃焼を考えた。これが一つの生命的原理に基づくものであることを知ったのだ。そして第三章に至って、我々の魂にとって超越的上昇とは何かを感じようとしていた。その宇宙的実存の在り方を問うたのである。

そこで、この第四章においては、我々の地上的実在としての量塊《りょうかい》エネルギーである超越的下降を考えることにしたい。

葉隠の思想の根幹には、生命の垂直的生き方を問うという本質がある。この垂直的な思考には、自己自身を中心点として上昇して行く垂直と、下降する垂直があるのだ。歴史的に見れば、この下降側への垂直的生き方が、武士道のもつ暗黒面として扱われることが多い。そして、地上的な悲痛を伴って伝えられる場合が多々見受けられるのである。

この「永久革命論」においては、現世における地上的な悲痛を多く取り挙げることになるだろう。それが人生には必要なのだ。この現世の中における、厳しい葉隠的生き方の展開がなくして、何の人生か。そして、この葉隠の思想が、この地上に展開していくその姿そのものが、歴史に認《したた》められている真の「革命」と言っても言い過ぎではない。

葉隠とは、日常を突き抜ける思想である。それは日常の中に、非日常を突き立てることなのだ。我々はそれを考え続けて来た。そう生きたいと願い、そう死にたいと願っている。そういう人間だけが、この本を読んでくれているに違いない。

葉隠的人生とは、永久の革命に向かって生きることに他ならない。

真の魂の革命を見つめて、それをこの現世に展開しなければならない。魂の革命こそが、真の革命なのだ。それだけが、この地上の革命を確かなものとすることが出来る。魂の革命のためにだけ、この地上で戦い続けなければならない。

魂の崇高を軽んずるあらゆるものと、我々は戦い続けるのである。その道程に散り果てる生命こそが、葉隠の言う武士道に違いない。

ローマ帝国の哲人プロチノス*は、その『エネアデス』において、

「偉大にして最後なる戦いが、人間の魂を待ち受けている」

と語っている。あの根源的一者*（to《ト》 hen《ヘン》）の思想を確立し、キリスト教新プラトン主義というヨーロッパの源流となる考え方の一つを築いた人間の言葉である。その深淵を、日々見つめ続けなければならない。

私は葉隠の現代的展開を考えるとき、いつでも「葉隠十戒」と共に、このプロチノスの言葉を思い出しながら、現世との戦いを決意している。人間の魂がもつ最終的豊饒のために、我々は生きなければならないのだ。

そして、それを目指す者の人生は、革命の渦の真っ只中を突っ切る覚悟が必要となる。覚悟の問題はずっと触れて来た。葉隠は、その全思想において読む者の覚悟を問うている。自分が自分自身の人生に対して、生き方と死に方の覚悟を決断しない限り、葉隠のすべては何ものをも生み出さないだろう。プロチノスもまた覚悟を問うているのだ。

垂直的下降

革命の日々を戦う覚悟について、山本常朝は言葉を割いているように感ずる。その最も地上的で革命的なものと思われる言葉が、「葉隠十戒」のうち第七戒から第九戒までの思想となっている。ここにおいて常朝は、その「死に狂いの思想」の現世における適用を述べているのだ。この現世における日常的な適用において、葉隠の「垂直的下降」が問われることとなる。我々が地上的実在として葉隠を実行するとき、その思想が、まずは垂直的下降として認識されるということを言っている。

第七戒の思想がまさにそれを表わしている。

―本気にては大業はならず、気違《きちが》ひになりて死に狂ひするまでなり―

この戒律ほど、人間存在の奥底を突き破るものはないかもしれない。私はこの戒律に向かって、声の限りを尽くして吼《ほ》え叫《おら》び、体ごとこの条文に向かって体当たりをした思い出が深い。私の前に幻想のごとく現われ、立ちはだかる戒律に向かって、本当に私は何度も突進を繰り返したのである。本気でも駄目だという人生とは、何ものなのか。私の慟哭は尽きることがなかった。そして、ベートーヴェン*と共に眠られぬ夜を何度過ごしたか分からない。

葉隠の理想を、この世に打ち立てる苦悩が私の青春を覆い尽くしていた。私は地獄へ落ちる決意すら固めていた。そして断じて行なうその決意すら、否定されていく。私は自分が、いかなる悪人となろうが、いかなる馬鹿者となろうが、この世において葉隠を実行する決意でいた。それでも、駄目だと言われる。それでもまだ葉隠には突き離されるのだ。私は自己存在を捨てる気だった。そして私の正義は葉隠だけになった。坂口は言う。「人は正しく堕ちる道を堕ちきることが必要なのだ」と。

そのころ、坂口安吾*の『堕落論』を読みその言葉の通りに生きた。私は葉隠の道を、最涯《は》てまで行こうと再び決意し直したのだ。葉隠は、垂直的上昇のためだけにあるのではない。それは垂直的下降のためにもあるに違いない。そう思った。それからは葉隠によって、堕ちるところまで堕ちようと決意した。地獄を通り越して、もっと下まで行こうと決心した。

その当時、私は音楽家の黛敏郎*氏と親しく交わっていた。ある日、黛氏が北畠親房*の『神皇正統記』を朗読して下さったことがあったのだ。なぜだったかは記憶にない。氏が当時の私に、それが必要だと感じたのではないか。それしか覚えていない。

その一行目が響いたとき、私はすべての迷いが雲散霧消するのを感じた。

「大日本は、神国なり」

親房は、冒頭においてそう断言した。

学者達によれば、大日本《おおやまと》は神国《かみのくに》なりと読むそうだが、黛氏ははっきり大日本《だいにっぽん》は神国《しんこく》なりと読んで下さった。そして、その読みが正しいと言われた。その言霊《ことだま》が、私の脳髄を直撃したのである。私はその音の響きによって、北畠親房の理想が天から降《くだ》って来たと思っている。『神皇正統記』のような偉大な書物は、その理想に向かう勇気の桁が違うのだということを知ったのである。結論だけの人生だ。説明をしてから言うべきことを、まず冒頭で言い放っている。これは問答無用の勇気に違いない。その北畠親房の勇気に魂が震撼したのだ。

その桁外れの勇気が、多分この書物を歴史的な名著にしているに違いない。私はそれを感じた。理想を、この地上において、そのまま断行すればいい。現世に合わせることは、微塵も考えてはならない。

そのとき、私は葉隠の理想が、理想のままに打ち込まれた瞬間だったと思っている。理想が理想の通りなら、葉隠第七戒は、これほど分かり易い思想もない。それまでは私も、多分、理想はそのまま現世では通らないと思っていたに違いない。理想は、この世を通す必要などない。それを断行すればいい。

理想が正しい

理想を断行するために、この世があるのだ。

北畠親房の勇気を通して、葉隠のもつ革命精神が、このとき私にほほえみかけてくれた。理想が正しいのである。その正義を、我々は貫徹しなければならない。日本人の正義は武士道の精神にある。そして武士道は、葉隠に至ってその根源的な始原を捉えたのである。

しかし我々の人生の多くは、その経験が地上的な物事から得られるものによって構成されている。だから、我々は葉隠がもつ革命的な思考を考えるとき、そのまま考えれば必ず行き詰《づ》まることになるのだ。

まず理想のもつ力を見直さなければならない。理想を自己の人生に取り入れるとき、勇気がものを言うことは先ほど少し触れた。自己が、葉隠の理想の中へ突入さえすれば、葉隠のもつ革命性ほど分かり易いものはない。

葉隠が、地上に降り立った。我々が、人間を乗り越えるためにそれは舞い降りたと言っていい。それは、革命が地上的で日常的な出来事であることを表わすために他ならない。ドイツの哲学者フリードリッヒ・ニーチェはその『ツァラトゥストラかく語りき』において、

「超人は大地の意義である」（Der Übermensch ist der Sinn der Erde.）

と語っていた。ニーチェの言う超人とは、人間を乗り越えた人間ということである。私が超人間と呼ぶ、人間のこの地上での存在理由を追求する人ということなのだ。またこの意義ということの本質は、人間の存在理由がもつ根本的な革命性を謳っているのだ。

この偉大な思想を、すでに武士道の根源に捉えていた者こそが、山本常朝その人なのだと言ってもいいだろう。

我々人間の地上的実在としての重大性を思わずにはいられない。人間は大地に立つとき、その最も大いなる意義を問われるのだ。我々がこの地上に生まれた意味は何かということに尽きる。その地上的意味が強く滲み出ている戒律が、第七戒から第九戒なのである。

私はそれを、物質世界の中に立たされた魂のもつ悲哀と捉えているのだ。そう捉えたとき、この世を理想に向かう革命精神で生きることの高貴性が、より浮き上がって来ると考えている。

この革命に関する葉隠の思想を考えるとき、美学としての武士道を理解するための根源的発想を得られると感じている。武士道が厳しく、また悲しい文化であると思われているのは、この地上的実在としての我々の存在にある。

大地に立つとき、我々は地球の重力によってこの大地に押さえ付けられている自己と対面しているのだ。重力とは、限りなく下降する宇宙的実在の力である。人間のもつ根源的悲哀を思い知らされるのも、この地球のもつ重力という存在の働きによる。

このゆえに、葉隠のもつ革命性を前もって理解しておくことが必要となるのだ。この地上の悲哀の中では、葉隠のもつその理想を理解していなければ、その断行は思いも寄らないものとなってしまう。

我々はまずこの根源的悲哀と根源的悲痛、そして根源的厳格の前に立ち、それを乗り超えることによって、初めて葉隠をその身の内に引き寄せることが出来る。これらの根源的実在のもつ苦悩は、大地の上における我々の魂と肉体が、重力による本質的下降の圧力にさらされているからに他ならない。

その圧力を超越的下降と認識することによって、初めて葉隠的革命の力に変換することが出来る。超越的下降とは、重力の圧力を下に向かう垂直軸と捉えることによって理解される。堕ちることは、悪いことではないのだ。それも武士道の垂直の現われなのである。

意地と垂直

この考えに到達すると、地上の革命が武士道の高貴性と融合して来る。地上での戦いが、葉隠の鍛練の楽しさに変わって来るのだ。

それは下がることの垂直性を摑むことにかかっている。現世の悪の多くが、実は魂の高貴性から生まれる垂直性の超越的下降だと知ることになる。まさに現世における革命の精神とは、そのような思想によって支えられている。

第七戒はまさに、この超越的下降がもつ武士道の美を理解したときに、自己の体内深くに落ちるのである。

この武士道がもつ根源的悲哀を、最もよく表わす文学に田宮虎彦*の『落城（十篇）』と『霧の中』そして森鷗外*の『阿部一族*』がある。これらの作品において、武士道のもつ悲哀はその頂点を極めている。

武士のもつ「意地」が、地上的な不幸そのものを創り出しているのだ。この意地と呼ばれるものが、魂の超越的下降の別名だと考えれば分かり易い。そして、この魂が革命を断行するのである。これらの文学は、すべてが武士としての意地のために死んだ人々の物語となっている。

田宮虎彦はその『落城』において、「武士道を疑うことは、自分の生命を疑うことになる」と語っていた。これが超越的下降の魂がもつ悲哀なのだ。しかしその悲哀こそが、武士道の理想をその者に貫徹させたのである。

私はそこに生命の理想と魂の理想、そして文明の理想を見出している。この理想に死んだ者たちの、生命的そして人間的な幸福を私は語っている。これを間違いだと思う者は物質的で水平の価値に冒されている。

垂直を見上げる者にとって、深淵を見下ろすことは、同じ垂直なのである。

この武士道を残酷と取るか、崇高と取るかによって、魂の在り方は全く変わって来る。残酷と取る者は、限り無く動物に近づく人生を送ることになるだろう。水平の欲望を求めて生きればそれでいい。崇高と取る者は、苦悩の人生に突入するが、人間の魂を抱き締める真の人間的な人生を送るに違いない。

人間的とは、革命的ということなのだ。物質的で水平的な現世の中で、いかに垂直的な理想を実現していくかの問題である。人間とは、革命のために生まれた動物の別名でもある。水平の世に、垂直の力を振り降《お》ろすのだ。本当の愛とは垂直の断行にある。本当の優しさもまた垂直の実現にあると言っていい。

愛と優しさを説いたあのキリストでさえ、「地上に平和をもたらすために、私が来たと思うな。平和ではなく、剣を投げ込むために来たのである」と、その『マタイ伝』第十章三十四節以下で語っている。

これは人間の魂のために、垂直的思考がいかに大切なものであるかを説いているのだ。垂直が無くなれば、人間の存在理由は無くなる。

人間とは、この世に垂直を打ち立てるために存在しているのだ。

そして大地に向かっては、垂直をどこまでも穿《うが》つために存在している。善悪を超越した人間の魂がもつ崇高を捉えれば、その者はこの世において魂の革命を行なう人生を歩む。我々人間の生命は、この世における魂の革命を行なうために存在していると言えよう。

人間の時間

さて第七戒に言う本気とは、それがこの世の出来事でしかないということを言っている。水平と物質に塗《まみ》れたこの世での最高の魂が、本気ということなのだ。葉隠はそれを突き抜けていく。この世を超越することによって、この世に真の革命をもたらす。それが気違ひ、つまり死に狂ひである。

本気を突き抜けて、この世に死ぬ気の体当たりを敢行しなければならない。水平の世においては、魂の垂直は気狂いなのだ。しかし垂直の魂から見れば、水平はすべて物質であり、非人間なのである。

葉隠がもつ非日常的な革命精神が分かると、葉隠が人類の未来まで透徹していることもまた分かって来るだろう。革命の先に、人間の未来があるのだ。水平は動物であり、ただの自然に過ぎない。それは混沌の流れであり、人間に刻まれる時間ではない。

人間には人間の時間がある。それを摑めば、人間の過去だけでなく、未来もまた分かるのだ。元々、武士道は人間の未来を築くために生まれた文化だった。

垂直の文化とは、すべてが未来を創造するために生まれたと言っても過言ではない。

そう考えると、洋の東西を問わず、もう人類の未来はないと思えて来る。現代の人間は魂を失いつつある。魂を失った人間は、人間ではない。自然にも戻れず、動物になり切ることも出来ないだろう。それでは何になるのか。

私はそれを「家畜」と呼んでいる。それは動物ですらない。何ものかに支配された「生き物」であるに過ぎない。我々は今、新しい主人を求めて家畜化の一途を辿っている。そこから、どれほどの人が抜けることが出来るだろうか。少なくとも私は、人間の未来のために、出来得る限りの体当たりを敢行するつもりである。

そのための革命なのだ。革命に生きることが、人間の未来を創造する。私は独りでもそうする所存である。そう思わなければ、この世における葉隠の断行は出来ない。ただ独りで生きるとき、私がいつでも口ずさむ詩がある。

あの革命的詩人・吉本隆明*の「ちいさな群れへの挨拶」という詩だ。その中に私の革命思想が歌われている。その一節にこうある。

ぼくがたおれたら一つの直接性がたおれる、
もたれあうことをきらった反抗がたおれる。

これが革命なのだ。自分が独りでも戦う覚悟を決めて、初めて革命は始まる。革命は人間の魂に降り注ぐ、宇宙の祈りでもある。人間はこの地上に、この革命を為すためにやって来たのだ。

だから革命が人間の本来の姿と言っていい。我々が勝手に築いた日常性は、この魂の革命を行なうための基盤作りに過ぎなかった。その基盤が、今では勝手に一人歩きを始めてしまった。この見方が人間論としては、最も正しい見方となるだろう。

魂の無限の進化だけが、人間の存在理由を創っている。

その進化の過程において、大宗教が生まれ、それに則った生き方として西洋では騎士道、そして日本では武士道が生まれた。垂直を目指す文化は、すべて未来を創造するためにこの世に生まれたことは、すでに分かったと思う。

だからこそ武士道を貫徹すれば、そのまま未来に生きる人間となることが出来るのだ。未来まで続く魂をもち続ける人間は、現世においては魂の革命に生きなければならない。魂の革命を忘れたとき、人間の時間は止まる。

魂の戦いとは

十七世紀の英国における、清教徒革命が生み出した崇高な文学がある。ジョン・ミルトン*の『失楽園』*がそれだ。私はこの長篇詩によって、宇宙論と人間論、そして文明論の多くを学んだ。

それに付け加え、人類誕生の壮大なロマンティシズムまで与えてもらうことが出来た。ミルトンには何と礼を言ったらいいか、言葉がない。人類誕生のドラマを知るということは、人類の終末も知るということになる。このプロテスタンティズム最大の文学から、私は葉隠の革命思想を理解したのだから面白い。

もちろん、このジョン・ミルトンも実際にクロムウェル*と共に、革命に身を投じた生涯だった。この詩において、私が最も感心したのは、道徳の頂点に位置すると思われている清教徒のミルトンが、『失楽園』において、悪魔（サタン）を大活躍させていることだった。

その描写は微に入り細に入って実に面白い。血湧き肉躍るのだ。悪魔《サタン》の大活躍によって、私は宇宙と人類を自分なりに理解したのだ。宇宙と生命、そして文明と人類を支えているものが何なのか。私の葉隠解読はこのときから飛躍していった。

ミルトンによって私は葉隠を理解し、そして宇宙に遍満する「負のエネルギー」の実体を摑み取ったと思っている。それにしてもサタンは魅力的だった。なおかつ、可愛い。だからこそ、それと戦う人類の魂もまた魅力を備えなければならないのだ。

そのサタンが最も恐れる人間の本質が、人間のもつ勇気だった。考える人間はすべてサタンに喰われる。自分の身を捨てて体当たりをする人間にだけサタンは敗れている。私は、人類文化の頂点に騎士道と武士道が存する理由を肚の底から納得したのだ。

サタンの魅力は抜きん出ていた。それはサタンが、自然と生命の本源であるからなのだ。それは確かに魅力がある。美しくまた健《すこ》やかだ。しかし、人間はそれと戦うために神によって創られたのだ。自然や動物から限り無く離れて、魂の垂直的価値を求め続けることがそれに当たる。それが人間だ。

魂の戦いとは、悪（サタン）との戦いなのだ。人間にとっては、動物も自然も、すべてが悪の一員となっていた。人間に課された使命は、どこまでも垂直に伸びる魂の進化である。そのために戦う。だから騎士道と武士道が生まれたのだ。

実は人間にとっての悪とは、魂の敵のことを言っている。それが分かると、大宗教と「道」の文化のすべてが分かって来る。物質と水平が悪の代表をなす。だから、それなりの魅力があるのだろう。

サタンの存在が、人間の魂から勇気を生み出している。だからサタンに負ければ、我々の魂から勇気が消え失せるのだろう。宇宙空間から天降《あまくだ》るサタンは、『失楽園』の圧巻である。しかし、それこそが我々人類の存在理由なのだろう。サタンと戦える「生き物」は人間しかいない。

我々人類は革命の精神に生き続ける限り、勇気を失うことはないだろう。

だから、その生き方だけがサタンを打ち破る力に成り得るのだ。その具体的な人類文化の一つが葉隠の武士道だと言い切れる。

葉隠とは、武士道の思想ではあるが、決して旧《ふる》いものではない。それは人類の魂の本源に根差すものだから、それを実践すれば、我々は過去の人々と心を通わせ未来の人たちに想いを伝えることが出来るのである。葉隠との対面の仕方によって、我々人類の未来は、どのようなものにも成ることが出来る。

人類は安楽と平和を求めて、いま家畜と成り果てる寸前にいる。私はもちろん、安楽や平和を否定しているのではない。ただ、それに呑み込まれれば、我々は人間ではなくなると言っているのだ。魂の戦いと進化を忘れた人間は人間ではない。

狂気と清純

人間の歴史を鑑《かんが》みれば、狂気と呼ばれた人間たちが歴史と文明を支えて来たのが分かる。大衆が歴史を創ったことはない。大衆とは、多分、歴史を滅ぼすための存在でしかないだろう。それは大衆が平和と安楽、そして幸福だけを求める人間たちだからに他ならない。

その大衆を、多くの狂気の人々が救い、また導いて人類はここまで来たのだ。あのウィリアム・シェークスピア*は、その『ハムレット』において「これは狂気かもしれない、しかし筋が通っている」と言っていた。

シェークスピアは人類にとって大切な事柄を、ハムレットに言わしめているに違いない。筋の通った狂気が大切なのだ。私はそれを「葉隠十戒」の中に見出している。葉隠は狂気である。しかし人類の根源的文化という筋が、その背骨を貫通していると言っていい。

革命精神を語るとき、私はいつでもローマ帝国の迫害を三百年以上も耐え抜いた、原始キリスト教徒の生き方を話している。原始キリスト教は、垂直の精神の鑑《かがみ》である。何の得もなく、信仰が見つかれば十字架の処刑しか待っていなかった。

永遠を求めて、信者たちは三百年もの間、秘密の信仰を守り続けたのだ。私は原始キリスト教社会に、葉隠の精神そのものを見出している。三百年間の殉教が続いた。しかし最後には、この者たちがあのローマ帝国を滅亡に追い込み、霊性の時代である「中世」という未来を切り拓いたのである。

原始キリスト教を描いた名作がある。ヘンリック・シェンケヴィッチ*の『クォ・ヴァディス』*がそれだ。この作品の中には、私と葉隠の議論に花を咲かす人々が多く登場する。私は魂を重んずる人ならば、時間を超越して誰とでも語り合える。その中で、原始キリスト教社会を生きる人々に共通した「憧れ」が見出せるのだ。その言葉が出て来る。

「もっと大きい、もっと大事な幸福がある」

これが、原始キリスト教を貫徹していた信仰なのだ。不滅性への渇望であり、魂の無限進化への憧れと言ってもいいだろう。私はこの中に人類文化の中枢を見る。人間の存在理由を見るのだ。魂の崇高を願う人間は、宗教であると文化であるとを問わず、同じものを見つめている。私はこの古代社会の信仰の中に、騎士道や武士道という人間の中世を導く魂の霊性を見ている。

日本には数多くの武士道の書物があるが、私の知る限りでは葉隠だけが、この原始キリスト教の清純と響き合っている。原始キリスト教が生み出した人類の未来は、我々のよく知る歴史となっている。純心や清純という誠が、いかに未来を創造する力を持つのかは、この一事を見てもよくわかる。

これと同じ考え方で、私は葉隠だけが未来を創造する力をもつと考えているのだ。それは葉隠が、狂気に近い純心と清純をもっているからに他ならない。つまり青春の力である。青春の力を失えば、宇宙も生命も文明も、あらゆるものはすべて滅び去る。

我々人類は、いまや老い果てている。いや老いさらばえたと言うべきだろう。科学文明と民主主義によって、我々は安楽と幸福ばかりを求める動物に成り下がってしまった。魂の鍛練を忘れてしまった。

すでに十九世紀に、あの革命的詩人マラルメ*は、「いまや、夜は何と老いてしまったか」と嘆いた。夜とは、人間生命の根源や信仰の純粋を表わす。自ら苦悩を求めて呻吟をするのが人間なのだ。本当の愛が、苦悩の中にしかないことも忘れてしまった。まさに、今は愛の名の下《もと》に人を誑《たぶら》かす成功・幸福思想しかなくなってしまった。

魂に死す

魂の無限進化という革命に向かう気概を失った人類に、もう未来はない。私は武士道の復活に、日本の未来をかける者のひとりだ。もちろん、魂の革命とは真の永久革命のことを言う。しかし、それよりも数段落ちる、物質的・水平的革命ですらが失せてしまった。たとえ物質革命であっても、それはやはり人類的な意味をもっているのだ。私は現代の家畜化した文明社会を見るとき、あのロシア革命にすら人間的共感を覚えてしまうのである。

私は共産主義は大嫌いだが、あのロシア革命に燃えた人々の魂には共感するものが多い。ロシア革命を指導したあの偉大なレーニン*に私は共感するのだ。レーニンはその『国家と革命』において、「国家は廃止されるのではない。それは死滅するのである」と語っていた。

私はこの思想にレーニンの予言的能力を感ぜざるを得ない。この言葉は、二十世紀の多くの人々が誤解している。この思想は、目前に迫った物質的共産革命だけのことを言っているのではない。もちろん歴史的には、物質主義だけに利用されて終わった。

しかし、レーニンの思想から言えば、それはもっと深い意味を持っている。人間の存在理由と人類に対する根源的な問いかけなのである。

レーニンも、革命の本当の理想は魂の革命だと思っていた。しかし当面の問題として、共産革命に走ったのだ。レーニンの本来的な思想は、すこぶる深いものがある。それは血の中にうずくロシア正教会の「神秘思想」である。魂の無限進化を願う切ないほどの「祈り」だ。レーニンが日本の武士道に惹かれていたことが伝えられるのも、理由のあることだった。

レーニンは信じていた。革命の精神を多くの人々がもてば、人間を奴隷化する国家などなくても全くいいものだということを。現に人類史において、魂を大切にした「中世」では、大国家は出現しなかった。地域に根差した小集団しかなかったのだ。

人間の魂が進化すれば、国家はなくなる。レーニンの言葉は、その射程で語られている。国家が死滅するとき、我々人類は本当の人間的な未来を手に入れることが出来る。個々人の魂の鍛錬と革命がそれを成す原動力であることは言を俟《ま》たない。

人間の魂が進化すれば、国家はなくなる。そのときこそ、自らに課された宇宙的使命を遂行する真の人類が、この地上を覆うことになるだろう。葉隠は、それを言っている。山本常朝は、人類の起源を感じていた。そして人類の未来もまた見通していたのだ。

その深い霊性によって、自分の生きる現世を見ていたに違いない。私には、その時間軸の測り方がよく分かる。そうでなければ、葉隠は絶対に書けない。せいぜいが、朱子学に基づく道徳的武士道の本しか無理だろう。

葉隠が葉隠であるのは、それが神話であり、また未来への黙示録だからなのだ。

世間も国家も元々ない。葉隠が言っていることはただ一つしかない。それは我々一人ひとりが、自らの魂のために死なねばならないということに尽きるだろう。そうしなければ「大業」はならないと言っている。

大業とは、魂をもつ人間として、最も輝かしい人生を生き切るということに他ならない。そのためには、死することも辞さないという覚悟が、葉隠を支えている思想である。

ただ独りということ

第七戒においては、本気ぐらいでは革命は成せないと言っているのだ。本気ではせいぜいが、この世のことぐらいしか成せない。死に狂いとは、肉体の根源、そして魂の淵源から湧き出づる慟哭によってのみ成される、真の体当たりに他ならない。

そしてそれだけが、真の未来を切り拓くことは随分と述べてきた。無限に向かって、大跳躍をするその心意気（エラン・ヴィタール）に、人類の魂はかかっている。あの唐の魏徴*が「述懐」において、「人生意気に感ず、功名誰かまた論ぜん」と謳ったのは、まさにこの謂《い》いである。

この体当たりは、他者にほめられることもなく、また誰に認められることもない。ただ独りの意志で、ただ独りで実行するのだ。葉隠は、特にその「独り」を強調している。それは、すべての行動が自己固有の魂の進化のためだからなのだ。

自己の魂の奥深くに棲む宇宙的実在とだけ語り合わなければならない。そして、その実在は必ず自分と共にあり、また自己の生き方を見ているのである。「大業」とは、そうなって初めて挑戦できる事柄に違いない。

大業に挑戦してこその人生である。ただ一度の現世なのだ。やはり大業に挑戦したい。安易な幸福を求めず、もっと大きな何ものかを求めたい。偉大な魂の戦いの中に、私は死にたいのである。あの偉大なアンドレ・ジード*もその『狭き門』の中でそれを言っている。

「人間は幸福になるために生まれて来たのではない」

そうはっきりと述べているのだ。これが、ジードを世界最大の文学者のひとりにした原動力だと私は考えている。葉隠のゆえに、天を仰ぎ地に伏せて慟哭した人間には、はっきりと分かるのだ。

人間は、他者の幸福のために生きなければならない。それが人類の存在理由だ。そこに、人間の魂の根源がある。自分の幸福を求めない人間だけが、他者に幸福を与えることが出来る。人類の歴史は、それを証明する時間軸だった。それが人類の宇宙的使命に違いない。その使命を遂行する生き方の中に、真の革命がある。葉隠の言う革命もそこにあるのだ。

我々現代人は、みな国家に飼育される家畜に成りつつある。

ここから脱出するには、葉隠的な精神が必要になる。国家などを超越した、本来的人間の魂の進化に向かって跳躍するのである。これを「当たり前」と思うまで鍛練しなければならない。ただ独りで体当たりを敢行し、ただ独りで泣くのだ。そしてただ独りで死ぬ。このような葉隠的人生だけが、新しい人類を生み出すだろう。葉隠という人類文化は、永遠に新しい人間を創り出すための思想なのだ。

不幸の価値

現代的な幸福が魂を殺している。ここにおいて、葉隠第八戒はその克服を志向していると言ってもいいだろう。葉隠第八戒は言う、

――不仕合せの時、草臥《くたぶ》るる者は益《やく》に立たざるなり――

葉隠の表現は単刀直入、簡にして素である。この戒律は武士道に限ったことではないだろう。自分らしい人生を送ろうと志せば、誰でもいつの世も必要なこととなろう。

人間の生とは、その本源が不幸の中に存する。

それは我々人間が、魂をもつ存在だからだ。不幸を味わう人間になりたい。我々は動物ではないのだ。動物に不幸はない。不幸は、本当の人間だけが体験できる宇宙的実在なのである。

不幸とは、人間的価値に対して降りかかる試練と呼んでもいい。あのウナムーノはその『生の悲劇的感情』において、「不幸の底から、新しい生が湧き出づるのだ」と言っていた。魂の鍛練に生きる者は、洋の東西を問わず不幸のもつ人間的価値を語っている。

魂の成長とは、一つ一つの不幸を克服していく過程のことを言う。不幸は、人間として成長していくために与えられている。

だから、全く成長をする気がない者は、ほとんど不幸に見舞われることはない。安穏で安楽で

平板な、物理的時間の経過を送るだけとなるだろう。不幸に負ける者は、意志をもった人間としての人生を送ることは出来ない。

人間の魂を見つめるとは、不幸を見つめ続けるその気概を言っているのだ。

すべての人間的価値は、不幸の中から生まれて来る。不幸に耐えるその魂の中に、生の価値が芽生えて来るのだ。いかなる価値も、不幸によって鍛えられることによって輝きを増すのである。不幸に負けたとき、人間は限り無く動物の生に近づいていくことになる。

先述した『失楽園』という大文学も、ミルトンの人生における不幸のどん底が生み出したのだ。クロムウェルと共に戦った清教徒革命に敗れ、両眼を失明した。その状態で、後世に対して清教徒の「魂」を残すために執筆したものが『失楽園』なのだ。口述を娘がすべて筆記したのである。

ミルトンが成功していたら、あの大文学は生まれなかった。失意のどん底で、その偉大な魂が未来を見つめていたのだ。私はその魂を受け取った人間のひとりということになろう。不幸のどん底まで行き、真の絶望を通らなければ人間の本当の価値は生まれないのだ。

日本の大文学とも言うべき『邪宗門』を書いた高橋和巳はその中で、「救いは、自らの絶望を自覚するものにのみ訪れる可能性がある」と語った。不幸が人間の魂を立てるのだ。この世に自分の意志を立てるとは、不幸をつんざくことを意味している。

不幸を厭う人間が増えれば、人類は滅びる。

多くの文明が、その事実によって本当に滅びて来た。最後には、人類そのものが滅びるだろう。

不幸に立ち向かう者だけが、未来を創ることが出来る。私が葉隠は未来を創ると言っている意味は、ここにも存するのだ。

魂の鍛練だけが人間の未来を創ることが出来る。言い方を換えれば、葉隠とは、日々の小さな不幸を自らに与える鍛練の書かもしれない。人間の価値は、不幸の中で試される。不幸をつんざく鍛練こそが、真の武士道とも言えるのではないか。

この第八戒に示されるような、人間の根源を現代人は蔑《ないがし》ろにしている。間違った愛の下《もと》に人を誑《たぶら》かしている文明とも言えよう。現代文明が、もう滅亡を間近に見るのはこのような原因による。

国民の数や子どもの数が、経済の指標でしかない社会などは、もう屋台骨が腐っていることに気付かねばならない。現代人は、革命の精神を忘れてしまった。その理由は、幸福になりたいからに他ならない。安穏だけを見ている。不幸を恐れ、利害打算だけで生きている。これは、もう人間の文明ではないと知る必要がある。

日常の革命

葉隠は革命を目指す。それが人類の本源だからだ。現代のような豊かさと幸福しか求めない時代は、また虚偽と偽善だけの社会と成り果てる。あらゆる努力向上を差別の名の下に截断し、表面の安穏と平和だけを有難がる。その結果として、卑劣で臆病な者が氾濫することになる。

このような時代には、真実の生き方、真実を語るだけで「革命」が成し遂げられる。この時代に革命的に生きることは、それほどの困難を伴うという意味だ。人類の成し遂げた本当の文化的精神を断行するだけで、革命と成ってしまうのだ。

自らが革命的人生を送り、そのゆえに偉大な予言者にすら成った英国の作家ジョージ・オーウエル*はその『言行録』の中で、「偽りの蔓延する時代には、真実を言うことが革命の遂行になる」(In a time of universal deceit, telling the truth is a revolutionary act.) と言った。まさに現代ほどこの考え方が当て嵌まる時代はないだろう。

私が現代社会の中で、葉隠的人生を貫徹すること自体を「革命」と呼ぶいわれはここにある。現代ほど、人類文化の遂行が困難な時代はないのだ。だからこそ、現代における葉隠的生き方の貫徹には、真の未来を創造するほどの「実存」がそこに存在すると言えよう。

武士道とは、真実を語り、そしてそれを実行する勇気のことである。自己の人生と命を懸けて、その時代と戦う勇気と気概のことを言っているのだ。人間の魂の崇高のためだけに生きる。そして人間の魂の尊厳を守るためにこそ死ぬ。

元々人類の歴史は、時代と戦う人間によって切り拓かれて来た。だから葉隠には未来を創る働きがあることは、何度も言って来た。戦いを忘れたとき、我々は動物となり、宇宙時間の中に埋没していく。もう人類のいない「地球」が存在するだけとなるだろう。

人々が不幸を厭うことによって、今の文明が世界を覆ってしまったのだ。幸福などというものよりも、もっと大事なものが人間にはあるのだということを忘れてしまった。安楽や小さな幸福を捨ててでも、人間にはやらなくてはならないことがある。

それが魂の進化なのだ。魂の進化とは、愛や信や義の断行である。つまり人類に与えられた魂の「正義」の貫徹のことを言っている。そのために生き、そのために死ぬ。これが葉隠的人間の生き方を創る。

精神の一点

さて「永久革命論」の最後の戒律を考えてみたい。葉隠の革命は第九戒に至った。

──必死の観念、一日仕切《しき》りなるべし──

必死とは、この不合理の世にあって、すべての矛盾を日々自分の中で喰らい尽くすことを言っている。矛盾をすべて、毎日一刀両断にしなければならないということだ。それを毎日毎日続ける。死ぬまで続け、黙って死ぬ。

それが武士道だと言っている。人類的な、真の革命に向かって、自己一人のことはすべてその日に両断する。そういう精神の「一点」を築き上げなければならない。一点とは、そのような「場所」を精神の中に創らなければならないという意味となる。精神のすべてではなく、そのような専門の場所ということだ。

そういう一点を、いくつか創ることで日々を乗り越えていくのだ。毎日矛盾を喰らい尽くす。それには精神の中に、そのような専門の場所を創っておくという知恵である。これこそが、真剣に毎日、人生と戦い続けた人間の真の知恵と言えよう。山本常朝の人生の誠を深く感ずる戒律と成っている。

毎日が死であるという第四戒を思い浮かべるが、その人生上の目的性が違う戒律なのだ。毎日が死であることは変わらない。しかしこの第九戒は、専門の場所を創ることによって、日々の鍛練として出来る形を目指すものとなっている。

形を創ることに重点があるのだ。前もって死んだことによる思考軸の形成である。前もって死ぬことで、自分に降りかかる矛盾をその日その日で両断する。「俺は今日死ぬのだから、この問題はこのようにけりを付けておこう」というような考えに近い。

日々、問題が解決されていくから、新しい未来の問題に新たにぶつかることが出来るのだ。矛盾を引きずる者は、生涯に亘り同じ矛盾で悩み続ける。何も無く、何も生まない動物の生である。

不合理や矛盾をぶった斬ることによって、人間の新しい未来が切り拓かれるのだ。未来を創る者は、毎日今日この場で死んでいる。未来などに期待をしない。未来に夢を持つ者は、未来に頼っているのだ。そのような者が、人間の未来を潰す。

未来を創る者は、未来を捨てている。今の生に、体当たりを喰らわしているのだ。それこそが武士道であり、それこそが人類の未来を創る。

すべての矛盾と不合理を抱えて、今日死ぬ覚悟があってこそ未来が拓く。すべてが今日終わってもいい覚悟が、その日に矛盾と不合理を両断する力を生み出す。それを繰り返せば、精神の中に「ある一点」が生まれて来るのだ。

そして、その一点が革命へ向かう人生を支えてくれる。世の中の矛盾と不合理に対抗する手段は、それらをすべて抱え込む勇気にある。抱え込むから、精神の一点によって処理することが出来る。矛盾や不合理は、宇宙と文明の摂理だから、絶対になくなることはないのだ。

その中で、我々の生命は生き、恋し、喜ぶのである。本当の生を充溢《じゅういつ》するためにこそ、葉隠がある。死ぬ気で生きない人間に、人間の本当の生は送れない。生とは、深く悲しいものである。それを抱き締め、その中から自己の生を輝かすのだ。その責任と原動力は、すべて自己の精神の中に存するのである。

生の再創造

二十世紀の芸術に、真の革命をもたらした人物がいる。シュールリアリズム*の創始者アンドレ・ブルトン*である。ブルトンは「生の再創造」をあらゆる芸術の上に置いたのだ。生の再創造とは、日々死に日々生き返ることを言う。一種の武士道である。

ブルトンは十字軍の騎士道を愛した。その中から、シュールリアリズムの革新が生まれて来たのだろう。前衛の中の前衛と言われた芸術の創始者は、新しい生を創り続けなければならないと思っていたのだ。

人間の生とは、創り続けなければ死に絶えるものだということを知っていた。

人間の生は、自然の産物ではない。それは魂の鍛練によって、日々創り続けなければならないものなのだ。前衛に生きたブルトンが、従来からの命懸けの人類文化というものを体得していたのだ。人間の未来が「何もの」によって拓くのか、これだけでも分かるのではないか。

ブルトンはこの世の矛盾や不合理を呑み込んでいた。そして、それを新しい「何ものか」に変換する精神を人間がもっていると信じていた。それがあの偉大な「前衛」を創ったのだ。その精神が、あの破滅と創造の宣言、「第二シュールリアリズム宣言」を生み出した。

その中でブルトンは「精神には、ある一点が存在する」(Il existe un certain point de l'esprit.) と言っていた。この一点が、また葉隠第九戒の言う「仕切り」なのだ。この一点が、人間の人生を生み出す「変換点」を創っている。そして、この一点こそが人間の魂の無限進化を推進する原動力となるものと言えるだろう。

この一点を、葉隠は武士道の中枢に据えているのだ。生と死、現実と虚構、過去と未来、見えるものと見えないもの、高いものと低いもの。それらが全く不合理でもなく矛盾もしていない魂の融合点が人間にはある。そこには、人間の存在理由が横たわっている。人間が宇宙から与えられた、その宇宙的使命が輝いているのだ。

まず矛盾と不合理を呑み込む一点である。その一点が次の一点を生命の中に創造する。人間とは、そのようにして崇高な魂に近づいていくのだろう。山本常朝は、それを武士道の中に感じ、その思想を葉隠として友人に語った。人間の純粋な魂の在り方だけを考えることによって、常朝は未来の人間までをも抱き締めたのである。

今日一日だけ生きるという最も小さな生き方が、そのまま最も遠い過去と未来までを見つめた生き方に変換されたのである。

思索篇——

第五章 永久運命論

運命を築く

私は葉隠だけで生きて来た。私は、葉隠のほかに何もないと言ってもいいだろう。そのことを本書において書き続けて来た。

その葉隠の思想の中で、私自身が日々自己を顧みるために立てた信条が「葉隠十戒」だった。その信条と、私の人生そして葉隠思想のこの世における展開を語って来た。「葉隠十戒」は、その一つ一つが私の人生を築き上げたものでもある。その戦友とも思う信条を語ることは嬉しいことでもある反面、辛い事柄でもあった。

その「葉隠十戒」も、ついに最後の第十戒の戒律まで辿り着いた。私はこの第十戒に「永久運命論」という名を与えた。それはこの第十戒が、葉隠のすべてを日々実行する上で、ことのほか大切な思想とも言えるものだからに他ならない。第十戒は言う、

――同じ人間が、誰に劣り申すべきや――

この言葉に鼓舞されながら、私は何とか自己を支えて今日まで生きて来た。その自己自身の人生と照らし合わせて、この言葉のもつ深淵はいくら語っても尽きないのだ。

葉隠という武士道の精髄を、この地上において実現していくのは、確かに少なからぬ気概を必要とすることだった。私はこの第十戒の思想によって、この気概というものを生み出し、維持し

て来たように思う。

葉隠に生きるとは、葉隠に生きた人々に自分も連なるのだという覚悟の上に築かれる。その覚悟は、自分の生命を愛することによって生まれる。自分の生命が、何ものか人類的な使命を帯びて、この世に来たのだという思いが覚悟を育てるのだ。

何ものかを成し遂げた人々が、人類の偉大な文明を築き上げて来た。自分もその末端に連なりたいという思いが、葉隠道を貫徹する気概を維持させてくれたように思っているのだ。その根源的な意志を支えて来た思想が、この第十戒なのである。

だから私は、この思想が私の運命を築き上げて来たと考えている。自分の命を本当に愛すれば、歴史上の人間たちが成し遂げたことで、自分に出来ないことはないという信念を必ず摑むことが出来る。

そしてその思いさえ摑めば、本当にひとりの人間には何事でも可能となるのだ。それが我々一人ひとりに与えられた生命の本質である。その本質を摑むために、この世には鍛練という考え方があると言ってもいい。

私の経験によれば、自分に与えられたその価値を見出したとき、人間には自己固有の「運命」というものが自覚されるように思っている。運命とは、自己の生き方と死に方の中に潜む、自己の人間的な使命にだけ響く宇宙的実在なのだろう。

そのような意味で、「葉隠十戒」の最後を飾るこの第十戒は、私の生活そのものを支え続けてくれたのである。葉隠のすべてを貫徹する「無頼の思想」そして「悲哀の思想」は、この地上において第十戒をもって、私の日常の中に浸潤して来たと言えよう。

常を養う

私はその道程を「養常《ようじょう》の思想」として纏めている。養常とは、常《つね》を養うとも読む。つまり、非日常的なものを日常化していくその過程の在り方を言う。何かの思想を、「養う」という考え方に変換することによって、その思想を自分自身の血肉と化することを言う。

養うとは、人生の壁にぶつかり続けるということだ。

諦める人間の特徴は、思いっ切り壁にぶつかって砕けるという印象がある。これが覚悟のない者の生き方なのだ。私は砕けない程度にぶつかる。慣れれば絶対に砕けない自己が出来上がる。少しずつぶつかり続ける。そして死ぬまで諦めない。

これが「養う」ということの意味なのだ。私はこの体当たり思想によって、あらゆるものを乗り越え、あらゆるものを身に付けて来た。この思想が分かれば、この世に出来ないことはない。何でも出来ることが分かる。

いかに超越的な事柄でも、それを自己のものとすることが出来る。その思想を養えば、それは自己の日常と化する。私は若き日に、葉隠のような武士道を、「負のエネルギー」の地上的展開と自分なりに考えた。その思想を自己の中で固めるために、もう五十年以上を費やしていることになる。

何度か触れているが、負のエネルギーとは、宇宙の本体であるダーク・マターとダーク・エネルギーの合力ベクトルと見られる暗黒流体《ダーク・フルーイド》という実在の物質的浸潤によって、物質も含め我々人類の存在価値が支えられているという考え方である。

我々人間の魂は、この負のエネルギーの感知のためだけにあると私は考えているのだ。負のエネルギーの代表が愛や信や義であることは何度も述べている。この宇宙的実在のもつ力をこの世で実現するために、我々人間がいる。だから人間の文化とは、それらを地上に展開するために生まれたという思想である。これが私の思想の核を創り、その根本に葉隠という武士道の人間文化があるということに尽きる。

この思想を七十歳の今日に至るまで、自分なりに事業を通じ、また著作や芸術活動を通じて現世に展開しているのだ。私が築いた友情のすべて、また愛情のすべてで、この中心軸に収斂しないものはない。このような日常を私は養常という思想によって養って来た。

超越的日常

その結果、私は非日常的なものが私にとっての日常と化するようにまでなった。今日現在の、私の日常は葉隠の思想だけで出来上がっている。そしてこのような日常を、私は超越的日常と呼んでいる。この超越的日常を生み、そして維持発展させる考え方が「永久運命論」を形創っているのだ。

葉隠の第十戒が、そのような生き方を可能ならしめてくれた。第十戒が無ければ、この不断の挑戦の歴史は、多分、高校生くらいで挫折してしまったに違いない。我々人間は、その誕生したときから、すべての人に運命と使命が内在しているのだ。人生は、その自覚をどのようにして得るのかにかかっている。

私は自分の生命が、人類すべての中で誰にも劣っているものではないという信念によって、自己を立て続けて来たのである。

葉隠の第十戒が、そのような私を日々支え続けてくれた。この第十戒は、私を運命の自覚まで連れて来てくれた。負のエネルギーの価値を理解できる人間には成れたということなのだろう。

我々人間は、この世の物質である「正」の物質社会を乗り越えねばならない。「負」の力の体現である愛や信や義のためだけに生きることが必要なのだ。その力だけが人類のもつ使命だと気付かなければならない。私はそれを人類のもつ宇宙的使命と呼んでいる。その使命が自分の存在理由だと深く自覚しなければならない。

そして、その宇宙的使命を自己の日常性と化するまでにしなければならないのだ。自己の運命の自覚が、それを可能としてくれる。この自覚をもった人間が、人類の文明を築いた。そして、自分自身もその一員となるのである。葉隠の第十戒は、それを私に突き付けていた。
人間は、負のエネルギーの実現にすべてを捧げなければならない。その負のエネルギーを創り上げた武士道に身を捧げることが、私にとっての宇宙的使命を遂行させてくれている。葉隠を貫徹する全体思想が、この負のエネルギーに身を捧げる思想だと分かると、特にこの第十戒の根源的エネルギーを認識することが出来る。

しかし、それをある程度自分のものとするためには色々と問題が生ずる。私自身の人生も含め、この負の日常化の過程に潜む危険に、まず晒されることとなる。超越的日常を手にするまでには、それなりの時間がかかるのだ。

蓮の花は、泥沼の中から咲き出づるのである。西洋中世の錬金術においても、高貴で価値のあるものは腐敗作用《ピュトレファクシオン》（putréfaction）の中から生まれて来ると言われている。その泥沼と腐敗の中を生き続けなければ、決して超越的日常という本当の自己固有の生命的価値を得ることが出来ない。

その泥沼を突っ切るには、まず初めに、人間には傲慢で高慢な心がいる。第十戒は、まず自己の存在に対する「自惚《うぬぼ》れ」が必要なことを我々に告げている。まず高慢になる。そしてその高慢による壁にぶつかり続けることによって、真の人間的価値に徐々に到達するのである。

第十戒は、山本常朝もそのような意味で、武士道を会得するために挙げたと言っている。この物質に塗《まみ》れた社会の中にあって、「同じ人間が、誰に劣り申すべきや」という信念をもてば、必ず高慢な人間になる。しかし常朝は、それでいいと言っている。

「高所」から出発できないような人間には何も出来ない。人間とは、人間を超える存在に成りたいと思って、ようやく普通の人間になれるのだ。そう語っていたウナムーノの言葉が思い出される。自分ほどの人間はいないと思って、初めて小さな何ものかを成すことが出来る。

最初から控え目な人間や低い望みしかもたない人間は、人間どころか家畜にしかなれないのだ。そのことは随分と述べて来た。地上的な価値である正のエネルギーに未練を残す間は、この第十戒は高慢を生み出すだろう。再三述べている負のエネルギーに身を捧げる覚悟が生まれたとき、この第十戒は真の気概を発現するのである。

高慢が生む徳

史上最大の彫刻家だったあのミケランジェロ*は、その高慢によって輝かしい自己の才能を開花させた人間だった。「私は他人が死に至るであろうものを、糧として生きて来た」、そう言ったと伝えられている。これは自信ではなく、高慢である。私はそれを哲学者エミール・シオランの『涙と聖者』によって知ったのだ。

これは桁違いの大変な自負心が言わしめた言葉だ。そのゆえにミケランジェロの生涯は慟哭の連続だった。しかしミケランジェロは年を経るに従って、永遠の芸術を完成させただけでなく、今に伝えられるほどの謙虚と信仰、そして純愛を手に入れた人生を築いた。

ミケランジェロこそは、途轍もない高慢が創り上げた才能であり、その結果として本当の「永遠の愛」を生み出した人生なのだ。葉隠の第十戒の魂そのものと言える人生だったのではないか。我々もミケランジェロのように、高慢から出発して、それを乗り越えなければならない。またこのミケランジェロが、騎士道に憧れ、そのように生きたいと望んでいたと伝えられていることは大切な事実とされるだろう。

元々、騎士道や武士道は、高慢によって修行し、それを乗り越えて魂の価値に目覚めるための「道」なのである。葉隠の第十戒が、それを伝える金字塔とも言える思想と成っているのだ。

真の謙虚さが、人間存在の高貴性を支えている。それを生み出すものこそが、負のエネルギーのみに価値を見出す精神だとも言えよう。そこに至るまでの道程を、この第十戒は陰になり日なたにもなって信ずる者を導く力があるのだ。

現代文明は、武士道や騎士道を忘れてしまった。そのため真の高慢にも成れず、ただただ自分を誤魔化して家畜化の一途を辿っている。そして、高慢や傲慢を隠して生きる「真の傲慢」を生み出してしまった。その結果が、人類の滅亡を招くような公害と消費文明を生み出したのである。愛の名の下《もと》に人を誑《たぶら》かす真の高慢や真の傲慢は、必ず罰せられるのである。このまま行けば、人類は必ず滅びる。魂の鍛練を忘れた人間は、すでに存在理由が無いのだ。現代文明を生み出したルネッサンスの終わりに、すでにこの傲慢は、あのモンテーニュによって指摘されていた。

モンテーニュはその『エセー』第二巻第十二章において、「実に我々の不遜を罰すために、我々の悲惨と無能とを思い知らせるためにこそ、神はいにしえのバベルの塔の混乱を生じさせたのであった」と述べている。これは近代に至って台頭し、現代を創った物質礼讃について言われた警告である。しかし魂を軽視する文明に、この声も届くはずはないだろう。

運命への愛

第十戒は、超越的日常性を養う思想である。

それは分かっていただけたと思う。そして、この第十戒を自己のものとするには、自己の運命を真に愛さなければならない。第十戒は、自己の運命を愛する者だけにほほえみかけてくれるのだ。その思想が「運命への愛《アモール・ファーティー》」（Amor fati）である。私が武士道の別名としていつでも言っている言葉だ。

一応説明を加えると、この言葉はローマ皇帝マルクス・アウレリウス*の『自省録』で初めて語られ、十九世紀にあのニーチェによって人類的価値を与えられた。それをフランスの哲学者モーリス・パンゲが日本の武士道に適用したことによって知られる。

私はこの思想が、日本の武士道を表わす言葉として外国人によって語られたことを知ったとき、本当に感動した。そして日本人の無関心さに落胆したのを覚えている。私がここでこの言葉を取り挙げたのは、この思想が第十戒を貫くのに最も必要な考え方となり、また第十戒を貫いていれば徐々に芽生えて来る思想だからに他ならない。

自己固有の運命を生きることだけが、人生を築き上げる。そして愛のためにすべてを捧げ尽くすのが、人類としての我々の宇宙的使命を創っている。その人類的使命が、日本の武士道に対して、「運命への愛」という名称として与えられた。

運命とは、我々の人生を負のエネルギーの観点から見た表現である。我々の物質としての存在と、そこに降り注ぐ宇宙エネルギーとのベクトル化が、我々の運命を形創っている。ベクトル化とは、物質のもつ力と宇宙から来る愛や自由というような負のエネルギーが合体して生まれる新しい力を言っている。

この力が運命を引き寄せ、また運命を創り出している。つまり運命とは、我々の地上での生存を支える、宇宙的実在と言えるものなのだ。だからそれは、一人ひとりが「神」から直接与えられた「実存」ということになるだろう。それを我々が愛することだけが、人類の存在理由を示している。

現代人は、全く自己の運命を愛していないことは先にも少し触れた。文化が愛を育むのだ。特に葉隠のような狂気に近い文化ほど、その愛は深いものとなる。自己の運命を愛すれば、自己の存在の永久性が分かるようになる。

自分とは、過去にも存在し、また未来にも存在する運命という宇宙的実在なのである。

自己の永遠性の認識ということだろう。その最も分かり易い文化の歴史を、私はいつでも原始キリスト教と騎士道、そして日本の武士道の中に見出しているのだ。

その多くの文化の中でも、葉隠の思想が抜きん出ていることを私はいつでも感じている。葉隠のもつ非道徳的・非日常的・非歴史的・非理性的な考え方が、「運命への愛」を強く自己の生命に引き付けてくれる。

問答無用の運命の独自性が自己の中で分かり易く浮き上がるのである。生命の独立と自己固有の価値に芽生えた者が、自己の運命への愛を摑めるのだ。

その愛を最も摑んだ人間のひとりこそが明治のキリスト者・内村鑑三だった。内村の『日記』には、

「墓に入るまで、独立であらねばならぬ」

と認《したた》められている。これは内村が、愛を貫き通す人生を送るに当たって、最も大切な考え方がそこにあると感じていたからに他ならない。独立自尊とは、負のエネルギーを、この世で貫徹するために必須の要件となるのだ。

負のエネルギーの体得者には、現世的で物質的な野心などはない。だからこそ独立自尊を保てるということにもなるのだ。そして愛や信や義を、ただ独りでも断行し、それを死ぬまで貫く。山本常朝もそういう人だった。内村も、ミケランジェロも、モンテーニュもそうだった。

中国古代の哲人・孟子*は「志を得ざれば、独りその道を行なう」（不得志独行其道）と言っていた。この気概が、運命への愛を自己に引き寄せる働きをする。簡単に言えば、世の中がどうであ

れ、自分は自己固有の道を貫くということに尽きよう。

葉隠はすべての「正」を否定して、「負」のみによってこの世を生きることを示している。だからこの葉隠の思想を嚙み締め、この世において実行すれば、そのまま「運命への愛」が自己の人生を覆うことになるのだ。これを独立自尊の人間だけが、実行できる。

そして、その自己固有の運命が認識されれば、人生に真の自由が訪れて来ることになる。それが先ほどの内村鑑三の人生観に見られたものと言えるだろう。運命と自由は響き合っているのだ。そしてそれらは愛によって支えられているに違いない。

運命のもつ永遠性

宇宙から与えられている運命を生きるのだから、我々の存在は過去も未来も全く無くなるのである。自己の魂が、すべての時間を貫徹することになる。そこに存在する自己は、宇宙の根源的実在としての自己存在のみということになるのだ。

自己の存在が、久遠の過去から今生の現存在を踏み越えて、永劫の未来にまで貫通して行くのだ。すべては自己固有の運命を愛するかどうかにかかって来る。これが分かって来ると、第十戒の思想がいかに崇高なものと結び付いているかが納得される。

高慢や傲慢という地上的な悪徳を乗り越えて、本当の人間としての自分の価値が分かって来ると言っていいだろう。そうすれば、歴史上のいかなる人間が成し遂げたことも、必ず自分にも出来るのだということが認識できるようになる。それが自分などというちっぽけな存在を通り越して、宇宙の実在の力によって成されるのだと諒解できるからに他ならない。

自分という存在は、途轍もない愛の力と自由の力、そして運命という力によって成り立っていることが腑に落ちるのである。そのとき、我々は高慢な自己から解放され、初めて自由の大空間に向かって羽ばたくことが出来るに違いない。

第一章で引用したルコント・デュ・ヌイの言葉を思い出してほしい。デュ・ヌイはその『人間の運命』において、「人間の運命は、この世のものとは限らないということを決して忘れてはならない」と言っていた。またその書物において、人間の運命は宇宙から与えられたもので、それは永遠に繋がるものだということが述べられていたのが忘れられない。デュ・ヌイもやはり、自分の家系が十字軍の祖先をもち騎士道に生きていたことを誇りにしていたと伝えられている。深い文化が、人間の実存の在り方を本人に認識させたのである。

自己の存在の永遠性が分かると、この地上の高慢の馬鹿々々しさが理解され、自己の生命が真の自由を得るのだ。我々の存在の根底を支える負のエネルギーの崇高性とその実在を感ずるとき、人間は物質主義から抜け出すことが出来る。そして正を重んじていた高慢から脱するのだ。そのとき、葉隠の第十戒は自己の人生に信じられぬほどの力を与えてくれるに違いない。

自分にも、人類の最高の価値を実現する力のあることが分かるのである。

人間が運命という宇宙的実在によって生かされていることが分かると、却って多くの自由が運命の中に与えられていることが分かって来る。そしてその自由が、自分の運命をさらに築き上げる力を与えてくれるのだ。

人間の実存には、測り知れない宇宙の力が降り注ぐ。それを自分が選びかつ使えるようにもなって来る。あのフランスの実存哲学者ジャン＝ポール・サルトル*は、その力によって一つの世界哲学を築いた。

そのサルトルが『実存主義とは何か』の中で人間存在の本質について語っていた。「人間は、自らが創ったものとなる」(L'homme n'est rien d'autre que ce qu'il se fait.)

こうサルトルは言っていたのだ。真の人間の実存的価値を知る者の言葉と言えよう。そして実存の真の価値、つまり本当の自由を人生において手に入れた人間の思想でもある。

この運命、この愛、そしてこの自由を手に入れる方法論が「葉隠十戒」の第十戒の思想なのだ。あらゆる武士道の書物の中で、葉隠だけがこの本当の「自由」を手に入れることを可能にしてくれる。それは葉隠が非日常的な人間の超越を促すからに他ならない。葉隠のもつ危険性であり、また最も崇高な超越性でもある。その非道徳的・非日常的・非合理的・非歴史的な側面が、この本当の実存をもたらしてくれるのだ。

運命との出会い

これらの運命と自由、そして愛との交錯について深く研究した書物がある。私の座右の中の座右とも言うべき『我と汝』である。これはドイツの宗教哲学者マルチン・ブーバーの著わしたもので、魂について書かれた最良の書物の一つと私は考えている。

その中でブーバーは、「運命と自由は、互いに誓いをかわしている」と述べている。そしてそれに続いて、

「自由を実現した人だけが、運命に出会う」(Dem Schicksal begegnet nur, wer die Freiheit verwirklicht.)

と言っているのだ。この自由と運命の出会いは、その順番が人によって違って来る。運命を実現したことによって、自由と出会う人もいるということだ。そこに個性の差が出ることを知る必要はあるだろう。

そしてこの「出会う」ということの意味も知らなければならない。それは本人が「自覚」するという意味なのだ。自覚が出会いである。ブーバーはこれを神との関係で行なったわけだが、我々日本人は武士道との関係で、それを得ることが出来るのだ。

ただしその書物は葉隠を措いて他にはない。葉隠を神と仰ぐ者は、必ずこの出会いに至るので

ある。

またブーバーは同書の中で「運命は自由の限界ではなく、その成就である」と言っているのだ。その意味は、自己の本当の運命を知れば知るほど、自分の自由は無限に向かって飛翔して行くということだ。先述したような、運命のもつ自由性をブーバーもまた認識していたことになるだろう。

愛に支えられて、我々人間の運命と自由が躍動するのである。

このブーバーの哲学と同質のものを、中世の日本において説いた大宗教家が、あの偉大な道元*なのだ。道元はその『正法眼蔵』において、

我、人に逢うなり
人、人に逢うなり
我、我に逢うなり

と綴っている。これが道元の根元思想を表わす「魂の出会い」の禅的到達点と思われるものである。自己の運命と自由の相関関係、そして運命と自由が響くときに摑む本当の宇宙的愛の淵源が見事に断言されている。

すべての人間は宇宙の力で生かされている。それぞれの運命は宇宙から与えられ、それはまた

永遠に繋がっているのだ。我々が生きるとは、過去に生きた人々も、未来に生きるであろう人たちも、そのすべてが今ここで生きている。

自己の存在は永遠であり、その永遠がこの世において違う永遠と交叉しているのである。葉隠の第十戒とは、人間をこのような宗教的境地の頂点まで引き上げる働きをもっているのだ。自己の本当の価値を知るとはこのような心を言うのである。それを表現する言葉は、洋の東西を問わず、偉大な宗教家の言葉しかなくなってしまう。

この葉隠の第十戒に潜む「超越的日常」から生まれる、私の養常の思想の根源に、道元のこの思想は横たわっているのだ。超越的日常とは、常を養うことによって生まれると先に述べた。非日常を自己の日常と化することを言っている。そして非日常が非日常ではなくなる。

魂の価値である負のエネルギーを、現世の日常の中心思想と成し、それをもって物質と対峙し現世を両断して、それを自己の生活の使役に付することを意味している。

私は葉隠のこの第十戒の思想だけで、養常の思想をこの世に打ち立てて来たのである。葉隠には、それだけの力があるのだ。

情念の美学

魂の価値だけに向かって、死ぬ日まで体当たりを続ける。前後左右を考えず問答無用に、やってやってやり抜くことが超越的日常を創る。そして死んでからは魂魄と成り果て、現世のころ以上にやり抜くことに尽きる。

　このやり抜く過程において、過去の自己存在もそうしていたことに気付くことがある。またそうならなければやり抜けるものではない。そこまで来れば、もう今の自分が未来も自分自身として生き続けていくという実感を得られるのだ。

　自分に与えられた運命を自由自在に生きているのだということが分かれば、自己存在が過去と未来をつんざいて存在していることも分かるようになる。このようにして初めて、葉隠の第十戒に見られる気概が自己固有の「心意気」として魂の奥底に定着するのである。

　文学者の埴谷雄高*はその『死霊』において、死者と共に生きる人生と、まだ見ぬ未来の人々と共に生きる生き方を、現世に向けて問いかけている。そしてその生き方を「存在の革命」と名付けているのだ。

　生きるとは綺麗事ではない。希望の保障などどこにも無いというのが人類の真実である。我々現代人は、民主主義と科学文明、そして合理主義の精神によって、あまりにも都合のいい過去と未来を創り過ぎて来た。その結果、破滅的な現世を築いてしまったのだ。

　我々は自己に与えられた運命を生きるだけの存在だ。それを忘れてしまった。

　人類は、その宇宙的使命に生きる限り、無限の永遠性の真っ只中を突っ切る幸福を味わい尽くすことが出来る。しかし、自分の生命を自分自身のものだと錯覚したとき、人類特有の憶病と暗さが滲み出て来ることになるだろう。

人生を演劇と同じように「創作」できるものだと信じていたあのアントナン・アルトー*は、自己の演劇に例えて現代人の人生を語っていた。

「演劇（つまり人生）は、悪の季節であり、黒い力の勝利である。そして、その力を、さらに深い力が最後の消滅まで養い続けるのである」

騎士道や武士道のような「情念の美学」という文化を失った現代合理主義は、却って人間のもつ悪と陰険の力に翻弄される人生を多くの者に与えたのだ。アルトーは、さすがに現代人の心の闇を適確に表現していると感心した。

この闇を、崇高な魂へと昇華した文化こそが葉隠に語られている思想なのである。この闇をぶち抜く知恵が、問答無用の体当たりなのだ。我々は死ぬ日まで、自己の人生に向かって全身全霊の体当たりを続けなければならない。

我々の魂は永遠だが、どこかで区切らないと表現が不可能となってしまう。だから私は死ぬまでといつも言っている。死ぬ日までとは、永久に向かって体当たりをするということに他ならない。

自由なる運命

今まで述べたことを、本当に断行するためには、過去の人々の精神と未来に生きる人たちの魂を摑まなければ決して出来るものではない。そして、この死ぬ日まで体当たりを続けた人間だけが、第四章「永久革命論」で述べたプロチノスの思想と交叉することが出来るのだ。

プロチノスは「偉大にして最後なる戦いが、人間の魂を待ち受けている」と言っていたことを思い出されたい。自己の魂の永遠を自覚すれば、我々は宇宙の根源的実在とその魂において出会うことが出来るのだ。人間の魂とは、宇宙の実在そのものなのである。

この根源的実在こそが、テイヤール・ド・シャルダン*の言う「オメガ点」であり、また禅における趙州が述べたあの「絶点」というものだろう。我々の魂は、そこまで到達できるのである。葉隠のような本物の人類文化を信じた者は、本当に宇宙の中心エネルギーと出会えるのだ。

私もその状態を少しは経験している。もちろん、私などは垣間見た程度ではあるが、そのような三昧《ざんまい》に突入したこともあった。私が葉隠で会得したことは、本物の人類文化を信じ切れば、それは最高の宗教も及ばないほどの力をもっているということなのだ。

このような生き方だけが、葉隠の体得をもたらすだろう。その連綿とした日々の生き方こそが、この章に取り挙げられている第十戒の戒律だということに尽きる。この実行の日々を送れば、人間の成した事柄なら、すべて自分にも出来るという「自由なる運命」を手に入れることが出来るのだ。

負のエネルギーの地上的展開の文化が武士道を生み出したことは、再三述べている。その武士道の精華が葉隠の思想を生み出したと言っても過言ではない。負のエネルギーには不可能はない。それは負のエネルギーが、宇宙的実在の力の堆積《たいせき》だからである。

負のエネルギーを受ける魂に自分の人生を捧げるとは、自分を現世的に限り無く低くしていくことである。自己を物質的に高く見る者には、魂の問題は分からない。現世的な高い自己は、必ず卑劣な人生を招き入れる。

第十戒によって、高慢から始まった自己と対面し続けた者だけが、本当に低い自己を見出すことが出来る。その低さこそが本物なのだ。本物の低さによって、存在の真の誇りを得ることが出来る。それは自己の永遠性を自覚するからに他ならない。そして、その者だけがその死に至るまで挑戦の日々を生きることが出来るだろう。

第十戒の与える人間的自負は、逆説の弁証法である。葉隠の実行に伴う悲痛と呻吟が、その者に真の謙遜に至る道を拓くのだ。その慟哭と涙の日々が、自己の本当の価値を教えてくれる。自分の運命とその使命を知るとは、宇宙とこの地上の悲哀を一身に浴びることを意味している。葉隠の実行が、それをいやがおうにも課してくれる。

この逆に現代文明のような、自分が得するために他者に良いことしか言わない社会は、魂を腐蝕させる。この現代を安易に生きる者は、限り無い自己評価の増長による高慢の極地へと至るだろう。

魂の再生

「葉隠十戒」を考えることを中心として、我々は葉隠の思想を追って来た。それは小さな点から始まり、生命の核融合作用を経て、量塊エネルギーの上昇と下降を体験して来た。そしてこの「永久運命論」に辿り着いたのである。

本章においては、「葉隠十戒」の第十戒に至った。第十戒の非日常を日常とする思想まで来た。常を養うというこの思想は、葉隠の全思想を、我々の生活の中に浸潤させる考え方となっていることは分かっていただけたと思う。

つまりこの第十戒とは、葉隠そのものをこの地上に投射するために必要な考え方なのだ。それによって我々は、愛に支えられた人間本来の真の自由と真の平等を摑むことが出来ることになる。

自由と平等を知って、我々は自己の運命がもつ宇宙的使命を感ずることもまた出来るのである。運命と自由の理解によって、人間存在の平等が分かれば、我々は武士道を支える思想である禅の機を自分に引き寄せられるのだ。それは道元の言葉として先に述べられている。

またマルチン・ブーバーの思想を見ることによって、我々は運命を自覚させるものが自由であることも見て来たのだ。真の自由と真の平等ほど、自分の生命の尊厳を発動させるものはない。そしてブーバーの宗教哲学と禅の思想が共に目指すものを我々は見た。

それが「出会い」である。出会いこそが、人生を決する出来事となる。しかしこの出会いが、純粋なる魂の問題だということが現世を複雑にしている。出会いは自己の運命の中核だが、それはまた自由と平等を達成したか、または達成しようと決意している魂にしか訪れないのだ。

先にいくつか引用したブーバーは同じ著作の中で、「自由な人間は運命を信ずると私が言ったのは、言い換えれば、自由な人間は出会いに自己を捧げるということである」とも言っている。私は「葉隠十戒」によって、そのような真の出会いを行なって来たと思っているのだ。

その自己の魂の真の出会いのために、人間は日々死なねばならないように感じている。日々の死の覚悟が、私に魂の出会いを与えてくれたように思う。日々の死とは、日々の復活でもあるのだ。

復活の息吹に生きたことが、私に真の出会いを与えてくれたように思っている。

地上における現存在としての我々の生命は、「再生」なのである。我々の生命は再生されることだけにその生命的価値があるのだ。そう考えると、葉隠がもつ人類的意味は、本当に測り知れないものがある。

再生のために、孤独があり生命燃焼があり恋愛があり革命がある。そして自己の運命があるということになる。人類そのものが、再生を繰り返す存在に違いない。その中を我々一人ひとりの個人が生きているのだ。人類の中にあって、我々も再生を繰り返しながら生き続けて来た。

ブルトンの言う「生の再創造」という考え方も、「永久革命論」の最後で少し触れた。我々は再生のために努力し、生き続けている。日々、死を考えることの大切さを思い返さずにはいられない。再生の思想に思い至ったとき、この第十戒の大切さが再び認識されるのだ。

葉隠の第十戒は、「魂の再生」を日々念ずる「行」だと私は気付いたことがある。個人的な生の再生だけでなく、人類的な魂そのものの再生である。生命は自己一人のものであるが、魂は人類のものだ。だからこそ、魂は自由と平等を達成したあとの運命の行方《ゆくえ》を握っているのだろう。

我々は個人として生き、また人類として生きなければならない。そして、それは死についても同様なのだ。我々は何度も死に、また再生しながら今日に至っている。そして今後も、永久にそれを繰り返すのだろう。つまり魂と肉体を含めた我々の命の再生こそが、いつの世にも「現世」と呼ばれるものになっているに違いない。

再生が復活であることは先に触れた。復活の喜びを噛み締めることが、真の「存在の革命」を創るように思える。そしてそれは、運命に生きる者たちだけに与えられるものとなるだろう。

生の自分

すばらしい運命と、その自由・平等を享受するために武士道という文化がある。その頂点に葉隠があることは何度も述べた。

葉隠は、魂と永遠が交叉するところまで、我々の人生を導いてくれる。

そして道徳を超越し、日常を超越し、歴史を超越し、理性を超越した文化を葉隠は残してくれた。そのような意味で、私は葉隠を真の人間の讃歌と思い、また人類への奉讃だとも思っている。

私の言う再生とは、先にも述べたように、復活の意味を内包することによって、輪廻転生的な生まれ変わりとはまた違う。それは真の人間として「立つ」という人間の実存の時間軸の貫徹を言っている。

我々は、真の人間としての自覚の上に存在している生命としての「時間」である。この時間の認識が、個人では中々できないのだ。その認識のためにも、我々は人類というものを自分なりに摑まなければならないのだ。

人類の再生を最も深く思索した人物にフランスの哲学者ミシェル・セール*がいる。セールはその『人類再生』（ヒト進化の未来像）において、

「私を殺すものが、私を強化しているのである」（Ce qui me tue me conforte.）

と言っている。人類が生きのびるための鍵としてこの言葉を言っているのだ。人類が生きのびるために行なうことは、我々一人ひとりが生きのびるために行なわなければならないことでもある。

本当の文化とは、多分、そのための役目を担っているものを言うのだろう。この私を殺すものということが、最も私を愛してくれるものでもあるのだ。私は人類がその再生のために葉隠を生

み出したのだと感じた。葉隠は、現世の自己を殺してくれることによって、真の人間としての再生エネルギーを与えてくれたのである。

非日常の日常化の過程が、常を養う生活を生み出す。常を養うその生活はまた、物質的なものを断つ生活とも言えよう。私はそれを養常の考え方と言って来た。養生の生活は、本音の自己を創り上げる。生《き》の自分だ。

「生の自分」というものを確立することによって、人間は運命と出会うのだ。物質的思考を捨てていく過程において、人間は自由と平等を手に入れていく。その結果、人類の宇宙的使命を感じ、自己に与えられた自分独自の使命もまた分かることとなる。

得るものは何もない

葉隠の第十戒を生きるに当たって、最も大切なことの一つは、これらの事柄を達成しても、現世的には得るものは何もないということの認識となろう。何も得ないことが、人間として最も大切なものを掴むことに繋がっている。

成功や幸福、そして安楽や保障などという物質的思考をすべて捨てなければならない。葉隠の日々は、自己の存在の尊厳との出会いである。自己の命の再生との出会いなのだ。

何かを得ようとしない魂に、宇宙の負のエネルギーが降り注いで来る。

そして宇宙に充満するあの暗黒流体《ダーク・フルーィド》の浸潤を徐々に受けるのである。この流体エネルギーの浸潤を受けた者こそが、葉隠という人類文化を生きる者となる。それを生きることによって、さらにまた何ものも得ないことの大切さが分かって来るのだ。

我々は人間として愛に支えられた自由と平等を謳歌するために、この地上に来たのである。人間としての運命を生きるために、この地上に来たのである。だからこそ、そのように生き、その本当の躍動を味わい尽くさなければならない。人類のもつ宇宙的使命から滴り落ちるその涙とも言うべき、我々一人ひとりの運命を抱き締めなければならないのだ。

私は葉隠によって、私のもつ本当の運命と出会った。その幸福を伝えたいという思いだけで、この書物を認《したた》めた。私は自分の運命を愛する。だから私は現世を生きたいとは思わないのだ。私は永遠の自己を生きたいと思っている。

永久に向かう、静かな生命を楽しみたい。私は「永久燃焼論」において、西脇順三郎の詩を引用した。それは脳髄を破壊した先にある、人間の生き方を歌ったものだった。私は葉隠によって、現世を生きる脳髄を確かに破壊した。そのゆえに人間としてのあらゆる喜びを手に入れて来たと思っている。

私の祈りとも言えるこの『超葉隠論』を閉じるに当たって、私は再び西脇の詩を引用して最後を飾りたいと思っている。脳髄の破壊による青春が生み出した、七十歳の今の心境を表わす詩である。

いま、この詩の中を私は生きているに違いない。私は宝石の眠りの中を生きたい。それが私がいま到達している生き方である。深く静かに、私は永久の忍ぶ恋の中を生き抜きたいと感じている。西脇順三郎の詩「宝石の眠り」より——。

永遠の
果てしない野に
夢みる
睡蓮よ
現在に
めざめるな
宝石の限りない
眠りのように

跋

私は本書において、『葉隠』と私との交流から生まれた一つの「新しい生き方」を描きたいと思った。そのために、私の人生の信条ともなっている、わが「葉隠十戒」という戒律を取り挙げたのだ。この十戒には、葉隠に鎮もれる古い魂のすべてが込められていると私は考えているからだ。新しいものは古いものから生まれる。

私と葉隠の出会いは、運命そのものと言ってもいいだろう。葉隠は私が選んだのではない。葉隠の魂が私を選んだと思っている。また穿《うが》った見方をすれば、宇宙の実在が葉隠と私を引き合わせてくれたのだろう。

葉隠の魂と私の魂は、年月をかけて交錯し融合した。そして、一つの新しい魂を生み出したと信じている。葉隠とは、人類が築き上げた最も崇高な魂である。武士道の中でも、その純粋性において他を圧するものと言えるだろう。

これに比肩し得るものは、あの沈黙の怪物シトー会を再興したクレルヴォーの聖ベルナール*の「誓い」しかない。十二世紀に生きた聖ベルナールが聖堂騎士団と聖ヨハネ騎士団のために認めた「騎士道の誓い」である。魂の純粋において、この騎士道の涙と葉隠の慟哭は永遠に響き合っている。

武士道と騎士道は、人類が築き上げた魂の文化の精華である。それは人類の起源に遡る「初心」の実践を、現世において行なう文化とも言えるだろう。日本において天孫降臨に歌われた「海行《ゆ》かば　水漬《みいづ》く屍《かばね》　山行《ゆ》かば　草生《む》す屍　大君の辺にこそ死なめ　顧みはせじ」を、日本の武士道の起源だと私は思っている。

それが江戸初期に葉隠へと収斂したのだ。西洋ではゲルマンの貴族主義とキリスト教が合体して騎士道という文化を生み出した。それは中世以来、修道院の中で醸成され、先述の聖堂騎士団や聖ヨハネ騎士団の崇高へと収斂していったのだ。

すべての文化的価値は、人間に与えられたその宇宙的使命の自覚から生まれて来たと言えよう。日常に埋没することなく、魂の崇高を追い求めた人間たちがそれを遂行した。

騎士道の伝統が生み出した、最も美しい人生論をカール・ヒルティ*は書いた。その中でヒルティは、「常に大思想に生き、瑣末《さまつ》の事柄を軽視する慣わしを持て」と言っている。人間として生まれたその使命を全うするためにのみ、人生の力を注ぎ込まなければならない。

その意味で葉隠は、日本人として生まれた者の最も気高い生き方を示している。私は葉隠を自分の「全思想」「全人生」としたことを強く誇りに思っている。葉隠には、父祖たちの涙と慟哭が滲み込んでいるのだ。

葉隠は綺麗事ではない。それは命懸けの生き方である。それは、この世に生を享けた先人たちのもがき苦しむ姿なのだ。それを引き継ぐのが、子孫としての我々の務めとなる。過去の苦しみに共感する者は、また未来の人間の共感を得るに違いない。だから、葉隠は本当の未来への夢を与えてくれるのだ。

葉隠を生きることは苦悩である。それは悲痛と呻吟をもたらすものとなるだろう。しかし、その苦悩の中から、本当の自己が生まれ出づる。それは、宇宙的使命を帯びた本当の自己となるだろう。

葉隠は、宇宙の本源的エネルギーに覆われている。人間生命を支えるエネルギーだ。

私はそれを、現代物理学によって証明されている暗黒流体だと思っている。その流体の浸潤を受けた魂と肉体が、真の人間存在だと考えているのだ。人間は、苦悩をつんざいて宇宙と合体するために生まれた。その中心に、私は葉隠を置いているのである。

葉隠は、我々に苦悩をもたらすものだからこそ、文化として本物だと言えるのだ。

現代文明が我々に与える安楽と幸福を追求する考え方が、人間を滅ぼす。少なくとも、人間の魂を腐蝕させるのである。

戦前に日本最大の実業家であり三井財閥の総帥だった人に団琢磨《たくま》*がいる。団はまた、日本最初の工学博士のひとりともなっている人物だ。その団琢磨が、武士道が生み出した日本の「家」の在り方について次のように言っていたのだ。

「代々それで、お苦しみなさったらよかろう。子孫が何か苦しむものを持っているのが宜《よろ》しい」

そう言っていたと伝えられる。団琢磨は武士道を貫徹した生涯を送った。その大人物が、真の人生、真の繁栄とは何かを語ったのだ。最後にこの言葉を、読者に捧げて終わりたいと思う。

二〇二一年二月二十八日、了

執行草舟

本書が出来上がるまでには、多くの人の手助けがあった。それらの人の一人ひとりに、紙面を借りて、ここに御礼申し上げる。実業之日本社 代表取締役社長 岩野裕一氏、編集の大串喜子氏には特別の世話を受けた。ここに深く感謝し、御礼を伝えたい。

第二部

質疑応答篇・インタビュー――
「超葉隠論」

（聞き手　実業之日本社　編集部）

序

天啓だった『葉隠』との出会い

――『超葉隠論』は、武士道の奥義書である『葉隠』を通じて、執行先生があらゆる著書で言及されている「魂」と「精神」、そして「生命」について述べられているものだと思います。その魂をいかにして現代社会において我々が取り戻すかを探求しているのだと感じるのです。

執行　全くその通りです。人間にとって一番大切なものは魂を措いて他にありません。だから私はすべての著作、講演、インタビューで魂から溢れ出る精神論や文明論、そして生命論しか論じない。それら以上に大事なものは我々人類にはないからです。

現代は科学万能社会ですが、科学などというものは人間が生きていく上ではトンカチみたいなものなんですよ。誤解しないでいただきたいのは、私は科学が不要だと言っているのではありません。もちろん人間には必要なものです。でも、それは我々が釘を打つときにトンカチが必要なのと同じように、人間にとっては道具に過ぎないのです。

――道具として使うものはいわゆる「主従」の「従」であって、「主」ではないということですね。

執行　そうです。科学とは比べ物にならないほど重要なものが魂と人間生命なのです。ただ、まずもって今は、魂や精神そして生命や文明といった、そういうものの違いが分かっていないように感じています。

――……どのように違うのでしょうか。

執行　魂というのは、宇宙に遍満する負のエネルギーそのもので、我々はそのエネルギーの分霊を受けて「人間」と成っているのです。だから我々人間は、昔の人が神と呼んだもの、つまり宇宙の深淵と繫がっており、そこから直接の力を分け与えられて生まれてきた存在なのです。だから我々一人ひとりは、一つのエネルギーチューブのようなもので宇宙の力と繫がっていると言ってもいいでしょう。一人ひとりに分け与えられている宇宙の力こそが、魂の本体と呼ぶべきものなのです。

その魂を受けながら、我々はまた個別の肉体を持って生きています。その肉体と魂が融合した、混沌としたエネルギーの塊が我々の心を形成しているのです。つまり肉体と融合して、はじめて魂が心として作用してくるわけです。

その心と魂が融合している中で、我々が自分独自のエネルギーとして自分の人生においてぶち立てるものが精神ですよ。そのような違いがきちっとあります。

――その人生にぶち立てた精神が、執行先生にとって「葉隠十戒」ということになると思いますが、まずはその元となる『葉隠』との出会いについて教えてください。

執行　小学校に入る前、私を診てくれた医者すべてが「必ず死ぬ」と言ったような大病に見舞われました。成功の確率は限りなくゼロに近いと言われた手術を一か八かで受け、奇跡的に助かった経験があります。そんな死病を六ヶ月の闘病のすえに乗り越えて、病院から退院し、家に帰ってきたとき、家の本棚にあった『葉隠』をふと手に取って読んだ。それが出会いです。何も分からずに、ただその本から発せられる「何ものか」に心を惹かれたとしか言いようがない。だから、この出会いは天啓だと思っているのです。

もちろん、何と書いてあるのか分かりません。何も読めないので、全部母親に仮名を振ってもらって読みました。この小学校一年生のときに読んだ『葉隠』が、私が生まれて初めて読んだ本です。それまでは絵本すら読んだことがありませんでした。

――まさに「運命の出会い」ですね。『葉隠』は江戸中期に山本常朝が語った武士の心得を田代《たしろ》陣基《つらもと》*が書きとめ、まとめた筆録の書物で、全部で「聞書第十一」にも及ぶ大著です。そこからご自身の人生を律する「葉隠十戒」をつくるに至ったのは、何かきっかけがあったのでしょうか？

執行　私は立教小学校というキリスト教の学校に通っていて、『聖書』を読んだり、キリスト教の教えに触れていたので、神を奉ずるイスラエル民族が立ち上がるきっかけとなった「モーセの十戒」の存在を知っていました。

それで、小学校三年くらいだったかな、『十戒』*というハリウッド映画があったんですよ。主演のチャールトン・ヘストン*がモーセになって、イスラエル民族を導くというストーリーで、日本でも大ヒットしました。キリスト教の学校だったので、小学生のときに先生に引率されてその『十戒』を見に行ったことがあります。それに感動して、「よし、やっぱり、自己の魂を立てるのには十戒が必要なのだ」と。まあ、小学生でしたから、多少幼稚なところもあったのですが（笑）。

それで私の場合は自分の十戒の根源に成るものは『葉隠』だと思って、『葉隠』の中から自分が特に気に入っていた思想的な言葉を「これを人生の中心思想にしよう」と決意して、小学校五年のときに人生の決定事項として十条の言葉を選び抜きました。

いま七十歳ですから、以来六十年近く、その十戒の思想は微動だにしたことはありません。この「葉隠十戒」だけの人生を今でも歩んでいます。

『葉隠』は禁書だった

——執行先生のお家は、元々曾祖父《ひいおじい》様の代まで佐賀藩の武士だったと伺いましたが、家庭での『葉隠』や武士道の教育の影響というものもあるのでしょうか。

執行　それがないんですよ。全くないです。私は武士道が好きで、武士道に生き、武士道に死のうとして、そのために父親から勘当された人間です。父からすれば私は「現代の民主主義社会に合わない時代錯誤の手に負えない人間」だった。父は典型的なエリートでしたから、今の時代は民主主義的で現代的な人間にならなければ駄目だという考えでした。

教育に関して言えば、うちは武士道どころか、「本を読め」とか「勉強しろ」などと言われたことも全くありません。むしろ、うちの母親は話好きで、自分がしゃべりたいから私が本を読んでると怒られました(笑)。普通の家と逆です。それで、私はこの読書量です(書斎を見回す)。とにかく、小学生のときから、七十歳の今日まで、それこそ一日も欠かさずに死ぬほどの読書をしてきたのです。だから、親の教育などというのは、何の当てにもならないということです。うちの会社も駄目な社員ほど、「子どもの頃、親が良書を買ってきて与えられ、将来のために読むように」と言われていたと言っていますよ。

それに、そもそも『葉隠』は佐賀藩では「禁書」でした。いま佐賀の人たちはみんな「鍋島論語」だとか「『葉隠』は佐賀藩の文化」なんて大きな顔をしていますが(笑)、明治になるまで『葉隠』を読んでいることが分かったら、牢獄行きで切腹、お家取り潰《つぶ》しです。

江戸時代の武士道といえば、山鹿素行《やまがそこう》*などの朱子学をベースにつくられた武士道です。仁義礼智信をいかに守るか。目上に反抗せず、上の人間に仕えて、いかに秩序を守るか。これが朱子学の武士道です。佐賀の藩校・弘道館*で教えられていたのも、当然そのような武士道でした。幕府公認の学問が朱子学とそれに基づく武士道でしたからね。

でも、山本常朝の『葉隠』では、武士道とはそういうものではないと言い切っているのです。もっと自由で、もっと縦横無尽で、もっと体当たりで生きるものだと。そしてもっと無頼《ぶらい》で悪いものだと。あの時代の人たちが読んだら、『葉隠』は腰を抜かすほどの革命思想です。私は『葉隠』の思想を、「無頼の思想」と呼んでいます。

――『葉隠』は、朱子学に染まった武士道のことを「上方風の打ち上りたる武道」とあったり、追い腹が禁止されている中で、赤穂浪士のこともすぐに討ち入りしなかったことや吉良上野介を討った後に切腹しなかったことを落ち度としています。藩からすると確かに「危険な本」です。だからこそ、山本常朝も田代陣基に「自分の死後、『葉隠』は焼くように」と言ったということでしょうか。

執行　「焼け」ということの意味は少し違います。「焼け」というのは武士としての一つ道、弁《わきま》えなのです。

『葉隠』は、今でいうところの「出版しよう」というような形で出来たものではなく、あくまでも田代陣基が山本常朝に教えを請い、若い陣基のために常朝が「こうだよ、ああだよ」と語ったことが筆録として残ったものです。それで死が近づいたとき、「そういえば、おまえが記録していた私の話は絶対に焼いて残さないでくれよ」と言ったのです。自分が話したことが後世に残るということが、常朝は許しがたかったのでしょう。

――なぜでしょうか？

執行　……それは自分の手柄話や自慢とも取られるからです。常朝のような真の武士は、職分を果たした後は、無に帰ろうとしていた。やり抜いた後は、黙って死ぬのが美学だったのです。このあたりが今の人たちに通じないんです。

武士が自分のことを話す、ましてそんなものが自分の死後に残るなどというのは、卑しいこと、恥ずべきことだったわけです。私が子どもの頃まではそうでしたよ、本当の士族の家は。うちの祖父・執行弘道*もなかなか偉い人でしたが、自分の自慢を家族に一切話したことがないといいます。むしろ自分の功績をペラペラと話すなんて最低の男だという世の中でした。

だから、『葉隠』は山本常朝が一人の武士として自分の信念を話したものだから、そんなものは自分とともに焼けと言ったのです。しかし、田代陣基はあまりにも惜しいので、自分の身近にいる武士道を求める人に貸してあげたり、写してあげたりしてきた。そうして真の武士道を求める人たちの間で『葉隠』は読み継がれてきたけれど、いつしか藩の偉い人に見つかって、それから発禁になったのです。

この、隠れ本として志のある武士たちが秘密で書き写して、秘密で読んでいたということが、非常に重要なことなのです。歴史的に見て、真実というものは、みんな発禁になったり、禁じられたものが多い。

だから、いま学校で教えているような道徳は嘘だと私は言っています。道徳とは、そのときの権力者が国民をコントロールするために使っているものです。江戸時代は、幕藩体制という封建主義を守るために朱子学が一番便利だから、それ以外の思想を禁じました。

「それは昔の話でしょ」と思うかも分かりませんが、今でも本質はそうです。今の時代はヒューマニズムと民主主義、そして物質文明を擁護する思想以外は一切認められません。それ以外の思想は、マスコミでも政治でも出版でも、すべてのところで「発言」の機会を与えられることはないのです。また発言すれば、人生のすべてにおいて社会的な懲罰を受けなければならないのです。その覚悟がある人は少ない。江戸時代に『葉隠』を読めば、それと全く同じ扱いを受けたのです。

我々が道徳だと思っている考え方でも、例えば明治頃の女子の道徳を今の若い女性たちに言ってみたらどうですか？　一発で逆上しますよ。だから、道徳というのはそういうものです。その時代に都合がいいものであり、真実ではないのです。

人類は、神を志向する動物

——本著の冒頭の序に「葉隠には、武士道という文化の初心がある」とあります。また、「人類は初心を失った」ともありますが、この「初心」とはどのようなものでしょうか。

執行　「人類とは、神を志向するために出来た動物」という言葉があります。この「神」は宇宙の法則、つまり掟とも言えます。地球上の動物の中に宇宙の掟を志向する魂が入って誕生したのが人類です。

この「神を志向する」心が宗教を生み出しました。そしてその宗教の掟は、宇宙の掟の最も厳しいところから出発したのです。つまり人類は宇宙的に見て、最も崇高な掟をもって出発したのです。古代インドの有名な『ヴェーダ』*とか『ウパニシャッド』*とか、ああいう文献には人類が誕生した頃の崇高な魂が書かれています。これはものすごい垂直性です。「垂直」の意味は何かというと、一言で言えば「自分の命よりも大切なもののために生きる」ということです。これだけが人間の人間たる謂われを創っていると言えるのです。だから、昔は神のためにどんどん人間は自らを犠牲にしました。現代のヒューマニズム社会ではやり過ぎだと批判されるでしょうが、「神のために喜んで死ぬ」、それが古代の人類でした。

この「命よりも大切なもののために生きる」ことが人類の初心であり、後年に至って、その初心がつくり出した一番分かりやすい人間文化が、西洋では騎士道、日本では武士道なのです。

今の世の中で一番誤解されている考え方は、人類が時代とともに進化・進歩して来たと思われていることが挙げられます。しかし、それは間違いです。魂については逆なのです。古代が最も人間の程度が高く、だんだんと退化して来て、特にルネッサンスからは急速に精神の垂直性が下降して水平化していきました。「神を失った」とか「神は死んだ」などとみんな気楽に言うけれど、それは人間が宇宙の掟を忘れたということを意味しているのです。宇宙の掟を忘れたなら、もう我々は地球上の他の動物と一緒です。ルネッサンスから、どんどん動物に向かって進んで来たと思えばいいでしょう。

「自分の命よりも大切なもののために生きる」という初心がどれだけ深く魂に打ち込まれているかが人間の人間たる証しと言えましょう。

――学校ではルネッサンス以降、人類は発展してきたと習いましたが、違うのですね。驚きました。

執行　だから、学校で教えることは嘘なのです。現代文明にとって都合の良い「学科」だけを教えているに過ぎないのです。少なくとも、発展したというのは、科学であり、技術であり、物質的なことだけです。しかし、それらについても学校では「真実」は教えません。

ルネッサンスからヒューマニズムがどんどん増長していきます。「人間中心主義」と言えば聞こえはいいが、現代に至って、単に人間存在を肉体という物質のみで考えるようになったわけです。肉体が大事＝自分の命が一番大事ということになります。今の時代でいえば自分の幸せが一番大事だということも、そこから派生してきています。昔はそれを「エゴイズム」といって「卑しい」こととされましたが、今では「自分の幸せのために生きて何が悪いの？」と、そういう時代です。つまり、魂の崇高が軽んじられているということに尽きます。

元々ヒューマニズムはキリスト教から出た思想です。原始キリスト教は、前身のユダヤ教の考えが強く、知ってのとおり、自分の命よりも神の掟が大切な宗教です。神のためなら火あぶりにもなれば、死刑になることも厭わない。その逆も然りで、神のためならどんな非道も悪事も断行できる。それが原始キリスト教の本質です。キリスト教の元となっているユダヤ教ではずっとそういう生活を送っていたところに、キリストが出てきて、初めて「赦し」の思想を述べた。愛の思想の中でも、特に赦しを前面に押し出したと言ってもいいでしょう。だから「キリストは革命家だ」と言われているわけです。「赦し」というのは厳しい神の掟の力がなければ何の意味もない。掟と赦しは両輪だった。中世までのキリスト教はそのバランスがうまくいっていた。それがルネッサンスで崩れ出したのです。そして、その掟だけを捨てて赦しだけを取ったのがヒューマニズムという現代社会です。

だから今の人は善か悪かに偏っています。悪人はどうしようもない悪人で、善人はただの「お人好し」。いい人なんだろうけれど、悪の力がないから、本当の善を断行する力がない。大きな善を行なうには、悪の力が必要なんですよ。

――善を行うには、悪の力が必要ですか……。

執行　例えば昔の西部劇や任侠の世界で仲間のために死んだり敵を殺したり出来るのは、悪の力があるからです。そして真の悪を断行するのは、実は善の力の下支えがなければ不可能なんですよ。

人類の文化として、この両輪が揃っているのが西洋では騎士道で、東洋では武士道です。武士の家では、敵討《かたきう》ちをしなかったら、家は取り潰されます。自分の親を殺した人間を殺せない人間は、武士としては認められない。今の人だったら殺人がいいか悪いかだけで判断しますが、その考えが魂の重層構造をもつ人類のすべての文化を潰してきました。人類の文化は一線を越えたら悪とされるようなことが、実際には文化を守る力でもあったのです。キリスト教も神の言葉が中心で、神の言葉を断行するのか、自分がそのために死ぬのか、神を分からない人間がいたら罰するのか、そのどれかでした。そういう善悪が入り混じった混沌としたエネルギーが本当に価値のある人間の文化を創造していたのです。
そして、その混沌のエネルギーの供給源が宇宙に遍満する負のエネルギーなのです。負のエネルギーが、我々の魂を働かせ愛や信や義をこの世に創造してきたと言っても過言ではないでしょう。その負のエネルギーの力の全部をひっくるめて、私は「暗黒流体」といっているわけです。

葉隠は暗黒流体

――本著の冒頭の序にも「葉隠の思想は暗黒流体」とありました。もう少しこの考えについて詳しく教えていただきたく思います。

執行　先にも言ったように人間の体は動物なので、要するに物質なのです。一方、「魂」と呼ばれるものはエネルギーです。私の中では、何度か触れたように「負のエネルギー」と言っています。そのエネルギーは宇宙に遍満しており魂を形成する根源エネルギーと成っているのです。そしてそれが宇宙を創り動かしているエネルギーとも言えるのです。だからいわば宇宙意志のようなもので出来ています。
暗黒流体《ダーク・フルーイド》という言葉は英国のオクスフォード大学教授のジェイミー・ファーンズという物理学

者が言った考え方です。それは宇宙の物質化されていないエネルギーの総称であり、「ダーク・マター」や「ダーク・エネルギー」や「ブラック・ホール」などのすべてを含んだ概念と言っていいでしょう。宇宙を動かす負のエネルギーのすべての「合力」をそう呼んだのです。

武士道の中でも葉隠の思想のような、最も力強い思想的エネルギーに私はこの「暗黒流体」という言葉を援用しているのです。イメージとして、弱いエネルギーの「気体」ではなく、もっと濃くてどろどろとした「流体」のエネルギーです。実際、ガスなんかもそうじゃないですか。ギュッと凝縮すると液体窒素や流体になる。さらに凝縮すると固体になりますが、それでは体には入らないから、人間に入り込む一番濃いエネルギーは、宇宙の負のエネルギーの総合力としての暗黒流体ということになるのです。

私がこの六十年、武士道の葉隠で生きてきた感覚から言うと、葉隠のエネルギーで「生きること」と対面しているときは、まさに宇宙のエネルギーが液体と成って体の中に染み込んでくるイメージがあるのです。皮膚からどんどん、どんどん入って来る感覚です。そのエネルギーを感じたのは、小中学生の頃からですが、もう濃厚な流体エネルギーというより他ない。

私はこの感覚を葉隠の人生的実践で何とか会得しましたが、他の文化もコツが分かれば、禅でも、音楽でも、なんでも同じことだと思っています。最初は気体で来る。でも最後の、その人間がぐっと突き動かされるようなところに来るときは、濃いエネルギーの流体となってそれは染み込んできます。

——なるほど、だから「浸潤」という言葉を使われているのですね。


執行 そう、この「浸潤」という感覚が重要なのです。

　私は小学校五年生から大学を出るまで、ブルーノ・ワルター*指揮のコロンビア交響楽団が演奏しているベートーヴェンの第五交響曲『運命』を聴かなかった日は一日もありませんでした。そこに葉隠的な暗黒流体の存在を感じていたからに違いありません。その音楽から来る感動は内臓をえぐり、骨髄がきしむものがあった。葉隠の思想が体内に打ち込まれるのと同じ感覚です。その感覚が日増しに確実なものとして摑めるようになっていった。そうして聴き続けて四〜五年たった頃、あるときベートーヴェンの第五交響曲が目に見え、皮膚に感ずる流体となってグワーと染み込んで来ました。そして聴き終わったときには、もう体中、第五交響曲の液体に浸され、もう口もきけない、動けない、足腰も立たなくなる。そういう感覚に包まれました。

　以来、第五交響曲の音符は、一個でも全部どこの箇所の何小節目の音符か分かるようになりました。エネルギーが浸潤してくれば、そのぐらいのことが分かるようになる。例えば、〇・一秒、第五交響曲の音が鳴ったとしても、「第三楽章の、第何小節の、第何番目の八分音符が鳴った」とか分かるんです。

　音楽だけじゃありません。読書をしても絵画を見ても、何度も同じような経験をしてきましたが、この浸潤のエネルギーを感じ取るまで何かを好きになるということが、重要なことだと思います。私は葉隠の「死の哲学」の生命的本質をベートーヴェンによって自分なりに理解したと考えています。

――流体エネルギーは宇宙に遍満しているはずなのに、それを受けられる人もいれば、受けられずに一生を終える人もいるのはなぜでしょうか?

執行　それはもう、本人の心掛けだけです。身も蓋もないが、そうとしか言えない。不断に活動してやまぬ宇宙の力としての負のエネルギーに対する思いが強ければ強いほど、それは流体化してどんどん体内に流入してきます。そして自己の生命を立てる。

要するに、本当に愛に生きたいという思いが強ければ、愛のエネルギーが濃くなってどんどん入ってくるわけです。宇宙を形成する負のエネルギーの代表的な一つが「愛」というエネルギーであることは少し触れました。我々の魂はいつでも宇宙の根源力と繋がっているのです。ベルギーの宣教師にダミアン神父*という人がいます。当時、誰も顧みなかったハンセン病患者の看護に生涯を捧げ、自らもハンセン病になって命を落とした人ですが、ああいう人は愛のエネルギーが流体化して、その浸潤を骨髄の奥底まで受けていたのです。そして、そのエネルギーが生み出した最大の人間文化が騎士道であり武士道なのです。その武士道の本質を摑む書物こそが『葉隠』

だと私は思っています。

——求める心がないと、引き寄せられないということですね。

執行　その通りです。キリストの言った、「求めよ、さらば開かれん」は、まさに生命と人生の最も深い真実です。

また、一方で人間は肉体が与えられています。だから行動しなければ駄目です。武士道も、頭で理解できるのは朱子学の武士道までです。「葉隠」のような武士道は自分の人生において体当たりをしなければ分からない。例えば、先ほど言ったように、禁書を読むなんていうことはそれ自体が命懸けの体当たりです。だから、価値があるのです。

武士道だけじゃない。なぜ、キリスト教が二千年に亘って世界を支配するほどの偉大な宗教になったかというと、三百年間ローマ帝国では禁じられた宗教だったからです。信仰が分かれば磔、火あぶりになった。それでも地下信仰として脈々と受け継がれてきました。みんな「そんな中でよく信仰し続けた」というけれども、そうじゃない。そんな中でも信仰し続けたからこそ、あんな大宗教になったのです。三百年間いじめ抜かれていくうちに、大変なエネルギーが凝縮して、キリスト教がものすごく濃い暗黒流体になったということです。宇宙の最も深く重いエネルギーを自らの「生命」の中に取り入れたということでしょう。人間の築き上げた文化の中では騎士道と武士道の中にも、そのエネルギーが充満しているということを言っているのです。

天孫降臨が武士道の原点

——騎士道も武士道もともに「人類の初心」であり「暗黒流体」ということでした。根源にある魂は一緒ということですか。

執行　人間の文化とは、要は宇宙の掟をどう理解して、どう表現するかの違いです。宇宙の掟は星の生成で考えればよく分かります。星雲から恒星が出来て、太陽などもそうですけど、そういった星が燃えていく。やがてその恒星は燃え尽きて、寿命が来て、死んで爆発します。そのあとはまた星雲になり、同じような星雲がいくつも集まって、凝縮して再び星が出来ていく。宇宙はこの繰り返しです。

この宇宙の循環法則がそのまま愛のシステムということなのです。すべては次のものを生み出すために、自分が犠牲になる。つまり自分の命よりも大切なもののために生きているということになるのです。その対象が西洋では一神教の神であり、騎士道に通じていく。日本は自然を通じて宇宙を理解し、それを共同体の文化や生き方に投影して来ました。それが日本独自の氏族社会や大家族主義を創ってきた。その文化の頂点に天皇が存在し、大家族制度があったわけです。

——対象はなんでもいいのですか?

執行　なんでもいいです。本当に自分の命よりも大切なもののために生きることが出来れば、何でもいいのです。しかしそれはいつでも「本当なら」ということです。私は近年そんな人を見たことはありません。今は何かのために生きると言っても、実際はすべて自分のためです。近代人はそのようにされてしまった。もしも本当に国や会社や家、そして家族のために犠牲になって自分を捧げる人がいれば、その人は現代の中を生きていても武士道に生きる人間だということです。

本来、相手の犠牲になるために結婚し、犠牲になるために子どもをつくり、犠牲になるために現在の生活を営んで行くのが、人類の文明でした。いま「犠牲になる」なんていうと封建的だと批判されますが、封建主義のほうが人間の歴史として正しいのです。中世まではヨーロッパも日本も全部封建主義でした。それが人間の本来であったことは、アナール派*の歴史家たちを持ち出すまでもなく、人間の文明の初心という本来に近いと、多くの歴史家が検証しているのです。

——「家族のために生きても武士道を生きる」ということは、あの時代劇に出てくるような「武士」のことだけを武士と言っているわけではないのですね?

執行　もちろんです。武士道の精神に生きる人のことを武士といっているのです。幕末の最大の武士道の物語として残っている「新選組」などは、近藤勇＊も土方歳三＊も元々は武士ではなかった。多摩の百姓です、みんな。しかし、あの人たちは武士道の鑑であり、その最後の精華です。

武士道というのは、「人類の精神」ですが、日本では一番分かりやすく天孫降臨の神話として残っています。天孫降臨のときに瓊瓊杵尊《ににぎのみこと》＊に随伴し、その尖兵として一緒に降臨したのが天忍日命《あめのおしひのみこと》＊とされています。その天忍日命が天孫に対する忠誠の心として歌った歌が武士道の魂を創りました。その歌は天忍日命の子孫である大伴氏に伝えられ、大伴家持＊に至って『万葉集』に載せられ、長く日本の精神として伝えられて来たのです。

天忍日命が天孫降臨の尖兵として詠ったその歌が、

「海行《ゆ》かば　水漬《みいづ》く屍《かばね》　山行かば　草生《む》す屍
大君の辺《べ》にこそ死なめ　顧《かえり》みはせじ」

という有名な歌です。

――『万葉集』の中でも特に有名な歌ですね。

執行　いま少し言ったように、これは「大伴氏の言立」と言って、天忍日命の子孫の大伴氏が何百年か何千年かずっと伝えてきたわけです。その先祖の言立を『万葉集』に載せたのが、大伴家持でした。
なぜ載せたのか。あの時代、藤原氏の圧迫でほとんどの古代豪族は滅ぼされました。そして最後に生き残っていたのが大伴氏でした。藤原氏専横になりつつあり、政治も文化も中国化の流れに浸食されてきている。だから日本人の「魂」だけは残そうと思って編纂したのが『万葉集』で、その中に代表的な歌として「大伴氏の言立」を入れたわけです。この「海行かば」*が武士道の根源です。

——武士が生まれる前から武士道があったということですね。

執行　そうです。武士道の精神は、武士という言葉が生まれる前からある日本人の魂でした。中央はすっかり中国化され、日本の魂は「地方」に残っていた。その地方の有力者が後に武士団を形成していったのです。源平の頃あたりからそういう「階級」の人が生まれ、戦争で勝ち抜いた人たちだったから「俺たちが武士だ」と唱え始めた。
だから別に武士道っていうのは武士たちだけのものじゃなくて、日本人みんなの憧れなのです。このように崇高な、人類の初心が込められた歌が建国の神話に残っている国なんて日本だけです。

まさに宇宙的な愛のエネルギーの根源流体が歌に成っているのです。

同一の魂を生きる

――その人類の初心を江戸時代に生きた山本常朝は分かっていたということですね。

執行　当然そういうことです。江戸時代にはそうとう魂の垂直性が下がってきていて、水平化が進んでいました。その時代にあって『葉隠』には「人類の初心」の中でも最も厳しい精神性が込められています。山本常朝は天才だとしか言いようがない。

面白いのが、ヨーロッパの中世で一番有名な修道士にクレルヴォーの聖ベルナールという人がいます。聖堂騎士団の「誓いの書」も全部彼が書いていますが、その思想は『葉隠』と全く一緒です。江戸時代の日本人と十二世紀のヨーロッパの修道士だから、肉体も心も精神も違いますが、魂で見ると同一人物だということです。

――魂では同一人物……？

執行　その通りです。魂は、過去・現在・未来を問わず、いかなる人間とも結び付くことが出来ます。魂は宇宙エネルギーですから、人間の肉体が死んでも、魂はなくなりません。例えば、現代にあってもベートーヴェンの魂と同一の魂を生きることは出来ます。心と肉体は違うので同じ人生にはならないけれども、魂としてはベートーヴェンと同じ魂を宿して生きることは出来るのです。ベートーヴェンは今も生きているのです。音楽家かどうかは分かりませんが、世界の中に必ずいる。

——その意味では、『葉隠』に共感して「葉隠十戒」をつくった執行先生も、山本常朝と同じ魂を持っているのかもしれませんね。

執行　もちろん、その可能性は大いにあると思います。また私は、そう成ろうと思って生きています。

今あなたは「共感」という言葉を使いましたが、現代ではこの「共感」は非常に曖昧に使われています。共感とは自分より上の存在に対して使う言葉です。上に対する共感の先の先に、宇宙や神の存在があります。だから本来は共感は、横や下の存在に抱くものではないのです。『葉隠』には共感しても、子どもや友達に共感することはないのです。共感は、必ず偉大な思想や偉大な過去の人々にしかなされない魂の作用なのです。だから『聖書』や『葉隠』には共感できるのです。もちろん偉大な魂に共感した人物や書物には、現代でも共感することは大いに出来るのです。

未来に向かって立ち上がる

――では、この『超葉隠論』に共感して武士道の魂に近づきたいと思ったら、現実生活ではどのように生きていけばいいのでしょうか？

執行　……今の人たちは、すぐ「自分はどうすればいいか」「自分は出来るか、出来ないか」というところに行き着きます。つまり、とても自己に固執しています。しかし、そんなことはどうでもいいんです。うんと分かりやすくいえば、「格好いい」と思って憧れ、尊敬しているだけで、自分もそうなっていく。キリスト教でいえば、キリストの言葉に共感していれば、キリストになれなくてもキリストの魂には近づくのです。

――確かに、本を読んで知識を得ただけでは「頭でっかち」というか、何か具体的に行動しなければいけないと思ってしまいます。

執行　頭でっかちというのは、それによって、人を裁いたり批判したりすることが問題なのです。本を読んで、本が面白くて、それに共感していれば大いに結構なことでしょう。魂の問題は他人は関係ありません。すべて自己と宇宙との対話です。

私の本や武士道の本を読んで、武士になろうとする人が一番失敗します。私自身、武士道に生きようと思って生きてきましたが、「武士道に生きられるか、どうか」なんて考えたこともない。武士道が好きなだけです。格好いいと思って憧れているだけですよ。

よく「執行さんの本は難しい」という人がいますが、本を読んで何かを得たいと思っている人にとって、私の本は難しいのです。私の本に限ったことではありませんが、読んで「ああ、自分の人生は甘かった」とか「自分は人類の文化を重んじていなかった」、そして「自分は物質文明に冒されていた」と思ったら、それだけで価値があります。逆に『葉隠』を読んで「武士道に生きることは、自分にはとても無理だ」と思えば武士道をやる必要はないのです。私だって、例えば思索篇第一章で紹介している『葉隠無残』の鍋島助右衛門のような人の話に触れたら、到底自分はそうは生きられないだろうと思いました。でも私はその人に共感し、憧れている。それだけ宇宙的な魂の方向を向いているということです。

一番よくないのは、「武士道に生きて何の意味があるの？　理解できない」と言って切り捨てることです。多いですよ、今そういう人は。みんなヒューマニズムに冒されていますから。ヒューマニズムとは自己中心主義だから、自分の脳の程度に合っているもの以外、受け入れられない。それで「執行さんの本は難しい」と恥ずかし気もなく言います。五十年前までは「難しい」なんて言ったら「私は馬鹿です」と言っているのと同じことでした。もう、そういうことも指摘されるまで分からなくなってきています。だからそういう人には「難しいなら読む必要は全くない」と言っています。「どうぞ、どうぞ、お幸せに」って（笑）。本当に「現代」の特徴は、魂の懊悩を捨てさせ、その苦悩を忘れさせることによって、幸福になれるという錯覚を人々に与えることによって成り立っているのです。

だから、私がこうして書いたり、一生懸命話をして本を残しているのは、すべて未来の人たちへ向けてやっていることなのです。

――未来の人に向けて本を出していると。

執行　そう、これだけは言っておきたいことです。現世だけのことを考えていたら、私も昔の武士と同じように何も語らず生きていきます。私が本を出したのは二〇〇〇年代に入ってからですが、それ以前から私とこういう魂の話をしたり、読書量を知っている人たちからは「執行さんは会社を経営しているだけではもったいない、その考えをもっと世の中に広めたほうがいい」と言われてきました。でも、私は自分の魂のために読書をして、武士道に生きているだけですから、世の中に知らしめたいなんて全く思っていませんでした。それは今でもそうなのです。

それでも本を出すことにしたのは、このままいけば人類は滅びると確信したからです。未来に対して「人類とは何であったのか」ということ、この記憶だけは残さないといけない。未来には人類はどうなっているか分かりませんが、もしかしたら私の本の活字を読んで再び立ち上がる存在があるかもしれないという、それだけの思いで本を出しているのです。

人間か、家畜か

——……現世の人類が滅びるというのは、どういう状態になるのでしょうか。消滅するということですか？

執行　いきなりホモ・サピエンスが消えてなくなるということではなく、肉体だけが大事な動物としての「人間」が残るということです。動物といっても野生動物のようには生きられませんから、一番近い言葉で表わすと「家畜」となって生きるということです。

私はペットとか家畜を見ていると分かるんですよ。おそらく彼らは自分を「家畜」とは思ってはいません。むしろ餌を運んでくる人間を自分の奴隷だと思っていると思う。だから、魂とか人類の使命なんて考えもしない人にとっては、ある意味楽な生き方です。でもそれは人類ではないと私は言っているのです。それは野生動物ですらない。種の本能を抜かれた家畜なのです。

——もう一度、神を志向する存在になれば、人類として生き残ることはできますか。

執行　ここまで水平化が進んだ現代では「神」のことを言っても駄目だと思います。おそらく本当には理解できない。でも、騎士道、武士道までは、まだ理解できる力があるはずです。そこには民族の歴史や美学が含まれていますから。武士道や騎士道の魂に共感する人が、数少ないけれど人類として残る存在になると思います。それは一生に亘って、魂の鍛練に生きることになるからに他なりません。

武士道を理解することは宇宙の掟を理解することです。なぜ我々が人類なのか。ほかの物質でもなければ、ほかの動物でもない理由——それは繰り返しになりますが「命よりも大切なもののために生きる」ことです。そういう人生を送れたら人間です。自分が一番で肉体の寿命が来るまで楽しく生きたいなら家畜となる。それだけのことです。

これからさらに加速度を増して人類は滅亡へ向かっていくでしょう。その中で真の「人間」として未来を生きる人たちのために、この『超葉隠論』を世に送り出したいと思ったのです。

第一章
永久孤独論

質疑応答篇・インタビュー——

言葉の概念を変え、魂を捨てさせた

――第一部の第一章「永久孤独論」では冒頭に「美学」という言葉が出てきます。今この「美学」の英訳である「エステティック」は美容術のこととして世の中に広まってしまいました。

執行　私は昔から言うんですよ。人をだますときは、新しい言葉をつくって概念を変えてくると。政治家なんか最たるものじゃないですか。「必ず約束は守ります」と言えば済むことを、「マニフェスト」だとか「アジェンダ」なんて言い出して、あんなの最初から公約を破る気満々なんです。外来語や表現を変えた言葉は、言葉に含まれている概念を変えさせるために多用されているのです。

借金のことをローンと言ったり、売春のことを援助交際と言ったり……。言葉の乱れは心の乱れと言いますが、言葉の概念を変えて、どんどん自分本位で楽《らく》な生き方をすることを許していっています。

元々は宇宙の掟、宇宙の秩序のことを人間は「美」と捉え、それを地上で実際の行動に移していくことを「美学」と言ったのです。エステティックという日本人の外来語の使い方が間違っているのです。

——「美」という漢字も、成り立ちは神へ捧げる羊の象形文字と言われていますね。

執行　「美」は分解すると「羊」が「大きい」となる。それは最も大きく、立派な羊を神へと捧げていきたいということです。人類が出発した頃は人間を生贄《いけにえ》として捧げていたけれども、時代を経てそれが動物に変わり、この「美」という文字が生まれたのでしょう。

だから神への生贄には、その村なり集落で最も美しい人、素晴らしい人を捧げていたのです。今の感覚でいえば、何かのコンテストで優勝するとか、学問の世界でいえば権威のある賞を取るとか、非常に名誉なことで皆が「我こそは神のために死にたい！」と思っていました。神を中心として、「何ものか」の犠牲として自らの命を捧げることが人類の最も崇高な魂として認識されていたのです。

——何か「生贄」というと残酷なイメージで捉えられそうですが、それは違うのですね。

執行　それはもう現代の感覚でしかない。何度も言うように、命よりも大切なもののために生き、そのために死ぬことが人類の使命であり、美学でした。その代表的な文化が武士道や騎士道です。いざとなったら自分が死ぬ、または大切なものを守るために相手を叩き殺すという精神と行動が合わさっています。

思索篇第一章では『葉隠無残』の鍋島助右衛門にも触れましたが、助右衛門やその一門の人間が、自分の肉体が第一だったらあのような最期は遂げられない。人間は動物ですから当然自分の肉体、自分の命が大事です。しかし命よりも大切なもの、武士としての美学のために切腹したのです。助右衛門の話は実話として残されていますが、かつては美学を貫いて名も残さず死んでいった人たちはたくさんいたのです。そして、その人々が人類の魂の歴史を築き上げてきたのです。

現代でも我々の魂は、それらの人々の美学と勇気の記憶によって支えられているのです。それを侵食して繁栄しようとしているのが、現代の物質・消費文明です。特に英米のグローバリズムと言えましょう。それと戦う人類の武器は、我々の祖先が残した美学の中枢である武士道と騎士道を措いて他にありません。

――「肉体第一」という「肉体」は「本能」と置き換えてもいいものですか？

執行　だいたいいいと思います。肉体的な本能ですね。ただ、今はその「本能」すら失われつつあります。「本能」のことを今では「人間的」などと言って正当化しています。昔は人間のもつ「弱さ」を表わしていました。

私の若い頃にはまだ「俺は本能に生きる」なんていう奴がいましたよ。要するに「食欲や性欲で生きているが俺はそれでいい」と。本能で生きるなんて最低な人間で軽蔑されると分かっていながら、開き直って言っていたわけです。人間として程度が低いということだけは分かっていたのです。これは悪人だが、人間なのです。

でも、今は「本能で生きて何が悪いの？　人間も動物なんだから当たり前でしょう」という感覚になってしまった。こうなると、もう人間ですらなくなっていきます。

私が子どもの頃は食べ物の話をするなんて卑しいことだと言われ、食べ物のほうを見ただけで「物欲しそうにするな」とたしなめられました。それが今やテレビも雑誌も食べ物のことばかり。あとは他人の欠点を笑いものにする低俗な「お笑い」しかありません。それで現代人は「おいしいものを求めて何が悪いんですか？」「おもしろいからいいじゃない」と言って恥じることがない。もう、今はすべてがそうです。働かないで遊んでいても、「私はそういう人間です。何が悪いんですか？」、さらには「怠け者には生きる権利はないんですか？」と言われて終わりです。ここまで来たら「美学」どころの話じゃない、もう絶対に人類ではないということです。しかし、そのような人間が特に国にたかり、人権を振りかざしています。世界が武士道と騎士道の精神を失ってから、ここまで落ちるのには歴史的に見れば一瞬でしたね。

友達はいらない

――思想篇第一章中「葉隠との親和性は、孤独を厭うことのない生き方から生まれる」とありますが、執行先生はいつ頃から孤独への覚悟のようなものが芽生えていたのでしょうか。

執行　私は小学生の頃から友達が欲しいなんて全く思ったことがありません。自分の思想と合えば友達になるけれど、合わなければいらない。それで寂しいなんて思ったこともないし、みんなに好かれようと思ったこともありません。これは級友に限ったことではなく、目上の人にも目下の人にも、誰に対しても思ったことはないです。私は子どものときから、書物を通じて過去の偉大な魂とだけ付き合って来たと思っています。魂の高貴と偉大のほかには私は魅力を感ずるものが元々ないのです。生活や現代社会などには全く興味がありません。

――幼少期、特に学校では友達と仲良くすることが大事、友達はたくさんいたほうがいいという価値観を教わりますが……。

執行　それはもう、みんなに言われましたよ。先生にも「友達と仲良くしろ」と言われてきましたが「する気はない」と、はっきり言っていました。とにかく魂の崇高のない人間とは話したくもなかったのです。そして、そのような人はほとんどいませんでした。それで言うことを聞かないからと先生に殴られて終わりです。まあ、昔はみんな先生に殴られたものです。私なんて高校を卒業するまで毎日のように先生に殴られていました。

――さすが、お子さんの頃からとても意志が強かったのですね(笑)。

執行　精神の独立が早かったんだと思います。自分が「違う」と思ったことは絶対にやらない。これは自慢話の一つなのですが、私は子どもの頃から「選挙制度が国を潰す」と信じていたので、ただの一度も選挙というものをしたことがありません。クラスの学級委員を選ぶ選挙にも札を入れたことはないです。

昔は然るべき人が指導者層だったのです。例えば、精神の鍛練をして、「命よりも大切なもののために生きる」ということを理解していた武士が指導者だった。そういう指導者がいたから、自分の損得と幸せだけに生きる大衆がいても人類は続いてきました。

しかし、今は大衆が指導者層を選ぶ時代です。そうなると単なる人気投票と変わりません。大衆に迎合する小器用な人間が選挙に当選し、その中から国務大臣や総理大臣が選ばれるわけですから、絶対に世の中がよくなるはずがない。選挙制度がある限り、大衆人気を気にする「芸能人型」の人間しか政治家になることは出来ません。今の政治家に「節義」や「徳操」を求めるなど、根本が間違っているのです。

――それを小学生の頃から見抜いておられたことに驚きます。

執行　選挙制度そのものが人類の諸悪の根源だと先生に言って、拒絶していました。だから、先生には殴られどおしです。それで、七十歳のこの歳になるまで一度も選挙で札を入れたことはありません。「国民の義務を果たせ」とか「選挙制度に反対なら、選挙で政治家を選んで制度を変えろ」とかいろいろ「屁理屈」を言ってくる人はたくさんいましたが、死んでもしないと決めていましたから、したことはありません。みんなが選挙をしなければ、選挙制度はなくなります。この選挙制度がなくならなければ人類が立ち直れるわけがない。「指導される側の人間」が「指導する立場の人間」を選べるわけがないのです。人類のもつ根源的能力は、上が下を判断することだけしか出来ないのです。だから選挙は人類の本性に逆行しているということです。

信念は孤独から生まれる

――質疑応答篇の序のインタビューの中に、武士道に生きると決めたためにお父様から勘当されたというお話もありました。友人だけでなく、ご家族に対してもご自身の意志を貫かれたということですね。

執行　自分の信念を生きるには、人を愛そうが家族がいようが子どもが出来ようが、関係ありません。親は親、女房は女房、子どもは子ども、信念は信念です。家族がどうしても「あなたの信

念を理解できない、嫌だ」というなら別れるしかありません。キリストもそう言っています。キ
リストの愛とは、人間としての魂を生かすことに尽きるのです。その魂が神を志向するための教
えがキリスト教でした。またその考え方は、武士道の忠義においても全く同じものと言って差し
支えありません。現代のヒューマニズムの時代はキリストの言葉すら全く誤解されています。キ
リストはっきりと次のように言っています。そしてこれは、葉隠の思想とも全く同じなのです。キ
地上に平和をもたらすために、私が来たと思うな。
平和ではなく、剣を投げ込むために来たのである。
私が来たのは、人をその父と、娘をその母と、
嫁をそのしゅうとめと仲たがいさせるためである。
そして、家の者が、その人の敵となるであろう。
私よりも父または母を愛する者は、私にふさわしくない。
私よりも息子や娘を愛する者も、私にふさわしくない

——信仰や信念に生きるには厳しい覚悟が必要なのですね。

執行　このように、人間にとっての当たり前の考え方を厳しいと思わされているのが現代人なの

です。人間としての価値ある人生を歩みたいなら、このような考え方は魂的には当たり前なのです。厳しくも何ともないのです。こんなのは信仰以前の問題で、当たり前のことです。人間の偉大な文化を厳しいと思う考え方が現代の間違いのすべてを創っています。

私は死ぬまで父に勘当されていましたが、親孝行は尽くしたと思っていますよ。それは私が人間的な人生を突き進んでいるからです。必ず父はあの世で喜んでいると信じています。そもそもうちは父も孤独、私も孤独、母も孤独、全員孤独な人間が合わさって家庭を営んでいました。かといって、今の世間の家庭より家族としての絆はずっと深いと自信を持って言えます。

今の人たちが「家族が大事だ」というのは、本当に家族を大事にしているんじゃないんです。自分が大事なんです。自分が大事で幸せになりたいから、そのために家族が必要だということに過ぎない。だから自分の魂を貫かないで、すぐに妥協して、表面上は平和を保っているのです。

結婚するにしても「年を取って一人だと要介護になったときが心配だから一緒になりましょう」と言う人がいると聞いて驚いたことがあります。しかも、言われたほうも「うん、そうだね」と。こんなこと、私の若い頃に結婚を考えている相手に言ったら「介護のために結婚するのか！」となって、間違いなく破談です。お互いに、本人の幸福と損得だけしかありません。そんなものは結婚ではない。

こういうのは愛でも慈しみでもなくて、単なる依存心、頼り心で、愛とは一番遠い心です。要するに精神が未成熟で自立していないから、幼稚なのです。だから人と群れたがる。小さい頃はみんな群れたがるでしょう。そこから出発して、自分の魂や精神が発達していくと一人のほうがよくなるのです。それが独立した大人であり、昔はその大人が結婚して家庭を築いたわけですが、今は肉体だけが大人になった幼児が結婚し、家族を形成して群れているだけです。

今の人は「家族を愛しています」なんて軽々しく言いますが、本当に愛していたらそうそう簡単に口には出来ない。私の経験や私の尊敬する人々の結婚生活を見ていてそう思います。

私は母親のことが死ぬほど好きだったんです。私は若い頃から武士道のためにいつ死んでも構わないと思って体当たりで生きてきましたが、ただ「母親より先に死んだら母親が悲しむだろう」という思いだけが心のどこかにいつでもひっかかっていたのです。それでも死ぬときがきたら躊躇なく死んだと思いますが、無事に母を先に送ることが出来た。そのとき思いました。「ああ、これで俺は本当にいつ死んでも構わない」と。

そのくらい母のことを思っていましたが、母も私を死ぬほど愛してくれていました。私も戦後生まれの現代っ子だから、死ぬまでに一度は母親に大好きだよとか、愛しているとか言わなければいかんなと思っていました。でも、駄目でしたね。死んで別れるその日まで、母も私も互いに一度も伝えられずに終わりました。それでも私の母に対する愛情は母に届いていたと思いますし、母が私を思う親心は十分伝わっていました。私は本当の愛とは、そういうものだと思っています。

もちろん、このような愛の在り方は、若い頃に死んだ妻との間でも同じでした。妻を喪《うしな》って三十八年が経ちますが、妻への愛は寸分も減ることすらありません。私が死ぬまで、私の妻は亡きその人ただ一人であり、それは永遠に変わることはない。もちろん再婚などは死ぬまで全くするつもりもありません。それが愛なのです。

道徳に堕する

――真実の愛というのは言葉や形ではないということですね。自分のことで恐縮ですが、年を取った親と離れて暮らしていて、なかなか帰省も出来ていないので親孝行が出来ていないのではないかと思っていましたが、執行先生のお言葉を聞いて安堵しました。

執行　一緒に過ごしたから親孝行だとか、休みのたびに帰省したから親孝行だとか、そういうのは一切関係ないです。それは親孝行をしている自分というものを認識したいだけ。言ってみれば、本人が納得したいだけの道徳的な発想です。

――道徳的な発想……というのは、よくないということでしょうか。

執行　道徳というのは、最も簡単な「よい子の学問」です。道徳だとか礼儀とかいうものは、厳しく言えば、これさえ守っていれば社会がうまくいく、人に好かれるという安易な損得思考なのです。

例えば『論語』*は今の時代に道徳の代表みたいになっていますから分かりやすいでしょう。

古代中国の堯舜*の時代は、やはり民の精神が神に向かって垂直に立っていて、「礼の思想」のようなものはいちいち口に出さなくとも実践できていました。しかし、時代を経て孔子*が出てくる頃にはずいぶん人民の精神が「水平化」してきて、世の中が乱れてきていたのです。孔子自身が言っています。中国で「霊宝」といわれた夏《か》、殷《いん》、周《しゅう》の時代が人間の理想で、自身が生きた春秋戦国時代は、もう人類滅亡の危機だということで、古の「礼」の復活を願って活動していたのです。その古に対する憧れの言葉として『論語』では「周は二代に鑑みて、郁郁乎《いくいくこ》として文なる哉」（八佾篇十四）ということが挙げられていますね。だからこそ、志がある人だけでも、夏と殷、そして周の時代の心を学んで受け継いでいかなくてはいけないと孔子も思っていたのでしょう。教えを請いに来た人たちに、こうだ、ああだと教え、孔子の死後にその弟子たちが「先生はああ言っていた、こう言っていた」といって編纂したものが『論語』です。

だから偉大な古代中国の「精神の最低限」のところを文字に落とし込んだものが『論語』です。あれが人間の理想ではないのです。

誤解しないでもらいたいのは、私は『論語』や孔子を否定しているんじゃないですよ。ただ、そういうものだと知っておくことが大事だと言っているのです。孔子自身は、礼の先生という立場でしたから、特に古代の聖人や祖先に対する祈りの捧げ方など、あの時代でも正しいやり方がもう何か分からなくなってしまい、皆が困っていました。それに対して「こうやっておけば大丈夫だよ」と最低限のマナーのポイントを教えたということです。それで多くの人が助かったと思いますよ。

――そのように言われると、孔子がテストに出るポイントを効率よく教えてくれる塾の先生のように思えてきました。

執行　道徳とは、つまりはそういうものなのです。言ってみれば精神の物質化です。悪く言えば、「固定」です。魂の本源の躍動を頭で理解しようとするときに生まれるものが「道徳」なのです。これは何も『論語』に限った話ではなく、キリスト教のような宗教でもそうです。内村鑑三の本にも書いてあります。「キリスト教が道徳に堕したら終わりだ」と内村は言っていました。道徳とは偉大な魂、偉大な精神がレベルを下げて、最後に行き着くところです。「まあ、この位でいいだろう」ということなのでしょう。

いま、この道徳を論じる人間が多いけれども、そもそも道徳とは口に出して人を諭すものではありません。自らが行なうものです。それを昔は「修身」といいました。

まあ、昔も道徳にうるさい人は沢山いたんです。私が子どもの頃にも近所にいましたよ。でも、だいたいそういうのは本人の中に何か後ろめたいものがある人間とか水商売の関係者でした。若い人へのしつけに厳しくて、他人には道徳的なことをやらせようとする。それでいて、本人はそのように生きてはいない場合が多かった。道徳を声高に口に出すということの本質がそういうものなのでしょう。口に出したら、道徳というものは固定した教条主義で終わるのです。

——ただ、今はその道徳すら失われつつある時代です。

執行　確かに、宗教が道徳に堕したら終わるといいましたが、その道徳によってどうにか人類としての最後の一線は守られてきたのかもしれません。もう道徳すらない時代になって、いよいよ崩壊に向かっていくということです。今はもう不道徳になることは出来ません。不道徳は道徳あっての話だからです。本当に今は無道徳ということです。つまり人間ではなくなったということなのです。精神論の最低レベルとされた道徳すら無くなったのですから。この問題については現代社会の分析における最大の名著と言われるオルテガ*の『大衆の反逆』に詳しいので是非一読を薦めます。

——先ほどの親孝行の話に戻ると、親孝行が出来ているかいないかと考えるのは、本人が納得したいだけの道徳的な考えというのは、どういうことなのでしょうか。

執行　盆暮れ正月に帰省するとか、親の誕生日にプレゼントを送るとか、そういうことをしていれば「親孝行をしている」という証明書にはなるでしょう。でも、本当の親孝行というのは親のご機嫌をうかがったり、ゴマをすることじゃない。本当は親からもらったこの生命を完全燃焼させること以外にはないのです。そうやって「親孝行できているかどうか」なんて考えること自体、自立していない証拠です。そして何よりも、自分の正義を立てようとしていることに過ぎません。つまり本当の愛ではない。たとえ子どもが自分のやりたいことのために家出をしていって、生涯会えなかったとしても、その子が素晴らしい生命燃焼の人生を歩んでいたら真の親であれば必ず喜ぶはずです。もしそうじゃないなら、親自身も幼稚で自立していないということなのです。

禅の『臨済録』*の中に、禅の最高境地を目指すならば、

「仏に逢うては仏を殺し、祖に逢うては祖を殺し、父母に逢うては父母を殺す……」

という言葉があります。本当に殺せと言っているのではなく、絶対に妥協してはならぬということなのです。禅の道に入ったらそのくらいの覚悟で生きろということです。その親であれば、たとえ殺されても子どもが禅の道で完全燃焼して生きているならば、それは親孝行なのです。

そういう完全燃焼の人生を生きる始まりが、孤独ということの理解なのです。

孤独と孤立は違う

——今まで「孤独」ということをどこかマイナスのイメージとして捉えていたところがあったように思いますが、「永久孤独論」を読み、執行先生のお話をお聞きして人間にとって非常に大切なことだと気付かされました。

執行　孤独というのは、崇高に向かう人間になるための魂を摑むために一番大切な生き方です。孤独な人間にしか宇宙の根源との対話は出来ません。私の言葉で言えば「ただ独りで生き、ただ独りで死ぬ」覚悟です。本来人間は誰もがそう生きるよりほかないのです。そのことを命の深いところで分かると孤独に生きられるのです。我々人間は、孤独だから人を愛し、人を信じ、義のために立つことが出来るのです。国家や家族のために本当に生きることが出来る人は、昔から最も孤独を抱き締め、自立した自己を築き上げた人々でした。自立こそが、人のために生きられる。自立がなければ、それは国に頼り、他人に頼っているだけの人生しかないのです。

おそらく「孤独」があまりよくないイメージだというのは、現代では「孤独」が「孤立」と混同されているからだと思います。

——その違いはどう定義されますか。

執行　孤独というのは、分かりやすく言えば「自立」「独立自尊」ということで、「孤立」は幼稚だからみんなと群れたいけれども、嫌われて相手にしてもらえない状態、要は社会から疎外されることです。

「孤独」は自己の問題で、周囲にどんなに多くの友人や家族がいても孤独は孤独です。私が子どもの頃はまだ大家族がちらほら残っていましたが、私から見ても、大家族の人はその多くが孤独でした。ある意味、皆が自立していて、孤独だから大家族が組めたのでしょう。元々、組織や家族というのは、孤独で自立した人間が集まることによって初めて、その働きが生まれるのです。群れている人間同士は、お互いの生命の潰し合いをしているに過ぎません。

——今の時代に「孤独」の意味が間違って使われているのは、おそらく「孤独死」だとか、マスコミが作り出した言葉のイメージが大きいように思います。

執行　マスコミの洗脳の影響力は大きいですね。彼らは話題になって「数字」が取れればそれだけでいいんです。つまり視聴率というごまかしの言葉を使っていますが、要は人気があれば「何でもいい」。それがどんな影響を与えるかなんて、一切考えていません。私の知り合いで、テレビ局に入った人が言っていましたよ。「視聴率重視だと知ってはいたが、それでも多少は作り手の意志だとか考えが加わっていると思っていた。でも実際テレビ局は本当に視聴率だけだった。同じ番組の中でも視聴率の係員がいて、その上下の動きだけで〈話す人〉の時間までが伸びたり短くなったりしているんですから」と。そのくらい数字だけを求め、何も考えずに放映しているのです。

——一方、今、マスコミと同じくらい影響力を持っているのが「ＳＮＳ」です。「友達」の数や「いいね！」の数、「フォロワー」の数というのを今の人たちはとても気にして生きています。

執行　ああいうものは、さっき話していた「群れる」という現象の代表でしょう。そういうものを皆が必要としていること自体、世の中全体が幼稚になっているということです。幼稚の定義とは、元々群れることと、他者の評価だけで右往左往する考え方を言っているのです。それでいて、深い愛情や友情への発展を拒否する生き方です。表面だけの楽な関係の世界しか望まない。

——フォロワーの数を増やそうと、ＳＮＳ上でどんどん過激なこと、下品なことをやる人たちがいる一方で、企業活動においてもＰＲに欠かせない存在になっていると言われます。

ＳＮＳに限った話ではなく、どこかおかしいなと思いつつも、生きる上で完全に排除できないようなものと、どのように付き合っていったらいいと思われますか。

執行　お金になるから何でもやるなんていうのは、昔は「守銭奴」といわれて蔑まれたものですけどね……。まあ、「これはくだらんものだ」と分かっていればいいんじゃないですか。分かっている限り、最低ラインまで落ちることはないでしょう。つまり、自分の心の中でどこかに弁《わきま》えというものが残るはずです。人間は少々悪いことをしても、弁えがあれば、まあ良いということではないでしょうか。

私自身はそういうもの（ＳＮＳ）は一切やらないけれども、依頼されて受けたインタビュー動画がインターネットにアップされたりすると、社員に「今日は『いいね！』はどのくらいついたか？」と聞いたりします。別に「いいね！」が欲しいのではなく、あの程度話すと世の中の人はどういう反応なのかなと確かめているだけです。社会学的な「見地」を持って見ると、あれは世間の動向を見るのには非常に有用です。要は本人の心がまえというか、使い方次第ではないかと思います。

――では、くだらないから完全にシャットアウトするというわけではないのですね。

執行　私はシャットアウトなんてしません。くだらないものだと分かった上で、利用すればいいんです。逆に利用されたり、依存したり、そんな数に振り回されたりしたら駄目だということです。「くだらないもの」ほど、ランダムな意味の「科学性」があるのです。つまり無作為には無作為の価値もあるということです。

大事なのは、正しいものは何か、生きるためにやるべきことは何かを、自分の中でちゃんと分かっていることです。私も企業経営をしていますから、数字というものは重要だとは思います。しかし、それは二の次で、企業として社会に価値ある存在かどうか、このことは常に問い続けています。それで会社が大きくなるかどうかは、大きくなったほうが「まあいいのではないか」というだけの話ですよ。本質は、個人も企業も、魂から生まれる人間の「理想」を追求する生き方だけに真の価値があるのです。

――執行先生の会社では、来期は何％の成長を目指すとか、そういう目標や計画はないのですか？

執行　ないですよ。私は創業以来三十六年間、一度も事業計画のようなものは立てたことはありません。創業の志があるだけです。その貫徹のためだけに我が社はあるのです。そして日常は、仕事にもお客様にも正しいと思うことに体当たりする。それだけです。うちの会社はそれで運よく売れてきましたが、売れなかったら売れなかったで仕方ない。三十六年前の創業の志を曲げてまで、会社を大きくするなんて考えたこともありません。

孤独こそが出発点

――思索篇の「永久孤独論」終盤に、「点」についてのお話が出てきます。「点に収斂されると自由になる」という概念を少し解説いただければと思います。

執行　自分というのが全く独りで生きている個人であり、この大宇宙の中でただ独りしかいない個人だと分かる。つまり自己存在を、いつでも宇宙や生命、そして文明というものに対峙させて考えるということなのです。その状態のことを点と言っています。個は小さい小さい点なんです。でも、自己認識が大きくなっていったり、あるいは人との繋がりをつくって、線になったり面になったりしていく。そのすべての始まりが点だということです。つまりは本当に大宇宙の独りの個であるという認識論であり、自覚、覚悟のことです。そして点だからこそ、却って自由に広がり縦横無尽に活動が出来るのです。

自分が宇宙の中の一つの生命体、そして一つの個だということが真に分かると、人を本当に愛し結婚して真実の家庭を持つことも出来る。必要な人間との真の繋がりをつくっていくことが出来る。そうやって自由に社会との繋がりが広がっていきます。その根本が点である自己の認識です。自己が大宇宙の小さな点であるという認識がなかったら生命の真の活動は出来ません。

——今はその自覚を持っている人が少ないとお感じですか。

執行　少ないというか、ほとんどいなくなった。だからこんな社会になったわけですよ。享楽的で消費的で物質的です。魂はないがしろにされ、人間の真の歴史は踏みにじられている。数字と金銭だけが一人歩きをし、表面の評価だけのためにある意味で一生懸命に生きている。それは真の人類ではありません。人間とは、自己の生命の完全燃焼のために生きているのです。つまり真の自由を満喫するためです。私はその最も高度な人間文化を武士道と騎士道の中にこそ見出すということを話しているのです。

——現代人は、みんな不自由ということですか？

執行　そうです。現代人は人間として不自由な人生を「幸福」だと洗脳されている。だから「家畜化」していると私は言っているのです。頼っているわけですよ、他者に。自分が独立自尊でなければ、いつでも誰かに頼っていなければならない。国に頼り、会社に頼り、家庭にも頼っている。頼るために、表面上の平和だけは保とうとして努力しているのです。それを幸福だと思い込まされている。例えば今の家庭、特に男は女房に逃げられたら大変です。今は女が強いから「こんなんだったら私はもう離婚するから」と言われ、離婚されたくないから男は従っている。それは女房に頼っているということです。頼っているのが愛情ですか？　頼っている限り、自由はないですよ。逆もまた真なりであり、親子もそのような関係です。私は独立自尊で、自分の人生を精いっぱい生きている自覚があります。だから、もしも私がそんなことを家族に言われたら、即刻離別しますよ。もちろん、言われたこともないですが。

会社も同じですね。もし、私が社員に頼っていたら、社員が辞めたいと言ってきたとき、困るわけです。それは夫婦でも親子でも友達でも、すべて一緒です。今は選挙制度により、政治家は国民に頼り、国民は政治家に頼っています。だから真の「国家」は生まれるはずもないのです。

――「孤独」に生きる覚悟を持つために大切なことはなんでしょうか。

執行　先ほども言いましたが、「ただ独りで生き、ただ独りで死ぬ」という人間の本質をちゃんと理解することに尽きます。そしてその上で現代的な「幸福志向」「成功志向」を捨てることです。その哲学の最高峰を私は葉隠だと思っている。葉隠は真の自由を得るための文化の精華なのです。

私たちが小さい頃、大人から言われていたことは「死ぬまでおまんまを食べていくことはとても大変なことなんだぞ」ということでした。そして「人生は思い通りにはならない」ということでした。でも、今そんな感覚の人は少ないでしょう。日本社会が何から何まで保障して、みんな死ぬまで何不自由なく暮らしていくのは当たり前だと思っています。だから何か少し失敗したり躓いたりすると「ああ、なんで自分の人生はうまくいかないんだ、不幸なんだ」と嘆いてしまう。それは現代的な幸福思想を植え込まれているからに過ぎないのです。
　私は自分の人生は駄目になってもいい、不幸になっても構わないと思って生きてきました。もちろん今でもそう思っています。よく「執行さんはこれまでの人生で、辛いこと・苦しいことはなかったのですか」と聞かれますが、多分、あったんだろうと思います。でも、それが当然だと思っているから、嘆いたり気持ちが塞ぎ込んだりすることは全くないですよね。だから、改めて振り返って辛かったことは何かと聞かれても、思い出せません。それは前提が違うからなのです。

——人生、駄目になっても構わないという思いが、体当たりの人生に繋がっていくのですね。

執行　自分の人生が駄目になってもいいから、命より大切なもののために生きる。そういう人類としての人生を歩むための最初の出発点が、孤独の覚悟なのです。孤独が、人間のあらゆる「文化」を創造してきたのです。それは歴史を研究すれば誰にでも分かることです。そして、その歴史の中で、孤独が生み出した最も崇高な人類文化が何度も言うように騎士道と武士道だと私は思っている。その武士道の中の、また最も深淵な真理を今に伝えるものこそが葉隠だと言っているのです。

第二章 永久燃焼論

質疑応答篇・インタビュー——

死ぬために生きる

――第一部思索篇の第二章「永久燃焼論」からは、いよいよ具体的に「葉隠十戒」について論じられています。第一戒「武士道といふは、死ぬ事と見附けたり」は、『葉隠』の中でも最も有名な名言として知られています。

執行　根本の中の根本、これがなかったら何もないというほどの根本です。死を覚悟した生き方の中だけに、人間としての真の生き方が宿るということです。「死に狂い」ですね。

おっしゃる通り、『葉隠』の中で最も知られている言葉ですが、一般には非常に軽い意味で捉えられている傾向があると思います。

「武士道といふは、死ぬ事と見附けたり」とは、もちろん『葉隠』の言葉ですが、騎士道もそうだし、仏教もキリスト教も本来は全部この言葉、この精神によって支えられています。つまりこの思想こそが人類に文明と文化をもたらした魂の躍動なのです。このことが分からなければ何も分からない。私はこの言葉を五十年以上に亘って、毎日考え続け、そのおかげで仏教の精髄やキリスト教の終末論、そしてギリシャ哲学や古代インド哲学の根本を学び取ることが出来たと考えています。死を考えることが、人類の魂の本質を理解するための鍵だと言っても過言ではないと思います。私は武士道に惚れることによって、実に幸運な人生を築くことが出来たと思っている。

その根本哲学がこの言葉です。

人類にとって、死はあらゆる価値観の出発となる思想なのです。例えば、江戸時代まで禅の世界では、修行で死ぬのは当たり前、死ぬために修行をしていたようなものです。出家しているから、記録も報告も残っていないだけで、多くの修行僧が死んでいます。本来、出家とはそういうことですから。仏教だけでなく、キリスト教でも修道院でみんな死んでいました。偉くなって名前が残った人は、たまたま生き残ってしまっただけです。そして却って運が悪かったと思っている人が多いのです。これは本当の話で、修道院などでは美しい魂の持ち主は若くして神に召されると思われていた。武士道でも、永く生きた人は却って恥じていました。勇敢な者は早く死ぬと考えられた。魂を重んずれば、死は崇高な人間の美学と成ることが出来るのです。

天台宗の千日回峰行なんて、江戸時代までの記録では、やった人は八十～九十％が命を落としています。だからこそ、その修行を超えて生き残った人は阿闍梨といわれ尊敬されたのです。

——生きて満行するためにやっていたわけではないのですね。

執行　そんなこと、全く考えていません。人間の極限、つまり「行」の頂点を目指すその「生き方」のために死を覚悟して行なったのです。仏のために死のうと思って、みな厳しい修行に入っていったということです。

それが今は、医者がついて危なくなったらドクターストップがかかる。それでも無理して修行を続けて死んでしまったら、宗門の管長は殺人罪に問われるのですから。これではもう……宗教の価値はありません。安全な宗教などは、「利権」以外の何ものでもないでしょう。もっとも今ではほとんどがそうなってしまいましたが。

だから、いま厳しい修行が必要だったり、経典を必死に勉強しなければいけない宗教は、全部衰退していっています。「あなたは、あなたのままでいい」「ありのままのあなたがすばらしい」とか「自分のすばらしさに気付きなさい」なんて言って、たくさんお布施を要求する宗教団体だけが潤っているだけです。だから、今はもう宗教も全部ただの癒しのカルチャーセンターですね。

——確かに、ドクターストップなんていうと何かスポーツのようですね……。

執行　マラソンとかトライアスロンとか、ああいうのも命の危険があるとドクターストップがかかるわけだから、宗教もそれらとなんら変わらなくなっています。

スポーツの話が出たので付け加えますが、いま学校に行って運動部になんか入ると「文武両道」と言われるでしょう。それは全くの間違いです。「文武両道」の「文」は精神論のこと。寺子屋とか今の学校で教えているような読み書き算盤ではなく、『四書五経』のような精神論のことを「文」と言いました。

「武」は何かといったら武道のことです。武道とは言ってみれば命のやりとり、つまり武士道を意味します。昔は剣術だって柔術だって、何のために稽古をするかと言えば、いざというときに敵をたたきのめし、そして殺すためだから、教えるのは人の生命線を断つことです。それで稽古中にやり過ぎて一生涯寝たきりになる人とか、明治くらいまではいくらでもいました。それもすべて自己責任で、師匠や相手のせいにして訴えるとか、そういうことはないわけですよ。そういった命のギリギリのやりとりをしていたから「道」がついて、「剣道」とか「柔道」と言われるようになったのです。

真の「道」は、命のやりとりのことです。「道」の付くものはすべて、命懸けでそれと対面することを求められていたのです。武士道などは特にそうです。本当に死を覚悟して臨まなければならない。だからこそ、価値があったのです。死の危険がないなら、「道」と名の付くすべてのもの、そして特に武士道は人間にとって何の価値もありません。それはスポーツであり遊びに過ぎないものと成り果てるでしょう。

「遊び」が賞賛される時代

――それを考えると、今は武道も本質が変わってしまっているということですね。

執行　危険だから命のやりとりを全部やめてしまって、今は剣道も柔道もスポーツです。スポーツは元々英国貴族の気晴らしから始まったものですから、言ってしまえばすべて「遊び」です。良くも悪くも、スポーツとはそういうものなのです。またそこに価値があると言ってもいいでしょう。体を動かして、気晴らしにはとてもいいゲームなんですよ。ただ、遊びはどこまでいっても遊びだから、深い魂の価値を創ることは出来ないのです。

今も言ったように、なにもスポーツがいけないと言っているわけではなく、そういうものだと分かって取り組んでいればいいのです。学校に行ってスポーツをやっているから「文武両道」だとか、スポーツで人間の魂が磨かれることはないということです。

だから、今は自分の命を懸けて行なうものはすべて「悪」、遊びが「善」で褒められる社会です。遊びは消費に直結しますから、消費文明とはイコール遊びの文明です。しかし、このような軽薄な時代は人類史上一度もないですよ。遊びが賞賛される時代などというのはね。

――ローマ帝国時代に「パンとサーカス」と言われた時代もありましたが……。

執行　確かにそう言われた時代もありますが、文献を調べれば、今とは程遠いことが分かります。年に何回か、国家が市民を楽しませるために大イベントを開いてくれるとか、一日に食パン一個などを配給してくれるとか、そういうレベルです。それもローマ市民権を持っている人だけです。

多分、人口の一〜二割程度ではないでしょうか。今みたいに、人生全部、すべてが保障されているなどという社会は人類の文明史上、一度もないです。そういう意味でも、もう滅びるところにいるわけです。

何しろその程度のことでも、あの大ローマ帝国が滅んだのですからね。ローマが偉大だった頃は、ローマ市民は自分たちを神々の子孫だと信じていた。その魂が死を恐れぬローマ軍団を創っていたのです。それが崩れ、最後はローマ市民は「遊び」だけを求める人々に堕したわけです。

――話はわき道に逸れるようですが、スポーツは遊びというと、オリンピックは遊びの祭典ということになりますでしょうか。

執行　オリンピックなどというものは、元々十九世紀末から二十世紀初頭に帝国主義の発揚で始まったものだから、もうとうの昔に役割を終えています。国家のために命を捧げるとか、国民全員を戦争に参加させるために国旗なんかを掲揚して、民族主体の全体主義の精神を鼓舞したわけです。二十世紀の末近くまでは意味あるものでしたが、今は全く必要性がない。利権が絡んでいるから、無理矢理続けているだけです。国家のために何もする気のない人間たちが、国旗を見て涙を流している姿などは茶番でしかありません。私は十数年前から二〇二〇年位からのオリンピックを契機にオリンピックは内部崩壊していくと予言していましたよ。今のコロナ感染症とは関係なくね。そうしたら、それが東京に決まったので日本人として暗い気持ちになったのを覚えています。

そもそも、オリンピックというのはアマチュアのスポーツ大会だったはずです。アマチュアであり、出場選手は何のメリットもなかったのです。だから国が応援し、国民も手助けしたのです。それがスポーツ万能の世で、アスリートは最も有名人であり、金銭もあびるほど儲けている。それをなぜ、国家や国民が助けなければならないのですか。やりたければ、スポーツ好きと利権業者が勝手にやればいい。それが今でも税金を投入して、スポーツで成功する億万長者を育成しているること自体、もう憲法違反でしょう。だって、ほかの仕事は税金の援助なんてもらえませんから。

あとはすぐ終わりましたが、あの「GO TOキャンペーン」。コロナで困っているのは国民全員なのに、なぜ観光業と飲食業だけに税金を投入するか。これも憲法違反ですよ。そうやって本質をしっかり押さえて考えなければ、国家とマスコミに流されるだけです。現代人は、自分独自の魂を鍛練して来ていないので、このようなことも分からないのです。まさに消費文明に踊らされ、マスコミの操作の通りの人生しか歩めなくなっています。

『葉隠』がすべてである

――「葉隠十戒」の話に戻りまして、この第一戒「武士道といふは、死ぬ事と見附けたり」は「ヨハネ黙示録」や「般若心経」に匹敵するとありましたが、その共通項を教えてください。

執行　「ヨハネ黙示録」と「般若心経」のほかにもう一つあります。「バガヴァッド・ギーター」*です。一般的には「ギーター」と言われています。

今、世界で一番古い文献と言われてるのが古代インドの『ヴェーダ』で、その研究の奥義書と言われる『ウパニシャッド』があるの『ヴェーダ』の中でも哲学的に最もまとまっている文献と言われますが、その『ウパニシャッド』の同じ時代に「マハーバーラタ」という人類の本質を謳った大叙事詩があります。その中の一編が「バガヴァッド・ギーター」で、私は小学校の頃からこれが大好きだったんですよ。ほら、日本でも有名なマハトマ・ガンジー*っていますね。あの人も「ギーター」が好きで、晩年に「私にとって死とは、『ギーター』を読めなくなることだ」と言ったと伝えられています。そのくらい、インドではバラモンを中心として読まれている文献です。

これは大人になってから分かったことですが、インドにはカーストという階級があって、最上位がバラモンです。これは要するに神の代理人で、次にクシャトリアという階級があります。このクシャトリアというのが、日本でいえば武士にあたり、西洋では騎士の階級で、クシャトリアがバラモンの精神を手に入れるための修行の書が「バガヴァッド・ギーター」なのです。それが分かったとき、「ああ、やっぱり『ギーター』は『葉隠』だったんだ」と思いましたね。
私は葉隠しかない人間ですが、葉隠を研究していると、仏教のこともキリスト教のことも全部分かって来るのです。すべて人類の魂の文化や歴史について書かれているからです。「葉隠十戒」の第一戒を、それこそ死ぬほど考え続ければ、人間の魂について分からぬことはなくなります。元々人間の魂とその文化とは何かといえば、人間が「人間存在と人類の使命とは何か」を問うものです。要するに『葉隠』も「ギーター」も「ヨハネ黙示録」「般若心経」もすべて「神のために死ぬのが人間だ」ということが書いてあるのです。つまり我々人間に与えられたその「宇宙的使命」のために生きるのが本来の人間だということに尽きるでしょう。

――「般若心経」というのは「空」の思想で、一切無になることかと思っていました。

執行　「空」というのは、人間そのものなどというものは何もないということです。価値のあるのはその魂であり、その魂をもって宇宙の真実に向かって突進して体当たりしろと書いてあるのが「般若心経」です。「空」とは宇宙の実在であり、それだけが人間存在の真実なのです。その実在は、我々の魂にある。魂に宿るエネルギーですね。それ以外には価値がない。「般若心経」で一番有名な真言「羯諦《ぎゃーてい》羯諦《ぎゃーてい》波羅《はら》羯諦《ぎゃーてい》」というのは「行け！　行け！　突進せよ！」という意味のサンスクリット語です。我々の生命は躍動し突進するためにこの世に来たのです。

――すごい、まさに葉隠の思想ですね。

執行　そのものズバリです。大人になってその意味が分かったとき、「なんだ、これ、『葉隠』じゃないか」と思いましたよ（笑）。だから世界で最も優れている文献として残っているものは、すべて葉隠に通じている。それほど葉隠とは優れたものなんです。私は葉隠によって武士道を好きになって、あらゆるものが理解できるので、それが人生で最も幸運だったと思います。

そして「ヨハネ黙示録」でしたね。あれには人類の終末が書かれているのです。神の怒りが描かれています。しかしそれも葉隠の死の哲学ですべて理解できました。神の最後の審判を乗り越えるものは、我々が魂の宇宙的使命に生き、そしてそのために死ぬことなのです。葉隠の生き方の中に、キリスト教の終末論すらを乗り越える思想が描かれていたのです。生命の完全燃焼に向かって、死の突進を繰り返す者だけが、この世の終末を乗り越える魂を得られるのです。私はキリスト教の最も深い終末思想すら、葉隠の生き方によって理解できたのです。武士道の人間文化としての深さが思い知らされました。

絶対服従からエネルギーが生まれる

——続いて第二戒「二つ二つの場にて、早く死ぬほうに片付くばかりなり」について、お聞かせいただきたいと思います。

執行　これは簡単に言うと「損するほうを取れ」「苦しい道、いばらの道を選べ」ということです。武士道でいえば、戦場に行けば一番危険なところに行くということです。

世の中の全部が全部とは言いませんが、基本的には、「儲かる」「楽しい」「ラクだ」というのはすべて嘘の道です。詐欺師は必ずそういう話を持ち掛けてきます。詐欺師だけではないですね、国家もそうです。人を支配しようとすると、利益やラクに流されていくようなことを出してきます。社会保障なんて最たるものです。

だから選択肢が複数あった場合、一番損をするほうを選べばまず間違いありません。損の道ばかり取っていると人間としての魂が躍動してきます。

——選択肢を前に迷ったとしても、最後は損の道を選べばいいのでしょうか。それとも、迷うこともせず即断即決で選ぶイメージでしょうか。

執行　迷えばだいたい失敗します。宇宙の法則から言えば、迷わないほど正確に選べます。瞬時の判断になりますから、常日頃から必ず損の道を選んでおけば間違いない。その覚悟を決めておくことが、葉隠の思想であり人間としての鍛練の道なのです。

まさにその修行をするのが「文化」そのものと言えるのではないでしょうか。例えば、茶道などはわざと回り道をしますね。スパッと出さないでしょう。一杯のお茶を出すためにあれだけの作法をやって、回り道をします。あれは第二戒「二つ二つの場にて、早く死ぬほうに片付くばかりなり」の生き方と同じなのです。めんどくさくて辛い道を選んでいるのです。それによって、茶をはさみ、人間と人間の魂が通い合うことが出来るのです。それを作法にまで高めた。そのことを真に分かってお茶の道に励めば、それは武士道を生きていることと一緒です。

何も文化だけでなく、昔は日常的にそういう話があちこちにありました。今の若い人は知っているかどうか、金田正一*というプロ野球選手がいました。

――史上唯一の四百勝投手の金田正一さんですか。

執行　そうです。在日朝鮮人として生まれ、元々貧しい家で育ちましたが、父親が立派で義理や人情を重んじる人だったのです。本人は巨人が好きでたまらなかったのに、父親から「一番最初におまえを認めてくれたチームに入れ」と言われていた。その父親には人間としての覚悟があったのです。貧しいが、金銭などには動かされない生き方の人だったに違いありません。そして高校を卒業したとき、最初に申し込みに来たのが万年ビリだったその当時の国鉄スワローズなのです。しかし覚悟を決めていたため迷わずにそのチームに入ったのです。この父親の言葉は、損得という次元を超えて「おまえを見込んでくれた人、おまえのことを愛してくれた人を取れ」と言っているわけです。その後の金田の人生は、誰でも知っているあの偉大な人生です。その偉大さは、この父の思想から生まれて来たと言っても過言ではないでしょう。

金田選手だけじゃない、昔からそういう道を進んだ人が伸びています。自分の好きなところ、契約金が高いところじゃなきゃ入らない、なんていう人は、どんなに資質があっても二流で終わっている。そういう人は、本当の生命燃焼をしないで終わってしまうからです。

——自分の希望ではない道が損の道であり、そちらを選ぶことが生命燃焼に繋がっているということですか?

執行　そうです。エネルギーの本質を考えてください。エネルギーというものは圧縮されればされるほど凝縮度が増していきます。人間も抑制されればされるほど、生命エネルギーが強くなります。

これは『生くる』という本にも書いたことですが、昔の人のほうが今の人たちよりも生きがいのある人生を送れたのは、絶対服従から人生が始まっているからです。親に対しても、会社の上役に対しても、口答えしたり言い訳したりせず、絶対服従したからこそエネルギーが凝縮したのです。金田選手の例はその典型です。

たとえ親や目上の人間の言うことが内容的に間違っていて理不尽に感じても、本質は見解の相違でしかないことが多い。逆に間違っているときほどそれを容認していけば、自分の中にエネルギーは一層増していきます。それを反抗したり、楯突いたりすればするほど、エネルギーは拡散していってしまうのです。

目上の人に対してだけでなく、同僚なんかに笑われたり馬鹿にされたりしても、怒ったりせず、しっかり自分の中で受け止めて、エネルギーを凝縮する。それは怒るなと言っているのではありません。怒りや悔しさの感情を人にぶつけて拡散せずに、自分の中に溜めてエネルギーを凝縮させて、自分を成長させる原動力に変えていくのです。

これは溜めれば溜めるほど、自分の成長に繋がり、自己の力の根源エネルギーとして蓄積していくのです。とにかくエネルギーは、発散すればするほど希薄になっていく。後に残るものは、肉体から発信される好き嫌いの感覚だけになってしまうのです。

――「体当たり」という言葉から、例えば仕事において自分の考えや意志を貫くためには、ときには上役や周囲の人とぶつかることも辞さないことかと思っていましたが、違うのですね。

執行　体当たりとは、自己の進む道、つまり運命に対して使っている言葉です。不満や文句はそのような中心課題ではないのです。「横」という水平の問題なのです。つまり瑣末ということです。先ほど言ったエネルギーの拡散になってしまう。私から言わせてもらえば、上役だけでなく家族や友人などに捉われているうちは宇宙も生命も文明も分からないということです。上司などというものは一人の人間でしかない。もし、上司が間違っているならば、その人より上に行けばいいだけです。

会社に入ったなら、会社の「魂」を自分に取り込まなければ駄目です。あなたの会社が実業之日本社ならば、実業之日本社という会社が何のためにこの世の中に存在しているのか、その魂を自分の中に取り込んで体現することを目指して仕事をしなければ駄目です。それを体当たりと言う。そうすれば、自然といい社員になっていきます。もちろん体現している人もいれば、していない人もいる。していない人が上司だったりする場合もあるでしょうが、人は関係ありません。自分が体現していこうとすれば、それでいいのです。自分の進む道は、自分だけの道であり、他者は一切関係ありません。

制約こそが燃焼の圧力

――自分自身も含めて、多くの人は理解ある親や上司、協力的で応援してくれる仲間を望むものですが、そういう環境は逆に生命燃焼を阻害しているわけですね。

執行　その通りですね。良い環境は生命力を弱くします。だから、その場合は自ら苦しみを課さなければなりません。それが真の勉強であり、鍛練ということではないでしょうか。私は最も恵まれた環境に生まれた人間ですが、葉隠という鍛練の書を神と仰いだことによりエネルギーを凝縮できたのだと思います。今の若い人に無気力な人が多いのは、社会環境がぬるま湯だからです。そのため絶対服従を強いられたり、人から笑われたり馬鹿にされたりする機会が少なくなっているせいじゃないかと思います。あるいは、その都度、腹を立て反抗してエネルギーを拡散しているか。

思索篇にも書きましたが、生命燃焼のイメージは核融合に近いものです。核融合というのは高温高圧で押さえ付けられることによって、ものすごい力で燃え続けます。強大な「重力」のためにそうなるのです。太陽なんかまさにそうでしょう。

その核融合を、私たちの体内で起こすことが生命燃焼であり、そのための圧力となるのが我慢であり、修行であり、鍛練なのです。あるいは禁忌や制約と言ったものです。我々の生命は、常温核融合なのです。

――禁忌や制約が燃焼の圧力になるというのは、どういうことでしょうか？

執行　分かりやすく言えば、これは思索篇の第三章「永久恋愛論」にも関係するところですが、昔は家柄の違いとかいろいろな制約があって自由に恋愛や結婚なんて出来ませんでした。しかし、そういう時代には心中や駆け落ちをするような大恋愛をする人たちが日本中あちこちにいました。ほんの五十年くらい前までそうでしたよ。私が子どもの頃にも、同じ町内で心中した人が何人もいました。ところが、いま自由恋愛の時代になったら、恋愛すら面倒でしたくないという人もいるそうです。また恋愛の密度というか濃度が非常に薄くなったように私は感じています。それは自由度が増した分、恋愛という生命の燃焼が弱くなったということなのです。

――今、そういう人が多いといいますね。結婚はもとより恋愛も面倒だという話を聞いたことはあります。

執行　そうなってくると、生命燃焼以前の問題で、もう人間どころか動物でもなくなって、いよいよ滅んでいくより仕方がない。

古代の人はそういうことがちゃんと分かっていたから、たくさん自分たちで禁忌や制約を作っていました。それがだんだんなくなっていって、今はもう表面的な道徳すらなくなった無法地帯のようなものです。今の人たちは自由がいいと思っています。人間には禁忌や制約が必要だということを忘れてしまった。宗教はもちろん、茶道や華道もこうしちゃ駄目、ああしたら駄目、こうしなければならないという禁忌と制約の集積です。だから「文化」なんですよ。そして、その文化こそが人間の生命を躍動させるのです。その頂点にあるものが人間の長い文化史の中で騎士道と武士道に極まったのだと私は思っているのです。

こういう制約が無くなった時代には、自ら進んで制約を作らなければならないと思います。私にとっての「葉隠十戒」は自らが自分の人生に課した制約なのです。

――なるほど。禁忌や制約によって自ら核融合し続ける循環を自分の中につくることが大切なのですね。

執行　そうです。自分の中で燃え続けるわけですから、人から「元気づけられたい」「慰められたい」「癒されたい」、あるいは「教えてもらいたい」ということは全部、核融合の反対です。そのような考えによって生命の核融合は止まります。そして無気力。

一例ですが、私はこれまでの人生で他人にものを聞いたことはありません。まず、小学校の頃から記憶にないです。親にも、先生にも、友達にも聞いたことがありません。小学生の頃に辞書も引かず『葉隠』や『万葉集』を読んでいましたから、当然理解できないところはたくさんあるんです。そのときに分からなかったことが、七十歳の今になって「ああ、自分の人生経験によって解けた」とか、たまたま読んだ書物の中で見つかったとか、そういうことが頻繁にあります。どういうことかというと、小学校の頃に疑問に思って、六十年以上、問いを抱いたまま生きてきたということなのです。「問い」を持つということは、苦悩を抱え込むということにも繋がっている。それを自らに課すのです。それが私の中で徐々に高温・高圧化され一つの重力に成って来たと思います。多分、そうなのです。だから簡単に人にものを聞く、簡単に答えを得ようとする姿勢も生命燃焼の核融合を妨げていると思います。自分で一生考え続けるだけで、自己の重力が生まれて来ると、私には分かりました。

「死」が先である

――思索篇の「永久燃焼論」では「死に甲斐」や「死は生である」など、全編通して死に対する覚悟が問われていますが、一方で今の時代は「生き甲斐」や「生きる意味」を探している人が多いように感じます。

執行　「死に甲斐」という概念の中に、「生き甲斐」は含まれてしまうのです。この逆は生命の論理として成り立ちません。「死に甲斐」を抜きにした「生き甲斐」というのは、多くは欲望になります。どんなに美しい目的を持っていても、死の覚悟の無い生は、必ず本能と欲望に塗れて終わるのです。それは我々が肉体を持つからです。我々の魂は死の中にあって、初めて肉体の欲望に打ち勝つことが出来るのです。だから死を考えない人は動物的な欲望に振り回され、一生を終えてしまうでしょう。まず「どう死ぬか」を決めるのがすべての文化の始まりです。死に方が決まって、それに向かってどう生きるかが定まると、あとから生き甲斐が生まれます。死生観は「死」が先なのです。

――今はその順番が逆になっているというより、むしろ死は日常から切り離され、意識することが少なくなっています。

執行　個人が自分で死に方を決めてしまうと、独立した人生観が樹立してきます。そうすると国家が国民を自由に出来なくなりますからね。消費文明を続けるには国民に死の観念を持たせないようにしなければいけないわけです。楽しく楽《らく》して生きるようにさせることによって、国民を操作できるのです。そして無限経済成長という幻想に邁進させることが出来るのです。国民の生き方が自立すれば、もうマスコミが何を言おうが大した効果もなくなってしまいます。

――個人の死生観にも国家が関係しているのですか？

執行　いま少し触れたように、一人ひとりが「どう死ぬか」を決めて、その生き方が決まってしまったら、社会の風潮がどうだ、国家がどうだと言っても、ほとんど関係なくなります。そうすると、「みんなが一緒」「みんなが平等」「みんなで幸福になろう」などという経済帝国主義のための学校教育なども出来ないですよ。それぞれが「死に甲斐」と「生き甲斐」ある人生を生きれば、大きな帝国主義的な国家はつくれないということです。

今は十九、二十世紀的な帝国主義国家の残存形態の国家を、我々は生かされている。十九世紀に民族戦争をやったけれども、百年以上戦争をやってみて、割に合わないと悟ったのです。武器が発達しすぎて自分たちまで死ぬかもしれないし、あまり金儲けに繋がらないと。そこから形を変えたのが今の経済競争による帝国主義というだけの話です。元々、民族戦争をするために、つまり兵隊を作るために生まれたのが義務教育ですよ。それが今は経済競争に転化しただけのことです。現代を生きる我々は、帝国主義時代の延長線上を生かされているということです。

――私たちの知らないところで、国家に動かされている……。

執行　近代国家とはそういうものです。一部の人間が偉い人になって、利権で得するように出来ています。日本だけでなく、例えばヨーロッパなんか自分たちが楽して金儲けするシステムを、どうしても維持していたいがために、移民をどんどん入れる政策をやったわけです。今は国民の半分以上が移民になってしまって、今度はそれによって国が潰れるというところに来てしまった。まあ自業自得といえばそれまでですが、拡大成長を目指さない限り経済帝国主義は維持できない。そのためには、国民を統制する必要があり、統制するには国民から魂を奪わなければならないということです。

元々、我々一人ひとりが、自己の魂を生かし、生命燃焼に向かわなければ、国家にコントロールされて一生を終えるのです。その点、武士道や騎士道のような昔の「文化」は、人間の魂を中心に出来ていますから、自立した個人の生き方が生まれる。後はその個人がどういう共同体を創るかということなのです。一つ言えることは、そのようにして出来た共同体は今の国家のような経済だけの組織ではなく何らかの「理想」に向かう集団になることは確かなことです。文化がその理想を支え続けるからです。

むしろ、犬死したい

――「葉隠十戒」の第三戒は「図に当たらぬは犬死などといふ事は、上方風の打ち上りたる武道なるべし」です。この「犬死」とは第二戒でお話しいただいた「損の道」と近い印象を抱きました。

執行　同じような意味ですが、犬死とは自分の人生が「未完」で終わってても構わないという覚悟です。いばらの道という意味のほかに、自分の人生が中途で挫折していいという思想です。この決意によって体当たりの人生が送れるようになるのです。犬死というのは結果論ですが、自分の人生に価値を持ちたいから、ほとんどの人が憶病になるのです。だからこそ、自分の信じた道に体当たりして行くことが出来るのです。

——たとえ犬死したとしても、「あの人はよく頑張って犬死したな」とみんなに認められたいのが現代の人の心境と思います。

執行　それは犬死とは言いません。誰にも知られず、野垂れ死ぬのが犬死です。私は逆に犬死したくないという心境が分かりません。むしろ、犬死したいのです。お別れの会なんかやって、いろいろな人に惜しまれたりするのはまっぴら御免です。とにかく、現代人のもつ他者に認められたい、分かってもらいたいという現代病を捨てなければ本当の体当たりは出来ないのです。それは昔も今も変わりません。

——いやいや、全国の執行ファンが惜しむと思います。

執行　私は家族や社員、そしてファンの人々のために生きているのではありません。私は自己に与えられている宇宙的使命に死ぬまで体当たりを敢行して死ぬだけです。後のことは全く考えていません。それが葉隠から学んだ最大の思想とも言えるでしょう。私はなるべく一人で、野生動物のように死体も見つからないようなところで死にたい。知っているでしょう、野生動物は自分の死期を悟ったら群れから離れて、一人ひっそり死体もどこにあるか分からないように死んでいきます。ただ独りで孤独に死んでいくのです。そして魂の故郷に還るのです。それが人間の人生なのです。

ところが、今の時代は違うでしょう。私はあまり家庭の問題とか介護の問題とかに踏み込みたくないですが、今は何十年も寝たきりになって子どもに一日中介護させて、逆にその子どもが倒れたり、さらには自殺したり親と心中したりする。私の祖母の頃までは家で看取ることが出来て、介護で困ることなんてありませんでした。

祖母は私が十歳のときに亡くなりましたが、最期は胃潰瘍になってものが食べられなくなって、主治医の先生も「もう、これがあなたの寿命ですよ」と。これが最期の病気で、あと何ヶ月も生きられないということをちゃんと伝えていました。それで祖母は近所で仲たがいしていた人を呼んで仲直りしたりして、先生の言う通り数ヶ月か床に臥せた後、亡くなりました。

私も祖母といろいろ話しましたけど、とにかく昔の年寄りは「働いている息子夫婦に絶対に迷惑をかけない」という思いがものすごく強かった。思いというより、あれは決意ですね。だから今にして思うと、大人たちは「おばあちゃんは、最後は食べられなくなって……」と言っていましたが、あれは「食べなかった」んだと思います。ある意味、自分で餓死したのです。
　うちだけじゃなくて、近所の人たちもそんな何十年も寝たきりで、一日中子どもの介護が必要だなんていう人はいませんでした。だから、何の問題もなく息子夫婦と一緒に暮らして、そのまま家で最期を迎えられたのです。武士道とは、何も偉いことをすることでも何でもないのです。一昔前の、普通の良識ある日本人の当たり前の生き方であり、また死に方なのです。

苦悩によって使命を知る

――死に対する覚悟というのが、今と昔とでは大きく違うということですね。

執行　そうですね。その意味では、人間は動物に向かって精神が水平化してきたと私は思っています。武士道のような真の人間文化は、まだ人間の魂が「垂直」を目指していたころの文化なのです。だから魂が立つのです。人間は魂の価値を問われる生き物です。魂の垂直を失えば野生動物以下の存在になってしまうでしょう。野生動物のほうが、今の現代人より孤独の面でも生命燃焼の面でも、格上かもしれません。

野生動物はみんな本能のままに生きて、与えられた寿命を全うして全部燃焼し切って死んでいきます。宇宙の本質が魂として注入された人間にだけ、その燃焼を止めてしまうものがある。それはなぜか、ということです。

——……なぜなのでしょうか。

執行　人間に修行をさせるためです。動物である人間の肉体に魂が入ることで、本能で生きたい自分と、宇宙の実在である神を志向する自分との間で苦悩が生まれます。その本能を抑え、危険だろうが、損すると分かっていようが、犬死しようが、自分の命を神に捧げられるような修行が人間には必要だということでしょう。宇宙から生まれた我々に、宇宙の本源を志向させるために人間はいる。つまり愛の地上的実現です。それこそが我々人間の生命燃焼の根本です。そして、我々人間のもつ宇宙的使命なのです。苦悩し、修行することで宇宙の本質とは何かを理解する動物になれる。だから私たち人間は苦悩の種を植え付けられているのです。

——苦悩することは神の愛のようなものですか。

執行　そうです。苦悩することによってのみ、我々人間の魂は進化するのです。その魂の進化こそが、我々に愛の地上的実現という宇宙的使命を認識させる力があると私は思っています。

動物には苦悩も不幸もありません。人間には「人々の役に立つ優れた人間になりたい」「天を目指したい」「愛を実現したい」「宇宙や生命、そして文明の本源を知りたい」という気持ちがある。それが理想や向上心というものでしょう。それが叶わないとき不幸が生まれます。この気持ちがなかったら、ただ生息しているだけで、不幸も幸福もありません。動物のようにただ生きる。そうして、自分より強いものに食われたり、生命力がなくなったら死ぬのです。それだけの一生です。

不幸や苦悩は人間の証なのです。それが生命燃焼という人間としての本当の幸せを生きる火種であることを、現代に生きる人たちには知ってもらいたいと思います。それらのことを私に教えてくれるものが、葉隠のもつ「死に狂い」の哲学だったのです。

第三章

永久恋愛論

質疑応答篇・インタビュー——

憧れの地上的展開

――思索篇第三章は、難しい「永久恋愛論」でした(笑)。

執行 なんで難しいの? 変わったこと言う人だなぁ!(笑)。

――現代で使っている恋愛という意味合いとは、全然違いますので……。

執行 私の言う永久恋愛とは、魂の理想に向かう、無限の憧れのことです。その宇宙的エネルギーが、この地上においてどのように展開されるかということなのです。私は葉隠の武士道を、この憧れの魂の極点と捉えているのです。理想を恋い焦がれる魂が、その地上での生き方を見つけようとして、もがき苦しむ姿こそが葉隠の思想を生み出したのです。そしてその生き方は当然、友情や男女の恋、そして家族愛にも援用される思想となっているのです。現代人の言っている男女問題の「恋愛」は単にオスとメスがくっついているだけのことに過ぎない。そこに真の魂の燃焼はありません。それを私が言っている恋愛と一緒にされると分かりにくくなります。

男女の恋ということに限っても、私が言うのは歴史に残るような本当の恋愛です。例えば日本武尊《やまとたけるのみこと》と弟橘媛《おとたちばなひめ》。日本武尊が父である景行天皇の命で東征に向かい、途中走水《はしりみず》において荒れ狂う海に阻まれて進めなかったときに、弟橘媛は自ら海に身を投げて海を鎮め夫の日本武尊を救った話です。あるいは騎士トリスタンと王妃イゾルデ*の苦悩の愛が思い浮かべられます。また、物語ではシェークスピアの『ロミオとジュリエット』などもあります。ああいう相手のために自分を犠牲にし、自分の命と人生を捧げる本当の愛のことを言っているのであって、単に好き嫌いで一緒になる今の男女の恋愛とは別に考えてもらいたいと思っています。

——例に出された恋愛は悲恋ばかりですが、思いが通じたり成就を願ったりしては本当の恋愛にならないのですか？

執行　願うのは構わないけれども、願っても成し遂げられないものを目指さないと駄目なのです。例えば、あなたの言う男女の恋愛が成就したとしますよ。その場合、そこで憧れに向かう生命燃焼は消滅して恋愛の崇高性は終わりです。あとは生活というか「物質」の話に変わってしまうのです。基本的に恋愛が成就したら小さな成功に満足して小人の一生を送ることがほとんどです。昔の人がよく言っていた、初恋は失恋しなければならない、という意味はここにあるのです。小さな成功が人生を小さくしてしまうのです。苦悩を乗り越えて大きな人生の飛躍へ向かわなければなりません。

だから、歴史に残るような、本当の生命燃焼に繋がった恋愛はほとんどが成就しないまま悲恋や悲劇で終わっています。だからこそ、それが永遠に繋がっていくのです。

例えば思索篇にも書いたダンテがいます。私はダンテの『神曲』が大好きなのですが、『神曲』や『新生』はダンテが初恋のベアトリーチェと結ばれなかったから生まれたのです。もし初恋が実って恋人になって、ついでに結婚でも出来たら、たぶんダンテのような人でもごく普通の家庭人になっていたのではないかと思います。ダンテは初恋の失恋を、永遠の理想へ向かう生き方に変換したのです。死ぬまでベアトリーチェに憧れ愛し続けました。その忍ぶ恋が、永遠をダンテに志向させたと言ってもいいでしょう。

――文中には「ダンテほどの偉大な忍ぶ恋は、その癒しのために宇宙の実在の力を必要としていた」とありますね。

執行　ダンテが自分の苦悩を乗り越えていくのに、宇宙の力が必要だったのです。それがダンテの信仰を生み出し、その信念のようなものを生み出していったのだと思うのです。それが『神曲』なり『新生』などを生み出す力になったということです。

だから、昔は騎士道でも絶対に成就できない人に憧れることを誓うことによって、騎士として認められました。「この人と結ばれることはないけれども、永遠にこの人のために自分の命を捧げます」と宣言して騎士になる叙任式が終わるのです。これが実際に結ばれてしまったら、ただの男女になる。到達できないほどの恋愛の心は、どんどん伸びていくことで崇高なものになり、最後の最後は神や宇宙にまで伸びていくのです。本当に何かを愛するとはそういうことなのです。

――成就したり手に入れたりしてしまったら、そこで満足して終わってしまうということですね。

執行　はい、これでよしということになってしまう。そういう意味では、前に話した道徳に堕するという意味が近いかもしれません。

――道徳に近い？　どういうことでしょうか。

執行　道徳とは、理想に向かう躍動的な精神活動を固定化して形式化・文字化したもの、つまりは物質化したものだと言いました。そうなると、これさえ出来ていればそれですべていいという形になる。

　キリスト教であれば、本来は神を志向する宗教的苦悩というのは永遠に続くわけですが、形式化してきたら、毎日『聖書』のこの箇所を読めばいいとか、毎日一度は祈りを捧げればいいとか、もうそこで神を求める苦悩は終わってしまうのです。その決められたものが「道徳」と呼ばれるものなのです。だからいつの世も道徳は傲慢な教条主義者を生み出すのです。明治に内村鑑三が

「キリスト教も道徳に堕したら終わりだ」と言ったのは、明治の頃にはクリスチャンでもこれさえやっていれば「自分は立派なクリスチャン」という人が出てきたからなのでしょう。その例として内村は、他人に対する単なる親切や、今でいうボランティア活動などを挙げていました。

——確かに、一緒に考えてはいけないと言われましたが、今の男女の恋愛でも成就するまでは相手のために一生懸命なのに、手に入れたら不満が出るというのはよく聞くことです。

執行　今の人はなんでも簡単に手に入れたり願いが叶ったりすることを望みますが、それは本物の恋愛にはならないということです。もちろん、それは男女の関係に限らず、簡単に手に入るものは永遠を考える糧にはならないのです。

死の覚悟が恋を生む

——恋愛論として「葉隠十戒」の第四戒「毎朝毎夕、改めては死に改めては死ぬ」が入っているのですが、この「死ぬ」ということはどう解釈したらいいのでしょうか?

執行　真の恋愛とは遠い憧れのことであり、それを目指すには毎日死んだ気にならないと向かえないということと思えばいいでしょう。「今日、ここで死ぬのだ」と思えば遠い憧れに向かえますが、「今日は取りあえず生きていたい」と思えば、やっぱりいろいろ欲が出て来るのです。忍ぶ恋と呼ばれる永久の恋愛に生きるとは、日々の死の訓練によってのみ可能となるものなのです。

自分に例えるなら、私がこの会社を起こしたのが三十六年前です。この会社は私の志によって創業されたのです。その創業の初心に基づいて経営していくために、私も毎日必ず創業の初心を振り返っています。そうしないと、初心を貫くことは難しい。何もないところから「世のため人のために自分の命を捧げて今この事業を始めなければならない」と思って、裸一貫でこの事業を始めた初心です。「これからの日本国にはこの事業が必要で、これなくしては日本が滅びる」と思って始めたあの志に戻るということは、現世的な今の自分は死ぬということなのです。

運よく商売がある程度はうまくいって、やろうと思えば贅沢三昧して、毎晩銀座に飲みに行って、旨い物を食って温泉旅行ということも、出来なくはないです。もちろん私はそういうのに全く興味はないけれど、そうやって暮らすことも出来る。だけど私は初心の道で生きていきたいから、毎日創業の志を思い出してあの苦悩の日々の自分に返ることで、現実の弱さを支えているのです。そのためには、今の自分は毎日死ぬのです。

我々は動物だから、健康で長生きしたいとか、幸せになりたい、楽しくラクに生きたいという思いは日々出てくるのです。おそらく山本常朝だってそうだったのでしょう。だから、「朝夕」死に続けなければならない、と言ったのです。

――創業時の志というのも一つの強い憧れであり、ここでいう恋愛の一つだということですね。

執行　もちろんそうです。学問にしても事業にしても、偉大な発見や業績を残した人はみんなその対象に命懸けの恋をしているのです。もちろん、山本常朝の武士道に対する永久恋愛の魂が、『葉隠』を生み出したことは言うに及びません。それに比せば、私の創業の志などはけし粒ほどのものですが、そのエネルギーの種類は全く同じものと言ってもいいでしょう。

また、例えばニュートン*のことを今の人たちは科学者だと言いますが、ニュートンは非常に信仰心の篤いキリスト教徒で、記録によると一日十時間以上、神に祈りを捧げていたといいます。実際、ニュートンの著作の七割はキリスト教関係の信仰の本で、科学に関するものは三割程度。その科学を研究したのも「神の御業」の現世的な説明をしたかったからなのです。そうしてたまたま発見した物理学のことを、我々は「ニュートン力学」と呼んでいるわけです。

――そうだったのですか。ニュートンは科学者という印象しかなかったので、驚きました。

執行　日本にもいます。いま我々が『古事記』や『源氏物語』を読めるのは、本居宣長《もとおりのりなが》*のおかげです。文献によると、本居宣長は涙を流しながら『古事記』や『源氏物語』を毎日読んでいたそうです。要するに恋です。本居宣長の場合は、日本の古典に恋していたのです。その恋の力が、今の我々に『古事記』と『源氏物語』を贈ってくれたと言ってもいいでしょう。宣長の憧れが、日本の古代の心と通じたということに他なりません。

あるいは、近代でいえば戦前に「ドイツ語の鬼」と言われた関口存男*がいます。関口はドイツに行ったこともないのにドイツ語の名手で、「ドイツ人はドイツ語が下手で嫌いだ」と言っていたといいます。日本人の日本語が乱れているのと同じで、母国語の人間というのはいい加減に話すのでしょう。関口にとってはドイツ語は神であり、恋人であり、神聖なものだったから、それが許せなかったといいます。歴史に残る名手は、みなその対象に対して死ぬほどの恋心を持っていたということです。

偉大な学問、例えばそれは科学であっても恋心、愛から生まれているということを、今を生きる人たちは忘れているのではないかと思うのです。恋愛心は、あらゆる生命活動の根源を支える最も重要なエネルギーです。もちろん私は、『葉隠』に恋をしているのです。だから、その憧れのためには本当にいつ死んでも本望だと思って生き続けているのです。

孤独なる忠義

——「葉隠十戒」の第五戒は「恋の至極は、忍ぶ恋と見立て申し候」とあります。自分の命を捧げるような思いを抱いても、それは「忍ぶ恋」であることが大事だということでしょうか。

執行　そうです。この「忍ぶ」が重要です。「葉隠」でいう「忍ぶ恋」は武士道なので、基本的にこれは忠義の話になります。もちろん、男女の間に当てはめれば、命懸けの恋愛というものになっていきます。

三島由紀夫に有名な『朱雀家の滅亡』*という戯曲があります。その中で、三島は天皇への孤独な忠義を「孤忠」と表わしています。本当の忠義というのは、天皇を遠くから仰ぎ見て近くへも行かない。独り孤独に忠義の道を生きる姿が『朱雀家の滅亡』では描かれているわけですが、これが本当の「永久恋愛論」の姿です。

——近くで尽くすわけでなく、遠くから仰ぎ見る……。

執行　仮に天皇に認められてしまうと、欲が出てくるのでしょう。天皇に認められたりしたら、もっと認められたい、もっと褒められたい、あるいはもっと偉くなりたいという欲が出てきてしまう。また嫌われたくないという場合もあるでしょう。そういう自分を戒めるためには、天皇に自分の姿を見せることをしないというか、自分の存在を知られてもいけないくらいの描かれ方を『朱雀家の滅亡』ではしています。

三島由紀夫はそれを「恋闕《れんけつ》の形而上学」とも言っている。「闕」とは要するに「天子のいる場所」、宮城の門のことらしいですが、宮城を恋い焦がれる気持ち、それの形而上学として三島由紀夫は「遠くから仰ぎ見る孤忠」と言っているのです。そして「孤独なる忠義」こそ忠義であり、いま天皇の目の前に来る人の忠義は、ある意味で嘘だということなのです。または徐々に嘘になってしまうと言いたいのでしょう。

同じことを山本常朝も言っています。本当の忠義というのは、忠義で死んだことを、殿様が認識することもない忠義だと。その域まで行く修行が「葉隠」であり、その武士道なのです。

これは「我と汝の問題」といって、マルチン・ブーバーなど一神教の文化では「神と自分」との間にある孤独なる問題として取り上げています。「恋闕の形而上学」と三島由紀夫が言ったものは、日本は一神教がないから忠義の問題として出ていますが、全く同じ意味です。それを求めるものが武士道であり、西洋では騎士道です。そうやって相手に知られることもなく、陰で相手を慕い、それに命を懸ける心が、忍ぶ恋です。

――「忍耐」の「忍」ですね。

執行　確かに忍耐の「忍」、耐え忍ぶの「忍ぶ」ですが、我慢しているわけではありません。文字でいえば、「故人を偲ぶ」という「偲ぶ」ほうに近いかもしれません。我慢でもなく、耐えているわけでもない。それは美しく崇高なものに向かう姿と言っていいでしょう。我々人間の魂が本源の親を慕い故郷を偲ぶ思いに似ている。そして、何よりも人間にしか出来ない、偉大な魂の働きなのです。

ここが重要なところで、忍ぶということは動物には出来ないのです。耐えることは出来るのです。しかし忍ぶことは出来ません。動物は餌を取るために音を立てないでじっと耐えるという働きしかない。

「忍ぶ」というのは、要するに本当の意味で愛する気持ちですよ。宇宙的な本当の愛に、徐々に徐々に近づいていくその鼓動と言ったらいいかもしれません。遠い憧れに向かって自分を捧げて生きる悲しみとまた喜びというのでしょうか。

——今お名前のあがった三島由紀夫さんとは、生前親交があったそうですね。

執行　十六歳から十九歳まで縁があって、七回にわたってお会いする機会があり、文学論をさせていただきました。

私が三島文学の中でも特に好きなのが『美しい星』という作品です。この『美しい星』というのは、主人公たちが自分たちを宇宙人だと思って活動し生きている物語なのですけれども、そういう「宇宙人」に三島が自己のロマンと思想を仮託することによって、その真心、それから思想の根源、そういうものが一番表わされている作品です。物語の詳細は省くとして、この作品の最後にこういう言葉があります。

「人間の肉体でそこに到達できなくとも、どうしてそこへ到達できないはずがあろうか」

私はこの作品が、三島文学の思想のすべての予言であり、それから人類への本当の遺言だと思っています。中高生の頃からそう思っていましたし、七十歳になった今も思っています。もう六十年が経過しましたが、その信念が揺らいだことは無いです。

まさに一家を挙げての忍ぶ恋が描かれている。この地上で宇宙的な忍ぶ恋に生きる家族の清純な魂が、また私の魂をゆさぶり続けてきたのです。私は三島由紀夫の純心をここに見るのです。この純心はまた、葉隠の忍ぶ恋と全く同じものです。そう言えば三島由紀夫も『葉隠』を座右の書としており、『葉隠入門』という本も書いています。この著作は、いま出版されている『葉隠』の解説書の中で最高のものであることを付け加えておきたいと思います。


――三島由紀夫さんも魂に生きた人なのですね。

執行　その通りです。実際にこの「人間の肉体でそこに到達できなくとも、どうしてそこへ到達できないはずがあろうか」という思想が三島文学の中枢じゃないかと、三島本人にぶつけたことがあります。高校生のときですけども、本人にぶつけたんです。そうしたら、「魂のために命を投げ捨てることができる生き物こそが人間なんだ」と。そして、続けて「私はそのことだけを自分の文学に書き残したいと思って生きてきた」と言いました。この言葉は私のその後の生き方を創った大切な言葉の一つです。

生きるために切腹する

――「忍ぶ恋が切腹を生み出した」と思索篇にあります。奇しくも三島由紀夫さんも割腹自殺をされています。それはどういうことなのでしょうか。

執行　それは言葉のまま、忍ぶ恋に生きていなければ切腹は出来ないということです。遠い憧れに生きている人しか、自分の腹に刀を突き立てて死ぬことは出来ません。例えば自殺するにも、大量に睡眠薬を飲んで死ぬとか、そういうことは出来るけれども、切腹は憧れに向かって生きている人にしか出来ません。

武士も、死にたいから切腹をするわけではないんです。あれは名誉のため、自分の名を汚さないため、武士としての名声を残った人や後世に残そうと思ってする行為なのです。要するに自分の命を本当に生かすためです。つまり自己の生命を永遠に刻み付けるのです。だから永遠に向かう生き方を尊いものだと思っていない人間には、切腹なんか出来るわけがない。なぜなら、肉体的には一番苦しい死に方だから。

神風特攻隊の生みの親といわれる大西瀧治郎*も、昭和二十年の八月十六日に切腹して死にました。ただの切腹だけでなく、一番苦しい介錯なしの切腹で、死ぬまでに十時間前後かかっただろうといいます。「こうして死ぬ事が、特攻で逝った若者たちに対する自分の気持ちである」というような言葉を残して、死んでいます。そういう、ある種人間の魂の永遠性を求めていなければ、こういう苦しい死に方は出来ないということです。忍ぶ恋の苦悩が、切腹そのものの苦痛を上まわっていた人だけに、それは可能なのです。

私は永遠を求める生き方というのは、苦しむのが条件だと思っています。永遠を求めるということは、ミゲール・デ・ウナムーノが『生の悲劇的感情』に書いている「人生は愛のゆえに永遠に苦悩するか、それともすべて諦めて幸福になるしかない」と言うことに他ならない。私はこのウナムーノの言葉が、人生の真実だと考えています。

叶わぬ恋こそが恋なのだ

――本インタビューの最初に今の男女の恋愛と一緒ではないというお話がありましたが、「葉隠十戒」の第六戒「一生忍んで、思い死にする事こそ恋の本意なれ」にもあるとおり、葉隠の恋愛は命懸けであり、相手から何も見返りを求めない愛ということですね。

執行　その通りです。もう一人、命懸けの恋愛をした人を紹介しましょうか。マリアーノ・ホセ・デ・ラーラ*という人がいます。十九世紀のスペインの人で、いま言ったウナムーノにも大きな影響を与えた作家です。

ラーラは既婚女性への果たされぬ思いに苦悩し、最後は二十七歳のときにピストル自殺するという、まさにゲーテ*の『若きウェルテルの悩み』を地で行く生涯を送りました。何で自殺したか、それは魂を重んずる人間だからです。文化を求めて生きた人だったからです。命懸けでなければ、本当は恋愛じゃないんですよ。また、命懸けでなければ、恋愛以外でも魂の価値については何も得ることは出来ません。

――一度や二度の失恋は人生の肥やしとか、またいい人が現れるよという現代の価値観と大きく異なります。

執行　……そりゃあね、いい人は現われるに決まっていますよ。人間を単なる肉体の存在として見れば世界中に七十億以上の人がいて、その半分がそれぞれ男性と女性です。振られようが、別れようが、ほかにいくらでもいますよ。そういうのは動物の考えです。人間ならば、愛する人に変わる人はこの世にはいないのです。

何も失恋したらみんな自殺しなければいけないというわけではなくて、そのくらい相手を慕うことで、忍ぶ心の一端を知ることが出来る。だから私が若い頃には「初恋は失恋しなければ駄目だ」と言われていました。そこからあらゆる魂の価値が出発するということでしょうね。初恋が成就するような男は、全く使い物にならないと言われていた。

あのゲーテもかなわぬ初恋から自殺まで考え、その苦悩を『若きウェルテルの悩み』として書き表わしたわけです。日本の森鷗外も母親の反対でドイツ人女性エリスとの初恋が成就しなかったから、『舞姫』はじめ数多くの作品を生み出したのです。あの当時、留学した日本人が外国人と結婚するケースがいくつかありましたが、森鷗外がそのまま結婚していたら後世に残るような作品は書いていないでしょう。ついでに言うと、鷗外が失恋してくれたおかげで、『阿部一族』という日本最高の武士道の文学が生まれたのです。あれを読めば、鷗外が葉隠の精神に生きていたことはすぐに分かります。

愛は時間ではない

――執行先生ご自身も恋愛に敗れ、自殺を考えた場面が思索篇にて描かれています。

執行　不肖この私も惚れた女には全部振られました(笑)。もしかすると、私がこんなに永遠の魂を求めるようになったのは、恋愛が全部うまくいかなかったからかもしれません。特に自殺を考えたときは、死ぬほど好きで、婚約もして、周囲にも発表していたのに駄目になってしまった。「もう死ぬしかない」と思ったけれども、結果的に失敗して終わったわけです。でも、もし、あのまま結婚していたら、私もマイホーム亭主になっていたかも分かりません。

だから私は、自分の生き方が秀れていると思ったことは一度もありません。私はこのようにしか生きられなかった、というのが本当のところだと思います。ただ私自身は、どのような人生を送ろうとも、『葉隠』に出会い、その感化を受け続けた人生というものに誇りを感じているだけなのです。

――運命の神様が「マイホーム亭主になっては駄目だ」と失恋へ導いたのかもしれませんね。

執行　いいことを言ってくれますねぇ、あなたは。そう、あれは確かに神の助けでした。成就していたら危なかった(笑)。

結果として、私は失恋に終わりましたが、恋愛の苦悩というのは、本当は結婚していてもあるものです。本当の愛というのは、結婚という形式を取っただけでは成就してない。本当の愛だったら、結婚しても何の安心もないし、相手が本当に幸福になれるか、心配で毎日苦しくて仕方がないはずです。永遠に相手のことを思い続けて苦しむわけですよ。もしも、結婚して安心、幸せになったとすれば、それはもう愛ではないのです。ただ、そうだと分かっていても、私も含めて人間は実に弱いですからね。その自覚をいつでも持っていることが大切なことだと思います。

本当の愛は永遠の苦しみです。男女だけでなく、親子もそうです。子どものことを永遠に心配する心のことを「親心」と言うのです。大人になったから、家庭を持ったからもう安心というのは、もう違うんですよ。子もまた親を永遠に慕うのです。その愛は死も分かつことは出来ません。


――その後、執行先生は結婚された奥様を若くして亡くされたことも綴られています。これも「忍ぶ恋」というか「葉隠十戒」の人生を生きるよう運命づけられていたように感じます。


執行　結果としては、そうなのかもしれませんね。私の結婚は、生まれて初めての、ただ一度の恋の成就でした。しかし、その幸福な生活も長くは続きませんでした。

私は人生で二年二ヶ月しか結婚生活を送っていませんが、その二年二ヶ月に匹敵する結婚生活を送っている人を、ただの一人も見たことがありません。それほどの幸福を私は妻から与えられたのです。死ぬほどの幸福と言ってもいいのではないかと思っています。他の夫婦が五十年、六十年連れ添っていようが、「俺はこの世で最も幸福な結婚生活を与えられた人間だ」という実感があります。

元々私は魂的な人生を送っているから、肉体の存在があるとかないとかはあまり関係ない。私は亡き妻との永遠の愛の中を今でも生きています。妻の死後三十八年が経ちますが全く今でも色あせません。だから、再婚なんて考えたこともないです。「考えたことがあるけど、やめた」とか、そういうことも一切ない。今でもずっと結婚しているし、魂は結婚生活を送っているんです。そこに肉体があるか、ないかだけです。しかし、そんなものはどうでもいいのです。私が死んでも、私たち夫婦の愛を引き裂くものは何もないのです。

愛というものは、二十年でも四十年でも、五年でも一年でも変わらないということです。変わるのであれば愛ではありません。量で変わるのであれば、それは物質です。愛も宇宙エネルギーだから、一瞬でもいい。一瞬と百年、千年が同一であることが宇宙エネルギーの本質です。

例えば、私の子どもの頃は父親が戦死したという人が近所に何人かいました。そういう子は、大体勉強が出来て、礼儀正しくて優秀でした。中でも抜群に優秀だったのが宮沢さんという人で、父親は特攻隊員だったといいます。だから生まれたときから父親の存在はなく、話をしたこともなければ、どんな人かも分からない。だけど、自分の父親が国のために命を捧げたということは子どもにとってものすごい誇りになっていた。その誇りが、その人を立たしめたのです。

だから、本当の愛は生きている必要すらないのです。本当の愛とか教育とかそういうものは、一緒に過ごして何かをするということではなく、相手の魂に対して何を与えられるかです。それが本当の愛です。それが分かることが、本当の愛を知ることです。つまり、人間の魂というものを認識することなのです。

捨てるものは一つもない

——執行先生のように「葉隠」や武士道に生きようとするならば、今得ている地位や名誉、あるいは幸せなど俗世間的なものを捨てて苦悩から出発するべきなのでしょうか。例えば、今現在得ているものが本当の愛でないとすれば、その人とは別れるとか。

執行　私の話や武士道の話を誤解する人は、そういうことを言います。人間の魂というのは、いつでも知ったときからが出発です。出会いがすべてなのです。つまりは自分が覚悟を決めた日ということです。だから、今持っているものは関係ありません。今サラリーマンであろうが、医者であろうが、総理大臣であろうが、サラリーマンはサラリーマンのまま、医者は医者のまま、総理大臣は総理大臣のまま、今の家庭は今の家庭のままということです。つまりは、今から武士道を実行するかどうか、です。現在の家庭とか会社において、愛がないなら、それは今までそうしてきたからに過ぎません。今から愛を築き上げればいいではないですか。運命に体当たりをしなければならないとは、そのような謂《い》いなのです。逃げることが一番いけない。

——では、何も捨てる必要はない？

執行　捨てるものなど一つもありません。捨てる人は逃げる人です。名誉も金も家庭も、捨ててもなんの意味もありません。魂というのは宇宙です。金持ちだとか貧乏だとか、偉い偉くない、結婚しているしていない、歳を取っている取っていない、そういうものは何も関係ないのです。八十歳になっていても「武士道に生きよう」「愛に生きよう」と思えば、その日が出発です。そして永遠に向かっていくのです。それを阻止しようとする「力」は捨てるしかないという話をしているのです。ただ、本人の決意が本物なら、阻止するものはほとんどありません。

　捨てるということは、捨てたことで武士道に生きていることにしたいというだけの話だと思います。要は自分が楽《らく》になりたいのです。得るとか捨てるとか、それも結局は物質論です。魂論というのは、永遠の相克、永遠の苦悩です。捨てようが、捨てまいが、そんなものは基本的に関係ない。ただ体当たりをし突進して行くのみです。もちろん、結果論として捨てなければならないものは、捨てることになってしまうだけのことなのです。それは捨てたこととは違う。運命の深淵ということなのです。

――「何かを得るためには何かを捨てなければいけない」ということではないのですね。

執行　……まあ、本質としてはそうです。宇宙のエネルギー法則としては、その通りなのですが、それを盾に取って自分が楽になろうとすることが、生命の本質と違うと言っているのです。なんでも「こういうものですよね」と決めてしまおうとするのが現代の人たちの特徴です。
例えば、前日まで売春婦だったマグダラのマリア*が本当にキリストに帰依して、キリスト教の信仰に生きるのならば、それは立派なキリスト教徒です。それでいいんですよ。だけど、「じゃあ、何をしてもいいんですね」というのが今の人たちの論調です。これは、何度も出てきている道徳と一緒です。「こうなら、こうだね」と決めてしまおうとする。そうではない、自分が楽になることが、すべて間違いだと思っていればほぼずれません。マグダラのマリアは一生涯苦しみ続けたことが真実なのです。だから癒《いや》された。

――確かに、すぐに答えを出そうというか、答えがない状態が嫌だというところはあります。

執行　答えがないからいいのです。答えがあったら終わりじゃないですか、そこで。学校教育なんてすべてが嘘だとは言いませんが、すぐに答えを与える、最も程度の低い教育です。
読書もそうです。何か答えを見つけようとして本を読む人が多いと聞きましたが、私の場合は逆です。「問い」を求めて読書をしています。この「葉隠十戒」を読んで答えを得るのではなく、「葉隠十戒」に挑戦するような問いの人生に入っていくことが大事です。とにかく魂や武士道というのは永遠の苦悩です。私自身、死ぬまで「葉隠十戒」に挑戦して、苦悩し続けていく決意なのです。

優雅さは苦悩から生まれる

――今の苦悩ということについて、思索篇第三章の最後にエマーソンの「優雅でなくては、人生ではない」という言葉を用いながら「優雅とは、苦悩と悲痛が生み出すものに違いない」とあります。優雅と苦悩ということは、これまでむしろ相反する言葉かと思っていました。

執行　十九世紀米国の作家エマーソンは「優雅でなくては、人生ではない」と言っています。この優雅に生きるための根源に忍ぶ恋が存在しているのです。もしも忍ぶ恋やそこから生まれる苦悩というものと優雅さが結びつかないというなら、優雅そのものを間違えて捉えていると思います。ひ弱な金持ちのお坊ちゃんみたいなのを優雅だと思っていたら、それは大きな間違いです。

全然自慢じゃないけれど、私はこの歳になって女性からもすごく人気があるんですよ（笑）。結構若い女性からも「色気がある」とか「エレガンス」だとか言われます。それはたぶん、忍ぶ恋の苦悩からくる優雅な人生を生きているからに他ならないと思うのです。苦悩が、私の人間としての厚みを少しは増してくれたのだと思っています。

――なるほど、かつて三島由紀夫さんが「葉隠はダンディズムだ」と言ったといいますが、自分を律しているからこそ洗練されるというか、優雅に生きられる。

執行　葉隠の思想と生き方は美学ですから、そういうことです。だから、いま好き勝手自由に生きている人たちは、誰も優雅には生きていない。むしろ武士道に生きてきた人たちは、優雅で気品があるんです。それは自己を律する力から生まれる、生命力の雄叫びともいえるものではないでしょうか。そう言えば、私も叫び続け吼え続けていると言われ、身近な人たちからはその律する力が「恐い」という誤解を受けて困っています(笑)。

自由と民主主義の詩人として十九世紀の米国にホイットマン*という詩人がいました。そのホイットマンの詩に「ブロードウェイの行進」(A Broadway Pageant)というものがあります。これは幕末の日本から咸臨丸で渡米した武士がそのままのいでたちでブロードウェイを歩く姿を見て、ホイットマンがその高貴さと優雅さに驚いて詩にしたものです。そのいきさつについては、確か十年前に出版した『友よ』という本に書いた覚えがあります。

遥か西の海より
日本から渡来した
うやうやしく
日に焼けて

両刀を差した使節たち
帽子もかぶらず
恐るることなく
無蓋の馬車にそりかえり
今日という日にマンハッタンを行く
……
言葉の揺籃《ようらん》、詩歌の伝道師たち
太古の民族が来た
血の色に頬を染め
沈思し瞑想にふけり
情熱に熱く
芳香馥郁《ふくいく》として
流れゆくその衣装は
日に焼けた容貌の
魂の激烈なる
爛々たる眼光の
バラモンの民族がやって来た

——海を越え、全く違った環境にあっても、武士の優雅で洗練された姿に感動したということですね。

執行　武士も私も今の現代人も、肉体は動物とあまり変わりのない日常を送っていると思います。ご飯を食べて、糞便をして、寝る。これは動物と一緒です。しかし、我々が「非日常」としているることこそが人間の部分なのです。つまり魂の躍動です。その魂の違いが容貌に現われるのでしょう。

先ほども出たウナムーノはこんな言葉も残してます。「人間以上のものたらんと欲するときにだけ、人間は本来的な人間となる」。もしも「人間でいい」と思ったらすべてが日常生活になってしまって、優雅からは遠のいてしまう。

武士は、武士である前にもちろん人間です。でも忠義に生き、武士道という魂を生きようとしていた。そうやって人間以上になろうとして、初めて人間になれるのです。

葉隠は、人間以上のものに成ろうとする思想です。成れるか成れないかは、問う必要のないことなのです。死ぬ気で、そう成ろうとするところに武士道の偉大な魂があるのです。その魂こそが、人類の文化として最も崇高なものだと私は思っています。忍ぶ恋を、どこまで貫き通すことが出来るか。まさに人生の楽しさは、死ぬまでやめられません。

第四章

永久革命論

質疑応答篇・インタビュー――

人生は戦いである

――思索篇第四章は「永久革命論」と題しています。革命と聞いて思い起こされるのがフランス革命やロシア革命といった、多くの人が血を流した歴史です。

執行 ああいうものを「革命」というのは一九・二十世紀以後の考え方です。そういうのはもうやめないといけません。本来、革命というのは「命《めい》が革《あらた》まる」という意味で、絶えず上を目指していく生き方を意味しています。つまり、現状を変えていこうとする魂の力のことです。だから人間と呼ばれる生物の根本的な生き方です。今、学校教育の歴史で習う「革命」によって誤解されています。革命という言葉を、血なまぐさい共産革命という狭い歴史の中に閉じこめようとしているのです。そして現状に対する手前味噌の礼賛をしようとしているのです。

――そうですね、まずイメージするのが多くの人たちが犠牲になる激しい戦いというか……。

執行 戦いという意味では、当然戦いです。そもそも人生というのは戦い、我々生物は戦うために生まれ、戦いをやめたときに死ぬのです。

一番分かりやすいたとえは免疫機構です。これが生物の根源中の根源です。例えばがん細胞というものはみんな有しているけれども、免疫機能が体内で戦っている限り病巣としてのがん化はしない。しかし、次第に免疫が弱まり、がん細胞が優位になるとがん化して、最終的に免疫が戦えなくなったら死ぬのです。各種のウイルスや菌についてもすべて同じですね。自分の体に戦う力がある限り、生き続けるのが生物です。その力がどこからきているかというと「宇宙にある負のエネルギー」だと私は言っているわけです。負が、細胞のクエン酸サイクルによって正に転換されれば、我々の言う肉体を動かす正のエネルギーになるのです。だから、負のエネルギーが生命力すべての根源にあり、その負の力だけで活動しているのが魂だと言っているのです。

魂について言えば、生物と呼ばれる存在の中で魂を付加された人類は、神に向かって魂の永久進化を断行し続ける使命があります。この進化過程そのものが戦いです。言ってみれば、魂も戦うために生まれたのです。この戦いをやめるということは、人類をやめるということなのです。今、我々はその状態に近づいていることを理解しなければなりません。

——「革命」とは社会を変革することではなく、人間一人ひとりの生き方に関わっているものなのですね。

執行　そうです。人間が「革命の思想」を忘れたら人間ではなくなります。簡単な言葉でいえば、垂直を仰ぎ見る不断の自己向上という意味です。自己向上の心が激しくなったら「革命の精神」

になるのです。
逆に言えば、自分はこの程度でいいと思ったらその人はそこで終わりであって、今はそういう言葉を使ってはいけないとされていますが、私が子どもの頃はそういう人間は「くず」「でくのぼう」と言われました。

――今は教育でも「一番を目指す」とか「一等賞を目指す」ことよりも、「みんなで仲良くやりましょうね」という風潮です。

執行　「一等賞を取りたい」とか「一番になりたい」という考え方は、生命の根本哲理であって、人間が生きる上で最も尊い考え方なんですよ。その人間の最も尊いものを否定しているのが現代です。だから、人類は「滅びる」と言っているのです。
そういう「人より抜きん出たい」「人の上に立ちたい」という気持ちが文化を作ってきました。「宇宙の真理を摑みたい」「生命の神秘を知りたい」「文明の本質とは何か」というような激しい問いが人類を築き上げてきたのです。「みんなと仲良く」というのは、その反対の思想で、これぞまさに横並びの「水平思考」だと私が言っているものです。このことが分からないと、『葉隠』をいくら読んでも無駄になります。武士道に限りません。美学と呼ばれるものを、全く理解できないでしょう。なぜなら、「そうしなくてもいいじゃない」という話ですから、すべて。そういうことを言う人間を、先ほども言ったように昔は「くず」と言ったのです。
茶道でいえば、お茶を一杯飲むにもあれだけの作法を築き上げたのが人類の文化です。「そんな作法、しなくたっていいでしょ」「コップで飲んだほうが楽《らく》ですよ」となったら、茶道は終わりです。限りなく動物に戻っていくだけです。

——……そうなりつつありますね。茶道と無関係の人はコップどころか、街中で歩きながらボトルに口をつけて飲んでいたりします。

執行　そうなってきているでしょう。「好きに飲んで何が悪い」「ぺろぺろしてもいいでしょ」となれば、もう犬猫と一緒です。
お茶に作法があるように、人生や生き方にも作法があるのです。もちろん、男女にも作法があります。こういうことを言うと今問題になるけれど、男には男の作法が、女には女の作法があるのが人類なんですよ。男であれば男らしさを、女であれば女らしさを目指していくのが人類です。すべてにおいて「ありのままの自分でいいじゃない」「みんな平等でいいじゃない」となったら、我々人間が動物だと言っているのと一緒なのです。何のために我々は人類と成ったのか。それが最も大切な人間論なのです。そしてその頂点にある文化が武士道であり騎士道だと私は言っているのです。人間の文化とはそのすべてが、肉体だけからみれば「鍛練」であり悪く言えば「いじわる」なのです。それに打ち勝つためにだけ我々人間には魂が与えられているのです。

「許し」の功罪

――少し前に流行した歌に「ありのままの自分になる」という内容の歌詞がありましたが、社会全体としてそういう考え方が受け入れられる風潮がありますね。

執行　そうですね、それが今の流れと言えます。その代表が書道家の相田みつを*や詩人の坂村真民*の作品です。

――え、あの二人の作品が、ですか？

執行　この二人が現代の癒しの時代には最も受け入れられた人たちではないでしょうか。過去の宗教がもつ、許しの部分だけを特に強調して取り上げているということでしょう。それで多くの人々が救われていることは、私もよく知っています。しかし、それは単に救いであって、真の愛による戦いではないと私は思うのです。私は、人間の真の救いは真の文化が有する「厳しさ」の中にあると信じています。仮そめのものではない、人間の真の喜びは苦悩の中を生き切ることにあるのです。あの二人が言っていることは確かに真実なのです。しかし私は「苦痛」と「鍛練」に耐え抜く中に人間の魂の輝きを見出すのです。

「にんげんだもの」とか「一輪の花が美しい」とか、それは本当にその通りなんです。私もその気持ちは理解できます。ただ、それは人間が生きている最低ラインの話で、昔はそういうことを言うのは縁側でお茶を飲んでいる年寄りか、死病を患って一命を取り留めた病人たちだけでした。「ああ、命があるだけでありがたいね」って。それは本当にその通りなのです。しかし、それでは人類として文化、文明を築き上げることは出来なかったのです。それは人類の歴史が証明しています。歴史は人間が戦い抜いてきたことを伝えているのです。

例えば、学生であれば「東大に入りたい、京大に入りたい」、サラリーマンであれば「出世したい」、そういう他人よりも抜きん出たいという向上心によって、初めて「もっと勉強しよう」「もっと仕事のスキルを上げよう」と努力が生まれる。そういう努力によって人間としてのひたむきさや健気《けなげ》さが生まれたわけです。だから、今、健気な子なんていませんよ。それは上を目指さなくなったからです。上を目指さないということは「今の自分でいい、今の自分が最高」、つまり傲慢なのです。

——人より抜きん出ようというのは上昇志向とされ、むしろ否定的な見方をされることが多いように思います。

執行　それは上昇志向が悪いのではなく、「俺は東大卒だ」とか「大企業の社長だ」とか、そこで止まってしまうからです。

例えば、私は会社の社長で、全く興味がないから金額は知らないけど、それなりの資産はあると思います。あるいは本も出して、名前も世間に知られ、ファンだと言ってくれる人も全国にいます。要するに世間的に言われる地位だとか財産だとか名声だとか、そういうものをある程度は持っているほうだとは思います。しかしそんなものは人間として何の価値もないと知っているのです。私にとっては武士道や葉隠に生き続けることのほうがよっぽど価値がある。地位とか名誉なんかよりももっと上の境地、宇宙とか人類の文明を志向して生きているからです。

——向上心の先に、宇宙や人類の本質があるということですか。

執行　上を目指すとはそういうことです。受験でいえば、せっかく人間に生まれてきたのだからいい大学を目指そうというのが私の言っていることです。しかし極端に言えば「そんな大学になんて行かなくても人生は変わらないよ」というのが相田みつをや坂村真民の作品の世界観です。確かにその通りだが、それは人間として「つまらない」と私は言っているのです。

誤解しないでもらいたいのは、私は両氏のことを否定しているのではありません。これ、皆さん誤解するんです。いつも講演会の質疑応答でも「なぜ執行先生は相田みつをさんや坂村真民さんのことを嫌いなんですか」という質問が必ず出る。もう、本当に必ずです（笑）。私の本のファンだという人たちにも「相田みつをさんや坂村真民さんのことを嫌いだということだけは納得できない」と言われたりするのです。

私は両氏のことを言っているのではなく、その作品の世界観であり、それを喜んで受け入れている世間の風潮のことを言っています。つまり、真に立派な人物はあの二人の世界観を本当に活用することが出来ると思います。そして人格向上にもなるでしょう。しかし多くの人々にはあれは単なる「許し」なのです。限りなく怠惰になることを助長するだけだと言っているのです。

私はよく知りませんけれど、相田みつをは書道家として大成したかったけれどもそれが叶わず、晩年にああいう作品を書いて大衆的な人気を得たといいます。坂村真民も若い頃から短歌や詩作は行っていたようですが、一方で愛媛県の教師として真の教育に取り組もうとしていた。けれどもその志を充分に遂げることは出来ず、隠居してからその心情を詩と成して有名になったと聞いています。

要するに、本人たちは上を目指して戦った人たちなのではないですか。戦って、戦いに敗れ、晩年にああいう世界観にたどり着いたのだと思います。だからあの二人そのものは、立派な人に決まっているのです。ただその作品と世間の関係は違っている。その影響を受けている人々は、大半の人が怠惰な人生を「よし」とする材料に使っているということを言っているのです。

――戦ってもいないのに、それを受け入れている世相のことを執行先生はおっしゃっているということですね。

執行　私はそのことを危惧しています。だから、私は両氏のこと自体は好きでも嫌いでもない。というより、全く目指している方向性が違うというか、私は全然違う次元の話をしているのです。昔、藤村操*という旧制一高の学生が哲学に苦しんで「不可解」という遺書を残し、華厳の滝から投身自殺をしたことがありました。あの時代はみんな「教養人になりたい」「立派になりたい」と思っていたから、当時のエリートの多くが藤村操の自殺に大変ショックを受けて、自分の人生の立て直しを図ったといいます。岩波書店を創業した岩波茂雄*も当時一高生で、そのショックから志を立てたと伝えられています。つまり藤村操の自殺が、あの岩波書店を作ったのです。

私はその社会への影響力の違いを言っているのです。エリートはあの自殺からすばらしい影響を受けたのです。藤村操の自殺は自殺なのに、当時の社会にそれほど価値の高い影響を及ぼしました。それは自殺の内容が、真の魂の懊悩だったからなのです。文化を作り上げる真の人類的な懊悩です。それは、先ほど言った岩波書店ではないですが、日本の発展に考えられないほどの質の良い影響を与え続けた。私は魂の苦悩がもたらす価値について、いつでもこの藤村の自殺を思うのです。死んでも、その人の魂は人類の文明を築き上げる支えとなることが出来たということです。私はこのような魂こそを、永久革命の魂と呼びたいのです。これこそが武士道の本質と言えるでしょう。

上昇もあれば下降もある

――「葉隠十戒」の第七戒「本気にては大業はならず、気違ひになりて死に狂ひするまでなり」とありますが、奇しくも相田みつをさんにも坂村真民さんにも「本気」と題する作品がありますね。「本気」と「死に狂い」の違いなのかもしれません。

執行　自分を中心に考え動いている場合、すごく真面目にやっても「本気」で終わってしまいます。自分の存在も何もかもなくなって宇宙や歴史と自己存在が融合する、そういう段階から「死に狂い」に入っていきます。

だから、自分が「武士道を断行しなきゃならん」と思っていたら、まだ本気ということです。そうではなく、自分が武士道という人類が生み出した文化の中に入り込んでいって、武士道に成り切ってその魂と同一化して生きる段階からが死に狂いです。そうなると、もう死ぬとか生きるとか、そういう感覚がなくなります。死に甲斐があるから死ぬというのは、まだ狂っていないわけです。当然、犬死だとかなんだとかもない。それが葉隠の武士道です。

もちろん、ほかの高度な文化も同じで、初期の激しいキリスト教を本当に信仰しようと思ったら、死に狂いでなければ出来ませんよ。見つかったら火あぶりになるのを分かっていて、三百年間命懸けで守り続けた。それが本当のキリスト教です。だからその後二千年にわたって世界を覆うような宗教になったのです。ああいうのを「大業」というわけです。

——一般的に「革命」と呼ばれる社会革命のようなものも、ある意味で「死に狂い」でなければ成せないことでしょうね。

執行　革命というのは天の思想を自分や他人に分からせようとしたときに起きるものです。例えば、神の理想の国を地上につくろうとしたときに宗教革命のような血まみれの戦いになります。フランス革命だって、革命と呼ばれているものはすべてそうです。共産革命だって、理想の国を創ろうとして起きたけれど、結果としてはただ大量に人をぶち殺しただけで終わった、ということなのです。

善悪は別として、革命は死に狂いです。それは革命の中に天の思想、つまり絶対正義があるからです。絶対のものですから、それは激しく尊いものであることは変わらないのです。しかし、それが間違っていたとき、人類は悲劇的な歴史を経験してきたのです。悲劇ですが、それは高貴な魂ではありました。欠点として、社会革命は頭で考えたことを正義と成したところから始まったのです。

人間の頭は、必ず欠点があるのです。人間の生命に問わなければなりません。特に魂に問うのです。魂の革命が最も正しい革命のあり方です。そしてその見本は、人類が築き上げてきた偉大な文化の中にあるのです。文化は頭だけで出来たものではありません。それは人間の血と涙と汗の中から生まれたのです。だから武士道のような文化から生まれる「絶対正義」は間違いがないのです。

私は頭で考えるようなああいう「革命」と呼ばれるものは大嫌いですが、ああいうものを起こそうとする精神が「垂直思考」に生きた人類だということは間違いないのです。

――革命に身を投じた人は垂直思考で生きていたということですか。

執行　そう、みんな垂直です。そのことを理解してもらうために、本文であえてあのロシア革命を成したレーニンのことにも触れました。

垂直には上昇もありますが、悪く出れば下降もあるのです。人間の持っている天を目指す清純で高貴だったものが、地上的な価値に囚われたときには、地獄まで落ちていく革命思想も生まれてくるわけです。天に向かう理想から見れば、現状は不備なところが多い。この不備なものに対して怒りが生まれる。この怒りが革命精神になっていきます。それを後から結果を見て、いい悪いを論じてはいけないということです。今はヒューマニズムでしか考えられないからすぐに「残忍だ」「かわいそう」となりますが、いい悪いは抜きで、その精神が無くなったら人類ではなくなってしまうのです。天に向かう清純な魂は、地を穿《うが》てば地獄まで下降することもあるということです。だから、いつでも私は天を目指すためには人間の文化を手離してはならないと言っているのです。

革命の精神とは、天に仇なすものを滅ぼすというのか、神話でいえばスサノヲの力です。あの荒ぶる神が革命精神の象徴です。だからスサノヲも一度天の国をぶち壊して、アマテラス*から放り出されてしまった。このスサノヲもアマテラスも人類だということが分からないと、武士道というものは分かりません。人類とは理想に向かって生きるようにつくられた生き物なのです。そして、場合によっては地底に追放されることも有り得るのです。

イギリスの歴史家であるアーノルド・トインビー*は「理想を失った民族は滅びる」「歴史を失った民族は滅びる」そして「すべての物事を金銭の量によって測るようになった民族は滅びる」という思想を我々に残してくれました。国家も民族も、そのすべては理想に向かう魂によって生まれました。その理想へ向かって垂直に上昇する場合もあれば、下降する場合もあった。その両方に向かって苦しみ、挑戦してきたのが人類だということです。そして、その苦悩にもまれながら生き残ってきたものが、人類の偉大な文化と言えるでしょう。

——現代でも上昇したいという気持ちはある程度みんな持っているかもしれませんが、一方で下降を嫌う気持ちがとても強いように思います。

執行　下降を嫌ったら、上昇することも出来ません。失敗が嫌なら挑戦できないのと一緒です。武士道だって、いい面だけでなく、武士道のために怒り狂って自分で何もかもぶち壊して死んでしまう人だっていたわけです。思索篇で触れた滝口康彦『葉隠無残』の鍋島助右衛門だとか、森鷗外の『阿部一族』などもまさにそれを書いています。武士道の意地のために一族郎党全員揃って死んだわけです。武士道にはそういうこともあるのですが、あの意地がないと上を目指す意地もないということです。

不仕合せが当たり前

――「葉隠十戒」の第八戒「不仕合せの時、草臥《くたぶ》るる者は益に立たざるなり」とあります。先ほどの藤村操さんの例ではありませんが、哲学に苦しんで自ら死んでしまうことと「草臥るる」とは違うのでしょうか。

執行　「草臥るる」というのは現世、言わば現実生活のことです。不仕合せというのは現世のことですから。理想に向かってうまくいかず革命思想を抱くとか、理想に敗れ自決するということは

「草臥るる」ことではありません。『葉隠』で山本常朝が使っているのも現世という意味です。
この第八戒を革命論のところに入れたのは、結局革命というのは現世での戦いが多いからです。理想へ向かう垂直的上昇の場合でも、それが他者に邪魔されて叶わないときに意気消沈する心も「草臥るる」というのです。現世で何か少し嫌なことがあってすぐに疲れたり、不満に思ったり、傷ついたとかショックを受けたなどというような人は、武士道なんて断行できるわけがない。
私はこの「葉隠十戒」を小学校五年生のときに打ち立てたので、現世で草臥れたことは一度もないです。不満を抱いたり、悩んだり、一切ないですよ。そんなことで草臥れていたら、歴史とか理想とか崇高なものなどは考えられません。もちろん私も会社で社員を怒ったりしていますが、それで現実が嫌になるということはないです。嫌な言い方かもしれませんが、現世なんかは問題にしていないということです。私は天の彼方にしか興味はありません。

――質疑応答篇の第二章で出てきましたが、上司が嫌とか理不尽とか、そういうことでは「草臥るる」にはならないということですね。

執行 武士道を本当に自分のものにして生きたい人は、誰がどうであれ、地震が起きようが、感染症が蔓延しようが、もっと言えば隣で誰が死んでいようが関係ない。そのくらい極端に生きないと、すぐに現世に引っ張られます。例えば、徳川家康*とか宗教革命のクロムウェルとか革命的なことをこの世で成した人は、やっぱり現世でも強いですよね。現世の一般的に嫌なことがいくらあっても、嫌なこととして捉えていない。見ているのは天だけです。

逆に言うと、「現世は嫌なことがあるのが当たり前だ」と私などは思っています。現世から逃げる人とか、すぐに嫌になってしまう人は「現世がバラ色で、いいところだ」と思っているのではないでしょうか。先にも言いましたが、私たちが子どもの頃は親や先生や近所の大人から嫌と言うほど「世間は厳しいんだ」と聞かされて育ちました。そして「死ぬまで飯を食べていくのは、本当に大変なことだ」と。それが言われなくなったのは、高度経済成長後からです。だから私などは嫌なことがあっても、世の中はそういうものだと思っている。草臥る人というのは、人生を自分の思い通りにいくものだと勘違いしていると思います。

——世の中は厳しいと言わなくなった代わりに、夢を持てと言われるようになりました。

執行　質疑応答篇の「永久恋愛論」のところで名を挙げたラーラが、百九十年も前のあの当時に現代を予言しています。

「人間の心は、何ものかを信ずる必要がある。信ずべき真実がない時、人は嘘を信じるのである。信じるものが他になければ、人間は生きている時代を信じるほかないからだ」

ラーラがいう嘘こそ「みんなが幸せになれる」「みんなが成功できる」という今の時代の価値観

です。はっきり言って、みんなが幸福になることは宇宙の法則上、絶対にないことなんです。なぜなら宇宙エネルギーは陰陽半々、正と負は必ず半々のエネルギーで交わるので、分けるとしたら半分が幸福な人でもう半分が不幸な人。もう一歩踏み込めば、幸福になった人がいる分だけ不幸になる人がいるということ。全員が幸福になることがあるとすれば、それは宇宙が滅びるときです。

「みんなに幸せになってもらいたい」。言葉はきれいで、誰もがそうなってほしいと思います。でも、そうなることは絶対にない。こういう綺麗事こそがサタンだということです。

——ああ、「魂の戦いは、サタンとの戦いだ」「サタンは魅力的で美しく、また健やかである」と思索篇第四章にあったのは、世の中に蔓延するまやかしのことですか。

執行　まやかしというか、嘘ですよね。ヒューマニズムが言っていることは、すべて素晴らしい。私だって、その言葉は素晴らしいことだとは思います。でも人間の歴史からみて真実ではないから駄目だと言っているのです。

『聖書』をちゃんと読めば分かりますが、神は厳しいのです。キリストも「般若心経」も「ギーター」もみな厳しいです。だいたい神は「怒りの神」として現われ、人類に鉄槌を食らわせる。そこに出てくる「赦し」と「甘言」こそがサタンです。

だから神の怒りや裁きのないヒューマニズムというのは、サタンだということです。昔のキリスト教は、その両輪が揃っていたのです。今は違いますが。サタンの言葉は、きれいで美しいから、みんな騙されます。詐欺師もそうでしょう。女性なら美人だとか、男性なら優しくて思いやりがあるとか、みんなそういう表面に騙されるのです。厳しくて嫌な奴だったら、誰も騙されません。

——執行先生は武士道や葉隠の魂を生きながら、肉体は現代社会を生きてこられて、大きな矛盾や不条理を感じることはありませんでしたか？

執行　もちろん、ずっと葛藤しています。苦悩し戦いに明け暮れてきました。武士道を生きることは、永遠の苦悩を引き受けることだと私は考えています。矛盾や葛藤と戦うことそのものが人生の豊かさを創ってくれるのです。二十代までは苦しいこともありましたが、三十を超えた頃からは、そういう自分の運命が何よりも好きですね。

——思索篇第四章の中に「精神の中に、矛盾を一刀両断にする専門の場所をつくる」という内容がありました。矛盾を一刀両断するというのは、どのようなものなのでしょうか。

執行　「専門の場所をつくる」というのは、精神の部分に絶対動かない聖域というか、そういう場所を一つひとつ自分で創りあげていくのが、武士道を中心とした文化をものにするやり方だということです。精神を全部変えることはなかなか出来ないもので、一部に絶対の部分をつくる。私はそうしてきました。分かる分からないは別にして、精神の一部分だけは矛盾を悩まずに受け取る場所として取っておけばいいのです。ずっと、そこに保管しておいてもいいのです。

そして出来ることなら、矛盾や葛藤を抱えても、その精神の特別な場所で一刀両断にするのです。「苦悩や葛藤を抱えていたら一刀両断することが出来ない」というのは、「やりたくない人」の考えです。抱えようが何しようがやるというのが、やる人の考えです。矛盾や葛藤、苦悩を全部抱えたとしても、何か断行するときには、一刀両断にして道を拓いていく。そういう神の剣を収めている箇所を、精神の中に持っていなければいけません。

――矛盾や葛藤を抱えていても一刀両断する……？　抱えたままでですか？

執行　抱えていても、悩んでいたら駄目だということです。抱えていても、悩まない人は悩みません。今は「悩んでいい」と育てられてるから、このことが結構分かりづらいようです。分からなければ、棚上げにして保管しておけばいいのです。

一刀両断をどう捉えているか分かりませんが、一刀両断というのは自分の行く手を決めることで、だからといって悩みや葛藤が無くなるということではありません。それこそ『聖書』の「出エジプト記」、要するに「十戒」でモーセがエジプトで海を渡るときに、海がドーンと真っ二つに分かれて道が出来たと言われているじゃないですか。あれが一刀両断です。一刀両断したからといって、海がなくなるわけじゃない。海が分かれて壁になって、両側でものすごい塊になっている中を急いで勇気を振り絞って突き進んで行くのです。それが人生なのです。そして革命を成し遂げるための生き方と言えましょう。

──なるほど、一刀両断すれば矛盾や葛藤は消えてなくなり、迷いがなくなると思っていました。ある意味では常に揺れ動く不安定な自分が嫌なのかもしれません。

執行　迷いながら生きていくと決めるのも一刀両断です。迷っていいし、死ぬまで迷うのが人間です。迷って苦悩して、そのまま死んでいく。それが人類だと私は言っています。犬死であり未完の人生です。それでもいいと葉隠は言っています。

　私自身も矛盾や葛藤の中、それを一刀両断して「葉隠」の生き方を貫徹したいと思っています。ただ理想が山本常朝や鍋島助右衛門、そして楠木正成*や騎士ローラン*ですから、遠く及ばない自分に苦悩しながら生きているわけです。

志とは、初心の理論化である

――「永久革命論」の最後になりますが、「葉隠十戒」の第九戒「必死の観念、一日仕切りなるべし」について、その解釈をお話しいただけますか。

執行　これは日々「初心に戻る」ということです。例えば、会社を経営していればいろいろなことが毎日起こります。そのとき、何か決断を下さなければいけない場合、私は必ず「創業の志」に戻って考えます。これが「死ぬ」ということであるということは先に触れました。創業の志というのは過去の時間だから、もう現世じゃない。ある意味では創業のときは既に霊界です。つまり初心に戻るということは霊界に行って判断することだから、死ぬということなのです。

これは経営に限ったことではなく、結婚で悩みがあるとしたら、結婚したときに戻って「どうして、相手と結婚したのか」を考え直すことが初心に戻ることとです。要するに、現世から離れるという意味です。

「必死の観念」というのは、必ず死のところに戻って、毎日、毎日、仕切り直さなければ現世を本当に生きることは出来ないということです。時間として過ぎ去っていく一日一日というのは現世であって、そのまま流されてしまえば地上平面のくだらない日々になってしまいます。そうではなく人間の魂はいつも清純で美しいものに接していなければ駄目なのです。それは霊界、要するに天にあるのです。

天とは過ぎ去った時間であり、また未来の時間です。その天に行くということは、我々現世に生きてる人にとっては初心に戻ることを意味します。初心というのは、エデンの園です。毎日「そこに戻れ」ということを言っています。

――毎日ということが大事ですね。

執行　毎日戻らないとそれなりのことは成し遂げられません。また、長年に亘って何事かを継続することも難しいでしょう。

結婚なんかもそうです。昔は離婚する人が少なかったのは、そういう初心に返ることをみんな自然とやっていたのです。結婚した頃を思い出して、大変なことを二人でくぐり抜けてきたな、と。いま女房はこうなっちゃったけども（笑）、でも俺もこの女房に若いときは本当に惚れたんだよな、と。その「惚れた」ということは本当に清純な美しい時間だったのです。その時間が、生命の本質だということです。

――執行先生も毎日仕切り直しをされている。

執行　もちろんしています。するなどというレベルではありません。それだけによって生きて来ました。志という初心に日々戻らなければ、私などは会社経営を一日すらすることは出来なかったでしょう。そして何よりも『葉隠』にこの言葉があるということは、毎日、志を立てた初心に戻らない限りは最後まで武士道を貫徹することは出来ないと、山本常朝も感じていたということです。私もそれに倣《なら》いたいのです。

――志と初心というのは、同じですか？　志というと意志が入ってくる印象があります。

執行　初心が理論的になれば志です。初心というのはそのときの感動です。感動の段階が「初心」。その感動を理論に落とし込んだのが「志」です。

――やはり、物事を成し遂げるには志になってたほうが強いですか。

執行　当然そうです。初心のままにしてあるから、みんな忘れてしまうのです。初心の感動を志に落として、その志をさらに形而上学化していったらもっと強くなります。私はどんどん形而上学化していくから、強いのです。形而上学化とは、理論が魂の力に変換した段階を言います。
うちの会社を例にいえば、うちは特別に社員募集をしていません。うちの会社が好きで、うちの会社に入りたいという人しか採用していない。「この会社が好きで、この仕事をやりたい」と思ったというのが「初心」です。でも、理由はいろいろですが辞める人もいる。それはたぶん初心のままで理論化できてないからだろうと思います。初心が志になって、それがどんどん魂化されていけば、どんなことがあっても辞めることはないはずです。ただ、この魂化は自分でやるしかないんで、人から言われても駄目です。それが分かれば、その力こそが人間や社会、そしてすべての物事に革命を起こす原動力に成ると分かるのです。

——なるほど。この「葉隠十戒」は執行先生が『葉隠』を読んだときの感動を理論化したと言うことも出来ますね。

執行　そうです。これこそ理論化の始まりです。『葉隠』を小学校一年に読んで好きになり、小学校五年生までちょこちょこ読んで、この「葉隠十戒」を立てて「自分の人生はこう生きる」と決めたのが志です。そしてそれからの人生で志をどんどん、どんどん深めていったということです。そして、それが思春期には魂の奥底において形而上学化したということでしょう。

——『葉隠』を読んで、ただ「かっこいい」では終わらなかった。

執行　そういうことです。「誰でも三日はナポレオン」という言葉を聞いたことがありますが、ナポレオンのような勇ましい気持ちは、誰でも持てます。でも、それを持ち続ける人はほとんどいない。ナポレオンがナポレオンであるのは、死ぬまで思い続けたその志にあるのです。だからナポレオンはフランス革命の中から生まれ、英雄として死んでいったあの魂の革命を生き切ることが出来たのでしょう。

昔は、何かで偉人を知って「戦いに向かう勇ましい生き方がかっこいい」と思った場合は、西洋ならナポレオンのように『プルターク英雄伝』、東洋なら毛沢東*のように『十八史略』や『三国志』などを読んで理論化していきました。でも、今の人は読書をしないから理論化ができない。

――読書が理論化の第一歩ということですね。

執行　そうですね。まず、私の「葉隠十戒」のような一生涯動かないものを、皆さんが打ち立てられるかどうかにかかっています。そしてどんどん理論化していくことです。そうすれば、死ぬまで貫く志が決まります。それによって、いかなる革命的な生き方でも人間には出来るようになるのです。なぜなら、革命が人間の魂の本体だからに他なりません。

第五章

永久運命論

質疑応答篇・インタビュー——

使命とは何か

――これまで執行先生のお話をお聞きしてきて「人類の使命」という視点を感じました。今までは「自分の使命」を見つけるということに意識が向いていたように思います。

執行　基本的には死生観と一緒で、人類の枝葉が我々だから、人類の使命が分かってないと自分の使命は出てきません。我々は人類として生まれているのですから、まずは人類の使命がありまｓす。それを強く認識すると、個人個人の使命は自然と浮かび上がってきます。その点でも、『葉隠』は武士道の最も厳しい最も深いところをえぐっているので、それがそのまま人類文化の本質にまで到達しているのです。あのカントがケーニヒスベルクという田舎町から生涯出ることがなかったにも拘わらず、世界哲学を樹立したことに似ています。山本常朝は佐賀の黒土原《くろつちばる》に閉じこもることによって人類の深淵にまで触れたのです。

――使命は出てくるものなのですか。見つからず探しているというのは、違うのでしょうか。

執行　探してるというのは違います。自分の身近にある自己の「運命」を掘り下げると、それが使命を浮き上がらせて来るのです。それを阻害するのが自分の好き嫌いの感情でしょう。多くの人は自分が好きなものを探してるだけです。いわば趣味です。趣味と運命や使命は違います。それぞれの人に与えられた使命は、一人ひとりの運命の中にあります。それに体当たりするしかありません。それは、元々決まってるものなので、発見するものなのです。使命は生まれたときの宿命と、そこから出現して来る運命によって決まって来るのです。

まずは人類に使命がある。人類の使命が分かると、次には、フランス人にはフランス、日本人には日本、ドイツ人にはドイツとしての使命があるわけです。その中の一人として、それこそ日本民族の中で東京に生まれた人の使命、愛媛で生まれた人の使命。それから、今度は家です。「何とか太郎べえの子ども」として生まれた使命、そういうのが次々に出てくるわけです。これは元々あるもので、それに気が付くかどうかです。それが私の言う「運命」です。そして自分の魂に対して次々に宇宙から運命がやって来るのです。

――人類の使命というのが大前提で、自分の使命は一番小さなものだということですか。

執行　小さくはありません。宇宙の使命という大海から出た一滴ですから。海の水も、コップ一杯の水も質的には全く同じ水だということです。これが同じものだと分かるか、分からないかが、重大だと思います。自分の使命はすべて、本質は宇宙的使命なのです。一人ひとりの魂の中に世界的使命、人類的使命が元々宿っているのです。自分に貫徹している運命はまた、自分の死後も永久に宇宙に存在するエネルギーだと思ってください。我々の存在は、その永遠の脈動の一環として生きているのです。

――やはり使命や運命を認識するには、まず「自分が何者か」と分かることが大事だということですね。

執行　それが分からないと、運命が運命としては発動しません。言ってみれば、それは自分の宿命を受け入れるところから始まります。もっと簡単に言うと、「運命は差別と制約の中から生まれる」わけです。個別に与えられるものだから、それは当たり前のことなのです。みんなが一緒では運命であるはずがありません。

――差別と制約……。

執行　要するに、運命は人類文化の中から生まれます。それが個人個人に分霊として分かれたものが、個人の運命なのです。自分独自の運命に生きた人物で十字架の聖ヨハネという人が中世のスペインにいました。その人の言葉が独自の運命を切り拓くための核心を突いています。

「おまえの知らぬものに到達するために、おまえの知らぬ道を行かねばならぬ」

これが運命を生きるということです。私の座右銘であり、私の仰ぎ見る生き方です。この永久の道が『葉隠』に書かれているのです。

運命というのは人類にだけある特徴です。まずは、他の動物にはない、人類の文化を受け入れて初めて運命が発動してきます。日本人としての運命は、「自分が日本に生まれた」という自覚がない限り、出てこない。男性なのか、女性なのか。自分が生まれた家柄がどうなのか。違う家に生まれたかったと言っても、それは出来ないことです。そういう変えることの出来ない宿命の中から、自分の運命というのが見えてくるのです。

「運命」は「運ばれる命」、あるいは「命が運動する」と書きます。動くもの、動かないものが人生にはあるのです。動かないものが宿命だとすると、動くのは生命と時間、つまり自分が生きている間ということです。動かないものを受け入れれば、自《おのず》から動くものは見えて来るのです。そして、それは同じものは一つもないのです。

――今はそれぞれが与えられた宿命を「差別だ」としてなくそうという社会です。そうすると運命も宿命も見えてこない時代ですね。

執行　もう運命どころの騒ぎじゃない、人類がなくなると私は何度も言っています。人類の文化は差別によって生まれてきました。それぞれの民族、そしてそれぞれの家や個人が、自分に与えられた独自の「運命」を磨き上げることによって「文化」のすべては生まれたのです。すべては差別化です。もちろん運命に負けた人間も多かったというのが歴史の事実なのです。

今では男と女もすべて平等、ちょっとでも性差を言うだけで差別だなんだと騒いでいますが、そんなのは地球と火星が平等だと言っているのと同じ話です。地球は地球、火星は火星で価値がある。火星は火星でなければ駄目だし、太陽は太陽でなければ駄目なんです。女性は女性、男性は男性。そうでなければ、何の価値もなくなってしまいます。違うから価値があるのです。

――今は「みんなが太陽に」という風潮ですね。

執行　みんなが太陽になったら宇宙はなくなります。そんなのは当たり前じゃないですか。「男と女は違う」「あの民族と、この民族は違う」「あの家と、この家は違う」。そういうところから文化が発生してきたわけですから、差別がいいとか悪いの議論をすること自体が間違いだということに気付かなければなりません。武士道や騎士道は、人間のもつ勇気や気概を問う文化なのです。それは勇気の鍛練によって、それがある人間とない人間の「差別化」によって発展して来たのです。

魂の平等

──すべて人は差別と制約から逃れられない宿命があり、そこから自分の運命が見えてくる。それは人生の深い真理だと感じます。

執行　物質的に人間が平等になることは絶対にありません。民族も違う、生まれた地域、家、時代、すべて不平等です。私もよく考えますが「ああ、明治に生まれたかった」とか「戦国時代に生まれたかった」と言ったって、これは絶対に出来ないことです。人間は生まれる時代も選べない、生まれた親も選べない、家も選べない、国も選べない、地域も、何もかも選べない。選べるものは何もないのです。

人間にとって真の平等、それは生命と魂だけです。これだけが真の平等です。これ以外に平等なんてない。ただ一つ平等に与えられているものは、この世に生まれてきた命と、その命に乗っかっている人間としての魂です。そしてその魂の発露である「文化」の中にしかないのです。この本当の平等の尊さ、ここに行き着くか、どうか。これが武士道を貫徹できるかどうかの要諦であるとして、常朝が「同じ人間が、誰に劣り申すべきや」と言っているわけです。つまり武士道という魂の文化の下《もと》における平等です。魂の文化だけが、人間の努力に報いる真の平等を培って来たのです。

──それが「葉隠十戒」の第十戒「同じ人間が、誰に劣り申すべきや」ですね。

執行　山本常朝が言うこの気概を持っていなければ、文化や武士道は貫徹できません。昔の武士がみんな武士道に命を懸けて鍛練と修行に励んだのは武士道の掟の前では誰もが平等だからです。「武士道の魂の前では将軍も足軽もみな平等だ」という内容の文献もたくさん残っています。江戸時代は三百年間、家柄を変えられませんでした。でも、足軽も家老も将軍も、武士道というものに対面したときは平等なのです。例えば、将軍といえども、何かから逃げたら「臆病者の将軍」の烙印を押される。反対に足軽でも勇気を奮い起こせば「あの足軽は立派な武士だ」ということになれるのです。今みたいに「偉い人は逃げていい」という時代と違います。武士道と対面したら全員一緒。昔の人は生きる価値を魂の発露に感じていたのです。

だから、明治時代に偉い人は、大久保利通*ではないですがみんな暗殺されたでしょう。あれはみんな護衛を付けていなかったからです。護衛なんか付けたら武士ではない。武士道は自分の身は自分で守るのが掟。だから、明治人まではどんなに偉くなっても、護衛を付けていません。一人で行動してるから、襲われたときにはその多くが殺されてしまったのです。それが武士道です。日本最高の権力者の大久保利通も素浪人も、自分の身は自分で守るという武士道の掟に関しては平等ということです。位が高くてお金があるから護衛を百人付けるとか、そういう話ではないのです。

武士道に限らず、文化も同じです。茶道でも、茶室に入ったら天皇も、将軍も、サラリーマンも関係ない、とよく言いますね。茶室の空間では、全員が平等。それが茶の文化です。

――平等だからこそ「同じ人間が、誰に劣り申すべきや」という気概で生きることが大事だということですね。

執行　私は武士道に生きて、武士道で死ぬつもりだけれども、本当に死ぬまで武士道を貫徹できたら、どんな歴史上の偉い人とも同等の人生を送れたということです。山本常朝や鍋島助右衛門、あるいは近藤勇や土方歳三とも、全部同等。彼らに出来たわけだから「俺に出来ないわけはない」。なにも怪物でなければ出来ないわけじゃない。「同じ人間の子どもに出来たもので、自分に出来ないものはあるわけない」と思ってなかったら、武士道を貫徹は出来ないということです。

武士道だけではありません。茶道だって「千利休*に出来たことは、全部、自分にも出来る」と思わなかったら、真の茶道を貫徹することは出来ないのです。

真の謙虚さとは

――いま「歴史上の偉人に出来て自分に出来ないことはない」という気概を持っている日本人は少ないように思います。特に日本の子どもたちは自己肯定感が低く、「自分にはそれほど価値がない」と思っている割合が諸外国に比べ突出して高いというデータもあるそうです。

執行　私はそうは思いません。世界で一番「自分に価値がある」という自己肯定の教育をしているのが、日本だと思います。

今の日本人は、自己主張さえしないという傲慢さです。自分に価値があることは、もう大前提なのです。私は海外にもたくさん知り合いはいますが、自分のことを一生懸命アピールしてきます。特に若い子はそうです。健気でかわいいですよ。日本人はアピールなんかしません。自分は元々すごいから、アピールする必要がないのです。非常に陰険な傲慢さですよ。「世界に一つだけの花」とかいうアイドルの歌もありましたね。先ほどもそのような話がありましたが、今の日本は、何の努力もせずに自分には価値があるとすべての人が思っています。人間の努力とか涙とか汗の本当の価値を忘れてしまった。中国人のアピールとか、かわいいじゃないですか。「俺っち、すげえぜ」って。

――すごい主張をしてきますね（笑）。

執行　アメリカもそうですよ。私は、良い悪いではなく、そのほうが人間として普通だと思います。日本人は主張もしないほどに、自分たちの価値を完全に高いと見ている。私は同じ日本人として非常に恥ずかしいと思う。日本人が世界で嫌われているのがよく分かります。日本人は一種の家族主義で、主張する必要がないくらい甘やかされて育っています。学者を含め、皆さん「海外は自己主張が強い」と日本人は言いますが、私は海外の人の方がずっと自分の価値を感ずるのは弱いと思います。弱いからこそ、自分の意見を言うのです。

――確かにそういう見方も出来るのかもしれません。

執行　例えば、私も命懸けで読書してきましたが、読書家というのは謙虚なんですよ。読書家の中では、私は主張が強い方だということは分かっています(笑)。だから、私以外はそうです。自分に足りないものがあると思うから、本を読んで勉強してるわけです。私はいま七十歳ですが、本を読まない日は一日もないですよ。やはり、自分に足りないものがあると思っているからだと考えています。

でも、本を読まないという人を私は何人も知っていますが、ものすごく傲慢です。読む必要がないわけですから。「自分は本を読む必要がない」ということは「自分は頭がいいから」「自分の見方、考え方は正しいから」と言っているようなものです。そして、そういうことにさえ気付かないほど傲慢な人間に現代人はなっているのです。

同じ日本人でも、昔の人のほうが謙虚でした。例えば昔は、私の批判をしようとしたら、少なくとも私の著作や武士道とか何かの本をたくさん勉強してから私のところにやって来ますよ。私は共産主義が大嫌いですが、だからこそ学生のときから共産主義の文献をうんと読んできました。それは共産主義者に反発して、議論するためです。

でも今の人は興味なかったら「ああ、私、それ嫌い」または「興味ありません」で終わりです。本当に現代の日本人はどこまで甘やかされた「何様」なのか、私には全く分かりません。共産主義者と議論するために『資本論』とか共産主義の本を全部読んでる私より、「ああ、それ嫌い」で終わる人のほうが傲慢だとは思いませんか？

――そのとおりですね。

執行　今の日本人、多いですよ、そういう人は。「私、それ嫌い」で終わるのは諸外国より日本人のほうが圧倒的に多いです。ここのところを、日本人は自身で分かる必要があります。

だから本当は「自分はつまらない人間だ」なんて、日本人は思っていないです。自分を「つまらない人間」と言うときは、だいたいが楽《らく》をしたいときです。ごまかしているだけで、本心からは思ってはいない。私はそういうことを言う人にたくさん会ってきましたが、誰一人として自分を「くだらない人間だ」なんて思っていない。それどころか、逆です、みんな自分のことを「大したもんだ」と思っています。そういう人が、簡単に「自分は駄目な人間で」とか「自分には価値がない」とか言うのです。昔から、気楽に自己卑下をする人間くらい他者を見下している人間はいません。

――口で言っていることと、本心は別だということですね。

執行　戦後の日本もそうじゃないですか。私は東京裁判*なんてアメリカが勝手にやった傲慢な裁判で、全く認めていません。日本は戦争をして負けただけの話です。日本には日本の主張がある。国家が戦争をし、軍人が第一線に立って戦うのはどこの国だってしてることで、全然悪いことじゃない。だから犯罪者ではないですよ。でも、そういうことを堂々と言わないで、「悪うございました。わが国は犯罪国家でした。犯罪者の親玉はこのA級戦犯のこいつらです」とアメリカに差し出しておいて、その実、本当は悪いと思ってない。悪いと思ってない証拠に、A級戦犯で絞首刑になってる人たちの家族は、全員、戦後社会で出世をして良い思いをしています。私はずいぶん追っかけて調査しましたから確かです。

こういう上辺だけの平和主義が、本当に情けない上に傲慢だと言っているのです。これが武士道を失った、今の日本人の姿だということです。日本人は武士道を生み出した民族なのです。それを思い出してほしい。「運命」というものを一つの美学にまで育て上げてきた国民なのです。もうそろそろ、高貴性を取り戻さなければなりません。魂の崇高性を人生そのもので現実化しなければならないのです。そのために『葉隠』があるのです。

自由とは魂の躍動である

――思索篇の第五章では、「自由」ということにも触れられています。「自由」の意味も戦後の日本でははき違えられているところがあると思いますが、執行先生がここで用いられている「自由」とはどういう状態のことでしょうか。

執行　魂の躍動です。自分の魂が躍動して生命が燃焼していることが、人間の本当の自由です。昔から宗教家や哲学者が「自由」について語っていますが、それは全部魂の自由という定義で間違いありません。どちらかというと、肉体の方がどうでもいいものだとも言えるでしょう。肉体と本能の自由に捉われたとき、人間は真の人生を失い、わがままと放縦に流れるのです。

――魂の躍動というのは、喜んでいるような状態でしょうか?

執行　魂が無限に高いものを目指して進化し、躍動している状態です。魂の進化とは、人間の場合は宇宙の本源を志向することを言います。生命の躍動というのは、自分の生命が燃焼するということだから、簡単に言えば体当たりです。その二つしか自由はないです。そこには好き嫌いは関係ありません。辛いか楽かも関係ない。ただひたすらに、自分に与えられた運命に向かって体当たりするのです。それが真の自由。その結果は、その人を「永遠」に結び付けてくれることになるのです。

――その二つはまさに葉隠であり、さらには「葉隠十戒」に凝縮されていることですね。

執行　そうです。文化というのはすべて魂のエネルギーを凝縮するためにあらゆる制約を加えます。制約を加えることによって、エネルギーの凝縮をもたらすものが文化であり、その中にだけ人間の自由があるわけですよ。そして真の平等という話も先ほどしました。元々文化というものは、人間が魂の自由と平等を求めて努力と涙と汗で築き上げてきたものなのです。

――制約の中にこそ自由がある……。

執行　そうです。例えば、言葉一つでもそうですよね。昔の方が、言葉はうんと複雑でした。色だって、昔は赤でも数十種類あって、その一つひとつに「ベンガラ色」とか「あかね色」とか「朱色」とか名前がちゃんとありました。そういう制約が強いときほど文化が発達しています。そのかわり、覚えるのは大変です（笑）。その大変さが、人間の価値を創り上げてきたのです。

――それを今は全部「赤」と呼んでいるわけですか。

執行　それに近づいている。数もそうですよね。兆の上に京とか那由他*とか阿僧祇*とか、いろいろありました。また数の特定の組み合わせによって、色々な表現の違いがあったのです。一番簡単なものは今でも残っていますが、一ダースのダースなどはその名残りです。今そういう言葉もなくなっているということは、そういう思考を形成できないということです。物質主義に冒され、無限に向かう躍動を忘れてきたのです。

――昔の古代インドで宗教的に言われていると思われてきたことが、実は今の科学で解明すると合致していることがたくさんあるといいますが、それと似ていますね。

執行　そんなことは数えきれないほどたくさんあります。だから私たちが学校で習ってきた歴史とは逆で、魂に関しては、人類は誕生した最初が一番高度で、宇宙的に見ればどんどん低下してきたのです。発達してきたのではありません。そして、いよいよもう最終段階まできてしまった。魂については退化の一途を辿っているという事実に、人類は早く気付かなければなりません。

——科学技術が発達する一方で、人間の思考や精神性は低下していったのですね。

執行　その科学技術も、人間の思考がルネッサンスで神から分かれてから、好き勝手のし放題です。宇宙の法則と違うものをこの世に作り出しています。それで原爆や還元不能物質まで作ってしまった。

ルネッサンスまでは、宇宙の一環として人間がつくって良いものと悪いものの分別がちゃんとありました。それをしていたのが魂なのです。例えばルネッサンス期に生きたレオナルド・ダ・ヴィンチ*は、ベネチア海軍の要請で潜水艦を設計して、図面まで完成していました。それをベネチア海軍に渡せば大変なお金になるのに、ダ・ヴィンチは直前に図面を破棄しています。それはなぜか。「この潜水艦が出来たら、卑怯な人間が正々堂々とした人間に勝つことが出来てしまう」と考えたと伝えられています。こういうのが魂を重んずる人類の考えです。

だから当然、神と一体だったときの人間は、今と比べれば技術面での発展は遅かった。宇宙の中で生きている一環としての人間であることを分かっていたので、宇宙に背くようなことは出来なかったのです。それは我々が「弁《わきま》え」と呼んでいるものです。人間の生き方と死に方の上で、弁えほど大切なものは他に一つもありません。人間が生きる上での中心思想と言ってもいいでしょう。「自分の位置」や「身の程を知る」ということです。これが今、破壊されてしまったのです。

自分の運命を知るのにも、この弁えが一番大きな働きをします。武士道や他の文化を身に付けるのも、弁えの働きだけにかかっているでしょう。

人類は神とともにあった

――ルネッサンスは今から五百～六百年前のことですから、人類が神とともにあった時代のほうが遥かに長いわけですよね。

執行　全然、もう遥かに長い。人類が誕生してからほとんど九九・九％の時代が人類は神とともにありました。それが歴史時代に入ってからある意味、急速に転げ落ちていくように精神性が低下していったということです。人類史の歴史から見たら、釈迦やキリストが生まれた時代だってつい昨日のようなものです。

弥生時代からの二千年なんて、本当にすぐです。エジプト文明から五千年と言ったって、人類史から見たらもう数日といった感じです。文明をつくる前にも、神と生きていた人類がエジプトはエジプトに、メソポタミアはメソポタミアに、何十万年も前からいたわけですよ。

『老子』*の中に「大道廃れて仁義あり」という言葉がありますが、神とともに生きていた太古の人は道徳なんて必要なかった。仁だ義だなどという道徳を言い出したということは、もうすでにその本質を人類が失ってきたことを示しています。だから春秋時代に出来た『論語』のような道徳的な教えは、それ以前に必要なかった。孔子自身が言っています。中国で「霊宝」と言われた夏とか殷の時代の、あの偉大な中国の文明が崩れて来たと。孔子はずっと、この昔の二つの王朝の文明を人類の中心の魂として慕っていた人だったのです。

そう考えると、釈迦やキリスト、孔子が生まれたのは、人類に対する警告だったのではないかと思います。「おまえたち、魂をしっかり持ち直さないと人類は終わるぞ」という。

――私たちが学校で教わる歴史では、旧石器時代や縄文時代はほんのわずかで、それから約千五百～二千年くらいの出来事を長い時間かけて学んできました。でも真実の人類史とは違うということが、執行先生のお話から分かってきました。

執行　ある意味で、人類の歴史が残されるようになってから、精神性が低下してきたのかもしれません。旧石器時代を経て一万～二万年近く縄文時代が続きましたが、縄文時代は争いのない時代だったと言われます。その後、弥生時代に入って歴史時代になった。もうこの時代から、人間は相当魂的には低下して、物質が中心になってきたわけです。

物質が大切だと「あいつの方がたくさん持ってる」と言って、家族や近所と離反し合います。それを裁断するために力のある存在が必要となり、国家が出来、裁判所が出来てきたのが人類の歴史です。

今の人は、狩猟文明は稲作ではなかったから国家がなかったというけれども、そうではなくて、当時の人類に物質的な考え方がなかったのだと思います。魂の鍛練の方に興味と努力が集中されていたのだと考えられます。それと神の摂理による循環思想的な考え方でしょうね。狩猟文明であっても、人間に物質的なものを求める心があれば、強いやつが全部捕ってしまい、そこから必ず階層社会が生まれていきます。でも、当時はみんながそれぞれ自分と地球、自分と自然、自分と神、そういう繋がりがあったのです。

みんなが宇宙と一体になるような魂の進化向上を目指してれば、みんなに共通認識が出来、道徳なんてなくともみんな実践できる。自然と循環社会と成っていくのです。旧石器時代の豊かさは今では人類学的にかなり解明されています。その一つにマーシャル・サーリンズ*博士の『石器時代の経済学』があります。その中で博士は旧石器時代を、「始原のあふれる社会」と呼んでその躍動を称えているのです。それは、今より遥かに豊かな時代だったといえるでしょう。原始社会を研究すれば、人類に与えられた「運命」というものの本質が分かってきます。

脳髄を破壊する

――「永久運命論」で、一つキーワードだと感じたのは「運命への愛」です。思索篇の第五章では、「葉隠のような狂気に近い文化ほど、その愛は深いものとなる」とありますが、狂気と愛の深さについて意図するところを教えてください。

執行　基本的に運命とは、宇宙と自分との繋がりのことなのです。宇宙の中にただ独りの人間として生まれてきた自分の運命は、宇宙にしか分かりません。自分の命は宇宙から与えられているのです。神だけが自分の運命を知っている、と言ってもいいでしょう。だから、最後に残るものは神と自分の関係だけなんですよ。

人間は誰でも自分の運命を体当たりで本当に遂行すれば、他人から見れば狂気に映る。それは運命が一般論でもなく科学でもないからです。恋愛だって、本当の恋愛を貫徹したらすべて狂気です。前に昔は駆け落ちした人が何人もいると言いましたが、実際に写真で見てみたら、「なんでこんな人を好きになって、こんな人のためにすべてを捨てて駆け落ちしたんだろう」とほとんどの人が思うはずです。一人ひとりの運命というのは、そういうものです。だから、運命を貫徹するのは、すべて狂気なのです。体当たりの狂気だけが、自己の運命を貫徹できるのです。そして、その問答無用の体当たりが巨大な愛に支えられていなければ出来ないということが歴史的に人間には分かっていたのです。愛だけが、運命への体当たりを可能にするのです。愛がなければ、人間は前後を見て、損得でしか動けなくなってしまいます。その愛の深さが、他者から見て「神秘」としか見えない。

――その人にしか分からない真実がある、ということでしょうか？

執行　人に分かってもらおうとしたら、自分の運命は貫徹できません。運命が貫徹できなければ、武士道も騎士道も含めてあらゆる文化は貫徹できない。文化の貫徹は愛に支えられ、また貫徹が続くほどその愛も深まっていくのです。

――「私は葉隠によって、現世を生きる脳髄を確かに破壊した」という衝撃の一文もありますが、それもまた「狂気」に近いのかもしれませんね。

執行　命の本質を知り、永遠と結びつくためには我々は現世的な脳髄を破壊しなければならない。これは私の実感です。私は脳髄を破壊しているから、もう現代のみなさんとは全く話が合わない（笑）。歴史上の人物を見ても、ある程度のことを成した人はみんな脳髄を破壊しています。そうでなければやれない行動が多いから。脳髄は破壊しようと思っても、破壊できません。それは不断の体当たりによって知らないうちに破壊されるのです。愛の力が現世的な脳髄を破壊してくれると言えるでしょう。

そうそう、それで思い出しましたが、鍋島助右衛門の子孫の方が九州でお医者さんをされています。私の本のファンだとも言ってくれて、親しくさせていただいていますが、あるとき「執行先生は現代の精神医学では発達障害という診断が下ります」と言われました。

――発達障害？　執行先生がですか？

執行　はい。私だけでなく織田信長*とか、歴史に出てくる人はみんなそうだと言っていましたね。今の時代ではそういう診断が下るそうです。それが脳髄を破壊しているということなのかもしれません。千利休なんかも脳髄が破壊されていなかったら、戦国茶というあの茶道は出来ていないはずです。利休は知っての通り、豊臣秀吉の不興を買って切腹を申し付けられましたが、謝罪さえすれば許してもらえるところを絶対にしなかった。そして従容として死んだのです。間違いなく脳髄は破壊されています。こういう例を見るたびに、私は自分の命に誇りを感じますよ。

――確かに、いわゆる常識のある人だったら秀吉の言うままになったかもしれません。

執行　秀吉は日本一の権力者だったけれども、茶の道に関しては、利休は一歩も退がらなかったのです。文化という魂の真の平等の思想です。先ほども言ったように秀吉に「謝れば許してやる」と言われても、謝る必要なんか全くないので切腹したわけです。秀吉の方は、最後まで現世の物質の話をしていたのであり、利休は魂の話をしているのです。文化に対して、秀吉のいうままになるような人だったら、利休の茶道は出来ていなかったでしょう。

初代ローマ法王の聖ペテロもそうです。キリスト教においても二千年に亘る偉大な宗教の初期の使徒と言われる人はみんな狂気の人ですよ。「クォ・ヴァディス・ドミネ?」（"Quo vadis, domine?"）の話などは、まさに今の人からみれば狂気です。

古代ローマでまだキリスト教が禁教であったころ、ローマ皇帝のネロはローマ大火の責任を問うて、キリスト教徒を全員磔にしたとき、さすがに聖ペテロも逃げたわけです。アッピア街道をどんどんどんどん逃げていった。そのときにキリストの霊体とすれ違うのです。聖ペテロは驚いて「主よ、いずこに?」（ラテン語で「クォ・ヴァディス・ドミネ?」）と尋ねた。するとキリストの霊体は「私の使徒のペテロですらが逃げていくのだから、私は信者を救うために、もう一度十字架にかかることを覚悟でローマへ行くのだ」と答えた。それに衝撃を受けて、逃げた自分を恥じて、ペテロはローマに引き返してそのまま逆さ磔にかかった。その逆さ磔にかかった場所が今のサンピエトロ寺院、カトリックの総本山です。

この聖ペテロの後継者ということが、ローマ法王の権威の象徴です。聖ペテロの思想を守っていないなら、ローマ法王には真の価値がないのです。本当はあえて殉教の道を選んだ、その聖ペテロの狂気を引き継ぐ者こそが法王のはずです。つまりローマ法皇は、本来ならキリスト教のために命を賭して死んだ聖ペテロと同じ魂で生きていなければいけないのです。この歴史を見ても、聖ペテロの脳髄は破壊されていたことは間違いないことだろうと誰でも感ずるでしょう。

私を殺すものが、私を愛する

――思索篇第五章の終盤に哲学者ミシェル・セールの「私を殺すものが、私を強化しているのである」という言葉を用いて、「この殺すものが最も私を愛してくれるものだ」とあります。殺すものが愛してくれるというのは、どういう意味でしょうか。

執行　人間の肉体などもそうですよね。先ほど免疫の話をしましたが、白血球などもそうです。白血球は病原菌を捕食して殺すことによって、人間が生きる上で欠かせないものです。しかしそれが増えすぎると白血病になり、その人を逆に殺すことにもなります。そして足りなくなると免疫不全にもなる。つまり自分を殺す存在が自分を守っているわけです。あるいは自分で自分の肉体をいじめることによって、人間は逆に体を鍛えている。

精神もそうです。私の好きな古典の『荘子』に「生《せい》を殺す者は死せず、生《せい》を生《い》かすものは生《い》きず」（殺生者不死、生生者不生）という言葉があります。自分の生を殺している者は、かえってエネルギーが生きてくるが、生を生かそうとするものは生きないと。つまりは、自分の命など顧みずに働いている人は健康になり、自分のことを大事にし過ぎる人は健康に生きることは出来ないと、荘子は言っているのです。精神が豊かで強い人は、精神を打ちのめす鍛練を欠かしません。不断の修行と読書などもそれに入るでしょう。

運命論もそうです。運命はよくしようと思ってもよくなりません。また大事にし過ぎても衰退します。運命は勇気をもって乱暴に体当たりを喰らわすことによって強くしっかりと伸びて来るのです。そして死ぬ気で人生に挑戦することです。死ぬ気とは、自己の魂がある種の「霊界」と結び付くということになるでしょう。この世の価値観から跳躍して自己の運命と対峙するのです。ルコント・デュ・ヌイは「人間の運命は、この世のものとは限らないということを決して忘れてはならない」と語っていました。運命は宇宙から与えられているもので、運命そのものが暗黒流体《ダーク・フルーイド》なのです。「負のエネルギー」とも言いましたが、エネルギーにいいも悪いもありません。また、エネルギーの本質は陰陽半々だとも触れました。運命の悪さの裏側に、よい運命が潜んでいます。運命は悪いほど、よい。運命は悪いほど、人生は躍動する。運命は悪いほど、自分の能力が高まる。運命は悪いほど、幸せになる。これは真理を言っています。またそう信じることで、運命は必ず向上していくものです。

——宇宙エネルギーは常に逆転するのですね。

執行　陰極まれば陽となり、陽極まれば陰になるのが宇宙の法則です。そして、この法則が人類の文化、特に武士道を生み出しました。このエネルギー法則を知ることは「葉隠」を理解する鍵ともなります。

また、運命というものは、暗黒流体の混沌の中に入り込んでいる複雑怪奇な宇宙の動きだから、誰にも分からない。ただ、我々は、そこから運命をもらって、一人ひとりが生まれてきたことは確かなのです。その運命を生き、全うする以外に我々の魂を生かす道はないのです。いい運命なのか、悪い運命なのか、どんな運命になるかなんて誰にも分からない。私だって武士道に生き、武士道に死にたいと思い、「葉隠十戒」だけの人生を歩んできましたが、最後までそれを全う出来るかどうかは分からない。分からないけれども、全うしようとして体当たりして生きていくよりほかないのです。その分からない中を、突き進んで生きること自体が人生の醍醐味なのです。我々は宇宙的な運命の永久の脈動の中を生かされているのです。それを知るだけで人生の喜びは尽きることがありません。分からないということは、実に楽しいことだと私は思っています。

――その分からない運命の中に、執行先生は「葉隠十戒」という、いわば楔《くさび》のようなものを自分で打ち込んだと言えますね。

執行　その通りですね。私は自分の運命の中に自分固有のものとしてこの「葉隠十戒」を打ち込みました。打ち込んだことによって、自分の運命が分かりやすく浮き出してきました。運命自体は既に宇宙から与えられているものですから、元々あったわけです。その元々あったものが、打ち込んだ「葉隠十戒」のもつ武士道的な魂の力によって浮き出てきたということですね。その打ち込み自体が、後に考えれば人生に対する大いなる勇気だったのだと思います。その勇気に対して、私に与えられた「運命の女神」がほほえんでくれたことは間違いありません。

――逆に打ち込む楔のような存在がなければ、運命は浮かび上がってこないのでしょうか?

執行　我々の運命を創っている暗黒流体のエネルギーは宇宙を覆っている負のエネルギーですから、自分の意志で、「何ものか」を打ち込まなければ中々見えてこないと思います。何の意志も本人が示さなければ、そのエネルギーがぐるぐるぐるぐる回って、そのうち自分の魂や肉体から抜けていってしまうことになるでしょう。今、多くの人がそうやって一生を終えていっています。「自分の命よりも大切なもののために生きる」のが人類の使命です。私にとってはそれが武士道であり、この「葉隠十戒」です。どんなものでも構わない。例えば誰か他人を本当に愛する。好きな仕事に人生を捧げる。家族のために死ぬほど働く。なんでもいいのです。他の人に分かってもらえなくていい。いや、むしろ、分かってもらえないほうがいいかもしれません。
　そうやって自分というものを捧げる対象が出来ると、暗黒流体が自己の中に浸潤して来るのです。つまりその暗黒流体の中心にぼーんと何かが打ち込まれるということなのでしょう。それを動かすのが我々人間の意志の力と言ってもいい。そしてそのエネルギーが一つの焦点に向かって収斂していき、そこから初めて運命が浮き出てくる。その浮き出てきた運命に向かって、さらにエネルギーを収斂させていくと魂と生命が躍動していきます。それが人類として生まれた我々人間にとって、最も価値のある生き方だと私は信じています。

――長きにわたるインタビューとなりましたが、思索篇で論じられた内容が、非常によく理解できるようになりました。執行先生、誠に有難うございました。

編集部あとがき――取材を終えて

実業之日本社　編集部

突然、執行草舟先生の秘書の方からお電話をいただいたのは三月に入ったばかりの頃でした。当初は「超訳葉隠」という題名で、執行先生にインタビューをしながら一冊の本にまとめる構想で、まずはその骨子となるレジュメの作成を先生に依頼していました。いよいよレジュメが固まり、取材が始まると思っていたところ、電話口の秘書の方から言われたのは意外な言葉でした。

「社長が原稿を書き上げてしまいました」

聞けば、レジュメを考えていた執行先生は次第に筆が乗ってきて、どんどん書き進めていくうち、約九万三〇〇〇字（四〇〇字原稿用紙二三三枚）におよぶ本書第一部「思索篇」を書き上げてしまったといいます。しかも、それに要した時間はわずか四日――。原稿を拝受し、読み進めて感じたのは、これだけの原稿をわずか四日で仕上げてしまう執行草舟という〝傑物〟のスピード感、バイタリティ、そして無尽蔵な知識量にただただ圧倒されるばかりでした。

第一部「思索篇」を受け、特に現代の人間が理解しにくい部分を第二部の「質疑応答篇・インタビュー」としてまとめていくにあたり、取材は毎回三時間半を超える白熱したものとなりました。

「いただくご質問は現代のヒューマニズムと戦後の似非《えせ》民主主義に冒されていますね」

執行先生はそう言って苦笑しつつも、こちらからの質問に対して魂論、死生観、葉隠論、現代への警鐘等、次々と展開。時にユーモラスに、時に怒気を強め、時に呻吟するかのように、渾身の力を込めてお話しくださいました。取材後は、まるで警策に打たれ続けた座禅後のような感覚で、「いままで自分の人生、なんだったんだろう」と思いながら、重い足を引きずるように家路についたものです。

ただ、出来上がった原稿を読み返してみると、編集者がヒューマニズムと戦後の似非民主主義にどっぷり浸かっていたからこそ、「現世の代表」として多くの読者の皆さまが抱くであろう疑問や問い、考えを、執行先生に率直にぶつけられたのかなと感じます。

「私には葉隠しかない。そのような人生だった」

そう「思索篇」に書かれているように、『葉隠』は執行先生の人生と思想の根幹といっても過言ではなく、その「葉隠」を真正面から論じた本書は、数ある執行作品の中でもまさに金字塔のような一冊になると確信しています。

何より、本書の奥付に刻んだ「七月二十七日」。この日は執行先生の亡くなられたお母様のお誕生日です。幼少期、一か八かの大手術によって大病を乗り越えた執行先生が初めて手にした本である『葉隠』。その本のすべての漢字にルビを振ったのがお母様でした。見方を変えれば、お母様が執行先生と『葉隠』との邂逅を橋渡しした、と言えるのかもしれません。そのお母様のお誕生日に本書を世に送り出すことができ、編集者として感慨深く思います。

また、執行先生が運営される「戸嶋靖昌記念館」。「魂の芸術家」としてほれ込み、最期の芸術活動を支え、美術館までつくった戸嶋靖昌と執行先生の最初の出会いは、当社の系列会社であるサン・アートが発行する『月刊美術』だったといいます。そして今回執行先生と出版に至るまでのご縁を結ぶきっかけとなったのは、その戸嶋靖昌と高校の同窓であり、当社の創業者・増田義一の伝記を書かれた一般財団法人　新渡戸基金・理事長の藤井茂先生が発端でした。こうして考えると、一冊の本が生まれる背景には、本当に数多くの縁のめぐり合わせがあるものだと敬虔な気持ちになります。

インタビュー取材を行うにあたり、和ごころ大学の白駒妃登美先生には、「執行先生の本のためなら！」と惜しみないご助力を賜りました。また、執行先生が経営する㈱日本生物科学の社員の方々にも大変ご配慮いただきました。

最後に、『葉隠』は一七一六年に完成したと言われ、今年で三〇五年になります。これまで『葉隠』の解説書は多数出版されてきましたが、山本常朝の魂の代弁者としてその精神を伝える書は本書が日本史上初めてでしょう。三〇〇余年の時空を超え、執行草舟という人物を得て、山本常朝の精神性を現代に蘇らせることができ、常朝も喜んでいるのではないかと思います。

インタビュー中、執行先生は何度も「もう人類は滅びる」と仰いましたが、本書を現代の人々が読み継ぎ、三〇〇年後の人類にも山本常朝、執行草舟先生のように「魂のために生きる」精神が息づいていることを祈って、編集者として「第二部・質疑応答篇」のあとがきとします。

超葉隠論

注釈、参考文献

注釈

【あ】

相田みつを（あいだ・みつを／1924－1991）
書家、詩人。栃木県足利市で高福寺の武井哲応に師事し在家のまま仏教を学ぶ。自作の詩を独自の筆法で書き、各地で展覧会を開催。『にんげんだもの』はベストセラーとなった。

阿僧祇（あそうぎ）
サンスクリット語のasamkhyaの音写。①数えられないほどの大きな数。②数の単位。10の56乗。一説に10の64乗。

アナール派（L'école des Annales）
現代フランスの歴史学の主流をなす学派。1929年、ブロックとフェーブルの二人が創刊した「社会経済史年報（Annales d'histoire économique et sociale）」にちなむ呼称。事件史を中心とした伝統的な歴史学に対して、人間の生活文化のすべてを視野に収めた総合的歴史学を目指す。

『阿部一族』（あべいちぞく）
森鷗外の短編歴史小説。1913年『中央公論』に発表。寛永年間に肥後国（熊本県）細川藩にて起きた史実をモチーフに、亡君に殉死の許しを得られぬまま腹を切った藩士・阿部弥一右衛門一族の悲劇を描いた。

アマテラス（天照大神）
記・紀神話などにみえる最高神の女神。太陽神的性格をもつ。伊奘諾尊・伊奘冉尊の子。高天原を統治。弟・素戔嗚尊の乱暴に怒って天の岩戸にこもり国中が暗闇になったという神話や、孫の瓊瓊杵尊を葦原中国に降臨させた神話などが知られる。天皇家の祖先神として伊勢神宮にまつられている。

天忍日命（あめのおしひのみこと）
日本神話の神。天孫降臨に際し、天津久米命（あまつくめのみこと）とともに先駆けを務めた。大伴氏の祖神。

アラゴン〈ルイ〉（Louis Aragon／1897―1982）
フランスの詩人、小説家。シュールリアリズム詩人として『歓びの火』や小説『パリの農夫』を発表。共産党入党後はロシア革命を賛美する『ウラル万歳』や社会主義レアリズムを唱えて『現実世界』の総題をもつ膨大な連作小説を発表し始めた。第二次世界大戦中は対独抵抗運動に参加し『断腸』などの作品を残した。

アルトー〈アントナン〉（Antonin Artaud／1896―1948）
フランスの詩人、俳優、演出家。シュールリアリズム運動にかかわり1927年、ジャリ劇場を創設、残酷劇を提唱。前衛演劇の先駆者で、死後に大きな影響を与えた。主著に『演劇とその分身』がある。

一者（to hen）
プラトン、プロチノス哲学において、世界の根源をなす第一の、最高の原理をいう。ここから、一ならざるもの、すなわち多者が発出する。近世形而上学においてさまざまに形を変えて（神、主観、自我、実存など）現われている。

岩波茂雄（いわなみ・しげお／1881―1946）
岩波書店創業者。第一高等学校時代に同じ一高生の藤村操の自殺に衝撃を受け、のちに岩波書店を創業。夏目漱石の知遇を得ながら出版業を展開し、一大事業を築いた。

『ヴェーダ』
サンスクリット語で「知識」という意味で、紀元前1000年頃から紀元前500年頃にかけてインドで編纂された一連の宗教文書の総称。口述や議論などを経て、後世になって書き留められて記録された。広義でのヴェーダは、サンヒター（本集）、ブラーフマナ（祭儀書、梵書）、アーラニヤカ（森林書）、ウパニシャッド（奥義書）の四部に分類される。

『雨月物語』の「菊花の約」

『雨月物語』は江戸中期の読本。上田秋成の作。日本・中国の古典に素材を求め、幻想の世界を迫真的に描いた雅文怪異小説。「菊花の約」はその中の一作で、丈部左門と義兄弟の契りを結び、重陽の日の再会を約して別れた赤穴宗右衛門は、尼子の城に幽閉されて出ることを許されず、自害し、魂魄となってその約を果たした。

内村鑑三（うちむら・かんぞう／1861－1930）

明治～昭和初期のキリスト教徒、思想家。高崎藩士の子として江戸に生まれ、札幌農学校卒業後渡米。帰国後、第一高等中学校講師のとき「教育勅語」の礼拝をしなかったとして学校を追放された。のち『万朝報』の記者として足尾鉱毒事件を批判。日露開戦に際して非戦論を主張し、幸徳秋水らとともに退社。無教会主義を唱え、日本（Japan）とイエス（Jesus）の「二つのJ」に仕えることを念願とした。

ウナムーノ〈ミゲール・デ〉（「Miguel de Unamuno／1864－1936）

スペインを代表する思想家、小説家、詩人。人格の不滅を説いて思想界に強い影響を与えた。九八年世代と呼ばれるスペインの思想、国、国民のあり方を根底から問うた実存主義的な哲学を打ちたてた。代表作に『生の悲劇的感情』、小説『霧』、神秘詩集『ベラスケスのキリスト』など。

『ウパニシャッド』

古代インドの神秘的な哲学説を記した聖典。「奥義書」とも訳され、「ヴェーダ」聖典の最後部にあたるのでヴェーダーンタ（ヴェーダの末尾、極地の意）ともよばれる。

「海行かば」

『万葉集』巻18の大伴家持の長歌。大君（天皇）への忠誠心を謳った歌として、大伴氏に長く伝えられてきた「大伴氏の言立て」を家持が『万葉集』に載せたもの。1937（昭和12）年には信時潔がその一節を作曲し、第二次世界大戦中よく歌われた。

エクリチュール（écriture）
フランス語で「書くこと」「書かれたもの」の意味。主体の自覚的な意味作用を超えた言語の自律性と他者性を強調する、哲学・文学批評上の重要な概念となった。

エマーソン〈ウォルド〉（Ralph Waldo Emerson／1803－1882）
アメリカの思想家、詩人。苦学してハーバード大学を卒業、父親を継いで牧師となったが教会の形式主義に疑問を感じて職を辞し、欧州旅行へ出てカーライルらと親交を結んだ。母校ハーバード大学での講演「アメリカの学者」は、米国の知的独立宣言といわれアメリカ民主主義のマニフェストとされる。思想的な『詩集』『エッセー』が後代に与えた影響も大きい。

オーウェル〈ジョージ〉（George Orwell／1903－1950）
イギリスの作家。現代文明の行く末を予言し、全体主義を風刺、批判した小説を書いた。スペイン内乱では共和国義勇軍として参加した。『一九八四』『カタロニア讃歌』。

大久保利通（おおくぼ・としみち／1830－1878）
幕末・明治初期の政治家。「維新の三傑」の一人。討幕運動を指導し、薩長連合や王政復古の実現に尽力。明治新政府の参与・参議として版籍奉還、廃藩置県を断行。岩倉遣外使節に随行、帰国後、西郷隆盛らの征韓論に反対。内務卿として実権を握って政府の中心となり、地租改正・殖産興業政策を推進するも、不平士族に暗殺された。

大伴家持（おおとものやかもち／718頃－785）
奈良時代の公卿、歌人。大伴旅人の子。『万葉集』に473首収められ、『万葉集』中最多。その編纂には最も力があったと考えられる。中納言まで昇進したが、藤原氏の隆盛に圧迫された貴族の一人。越中守・兵部大輔など地方・中央の諸官を歴任した。

大西瀧治郎（おおにし・たきじろう／1891－1945）
海軍軍人。特攻隊の創設者として知られる。海軍兵学校卒業。航空本部教育部長、第11航空艦隊参謀長などを歴任。フィリピンで第1航空艦隊長官に任命され、神風特別攻撃隊を創設。太平洋戦争敗戦の翌日に自決。

織田信長（おだ・のぶなが／1534－1582）
戦国・安土桃山時代の武将。桶狭間に今川義元を討って尾張一国を統一。足利義昭を奉じて上洛し、のちに義昭を追放。畿内を中心に独自の中央政権を確立し、比叡山焼き討ち等を経て天下人となる。のち中国出陣の途中、京都本能寺で明智光秀の謀反にあって自刃。

弟橘媛（おとたちばなひめ）
日本武尊の東征に妃として従い、相模から上総に渡るとき、海が荒れたので、海神の怒りを鎮めるために海に身を投じたと伝えられる。

折口信夫（おりぐち・しのぶ／1887－1953）
大正、昭和の国文学者、民俗学者、歌人。大阪出身。國學院大學卒業。柳田國男の高弟として、国文学に民俗学的研究を導入。短歌は「アララギ」同人、のち北原白秋らと「日光」を創刊。國學院大學、慶応義塾大学教授。昭和23年芸術院賞。歌人名は釈迢空（しゃくちょうくう）。著作に『古代研究』『死者の書』、歌集『海やまのあひだ』、詩集『古代感愛集』など。

オルテガ（José Ortega y Gasset／1883－1955）
スペインの哲学者。マドリード大学教授。内乱時代は亡命生活を送った。人間論、現代世界論を展開。主著『大衆の反逆』は大衆社会論の古典。『現代の課題』など。

【か】

金田正一（かねだ・まさいち／1933―2019）
プロ野球選手、監督。国鉄に入団、豪速球投手として活躍し人気を集める。後に巨人に移籍。通算最多勝利400勝、通算最多奪三振4490、通算完投数365のプロ野球歴代一位の記録を持つ。

カレル〈アレキシス〉（Alexis Carrel／1873―1944）
フランスの外科医、解剖学者、生物学者。1905年米国へ移住。血管縫合術を完成。臓器移植を研究、組織培養法を確立し、現代の生命観に影響を与えた。1912年ノーベル生理学・医学賞受賞。代表的著作に『人間―この未知なるもの』など。

ガンジー〈モハンダス＝カラムチャンド〉（Mohandas Karamchand Gandhi／1869―1948）
インド独立運動の指導者。イギリスに学び、弁護士資格を得て帰国。民族解放・独立のためのスワラジ（自主独立）・スワデシ（国産品愛用）、サティヤグラハ（非暴力・不服従運動）を展開。ヒンズー・イスラム両教徒の融和に献身したが、狂信的なヒンズー教徒に暗殺された。マハトマ（偉大な魂）の名でよばれる。ガンディーとも。

カント〈イマヌエル〉（Immanuel Kant／1724―1804）
ドイツの哲学者。近世哲学を代表する最も重要な哲学者の一人。いわゆるドイツ観念論の起点となった哲学者で、『純粋理性批判』『実践理性批判』『判断力批判』の三批判書を発表し、批判的（形式的）観念論、先験的観念論の創始者とされる。ケーニヒスベルク大学の哲学教授。

北畠親房（きたばたけ・ちかふさ／1293―1354）

鎌倉・南北朝時代の公卿。後醍醐天皇に信任され世良親王を養育するが、親王の死去で出家。建武の新政で再出仕し、従一位。天皇死後は南朝の中枢として勢力回復に尽くす。日本建国の由来から後村上天皇践祚まで事蹟を辿り、南朝の正統性を論証した『神皇正統記』は後世広く読まれ、大きな影響を与えた。

魏徴（ぎちょう／580―643）

中国・唐代初期の功臣、学者。中国史上最も有名な諫臣で、その守成の難などを説いた議論は『貞観政要』『魏鄭公諫録』などに見られ、「述懐」と題する詩は『唐詩選』の巻首に置かれている。『隋書』を含む五代史や『群書治要』を編纂した。

堯舜（ぎょうしゅん）

中国古代の伝説上の帝王・堯と舜。徳を以て理想的な仁政を行なったことで、後世の帝王の模範とされ賢明なる天子を表す称としても使われるようになる。

『クォ・ヴァディス』

シェンケヴィッチの長編歴史小説。1896年刊。暴君ネロ治世下のローマを舞台に、迫害されるキリスト教徒の精神的勝利を描く。

楠木正成（くすのき・まさしげ／1294―1336）

南北朝時代の武将。後醍醐天皇の鎌倉幕府討伐に貢献。建武新政により河内守および摂津・河内・和泉三国の守護。足利尊氏が離反するやこれを九州に駆逐したが、再起した尊氏の大軍を湊川に迎え撃って敗死。明治になって湊川神社に祀られ、正一位を追贈された。

倉田百三（くらた・ひゃくぞう／1891―1943）

劇作家、評論家。旧制第一高等学校を結核で中退。在学中に西田幾多郎の影響を受ける。京都の「一燈園」に入って思索的生活を体験する。戯曲『俊寛』『布施太子の入山』など。『出家とその弟子』を刊行し、反響を呼ぶ。評論集『愛と認識との出発』を発表、当時の青年の必読書となった。

クロムウェル〈オリバー〉(Oliver Cromwell／1599－1658)
英国の軍人、政治家。幼少時からピューリタニズムの影響を受けた。ピューリタン革命が起きると自ら鉄騎隊を率いて戦闘に参加。チャールズ1世を処刑。共和制樹立の立役者となり、イングランド共和国初代護国卿となる。アイルランド、スコットランドを制圧。航海法の発布、英国の海上制覇の基礎を固める。

ゲーテ(Johann Wolfgang von Goethe／1749－1832)
ドイツの世界的詩人、作家。25歳のとき『若きウェルテルの悩み』で一躍名声を博し、詩、小説、戯曲などに数々の名作を生んだ。シラーとの交友を通じドイツ古典主義を確立。自然科学の研究にも業績をあげた。政治家としても活躍。他の主著に『ファウスト』『西東詩集』など。

ゲノン〈ルネ〉(René Guénon／1886－1951)
フランスの思想家。インド、中国、イスラム等の聖典研究を通じて、東西に共通する唯一の原伝承と世界の中心点の存在、歴史の循環的展開などを確信し、存在と認識の普遍的構造を解明した。1930年以来カイロに定住し、同地にて没した。

源信(げんしん／942－1017)
比叡山で良源に師事、横川の恵心院に住して念仏を修したので「恵心僧都」「横川僧都」とも呼ばれる。天台宗の観心念仏と善導の称名念仏を合わせ、『往生要集』によって日本浄土教の祖とされる。良忍、法然、親鸞などに大きな影響を与え浄土教成立の基礎を築く。

光子（こうし）
フォトン、光量子とも。光（一般に電磁波）のエネルギーをになう基本的粒子。

孔子（こうし／ＢＣ５５１―ＢＣ４７９）
中国・春秋時代の思想家、学者。儒教の祖。古代からの学問である五経を体系づけ、儒教とあらゆる学問の根源を創り上げた。その言行録は『論語』として今日に伝わる。早くから才徳をもって知られ、魯に仕えるも、官を辞して諸国を渡り歩く。仁の道を説く。

弘道館（こうどうかん）
江戸時代中期に日本の佐賀藩が設立した藩校。水戸藩、出石藩（但馬国）の同名の藩校と並んで「天下三弘道館」の一つと称された。佐賀藩第八代藩主鍋島治茂が儒学者の古賀精里に命じ、佐賀城に近い松原小路に設立した。

近藤勇（こんどう・いさみ／１８３４―１８６８）
幕末の新選組局長。松平容保の下で新選組を組織。池田屋事件など反幕派志士の取締りで名を揚げ幕臣となる。その後、新政府軍と戦い、自ら敵陣に赴き処刑される。

【さ】

坂口安吾（さかぐち・あんご／１９０６―１９５５）
小説家。東洋大学印度哲学科卒。随筆『堕落論』、小説『白痴』で戦後の混乱期の人びとの心をとらえ一躍流行作家となった。偽善より堕落をよしとする作風から太宰治らとともに「無頼派」と呼ばれた。その大胆な文明批評で戦後文学を代表する一人となる。

坂村真民（さかむら・しんみん／１９０９―２００６）

仏教詩人。愛媛県の高校教師をしながら詩作に励む。代表作の「念ずれば花ひらく」は多くの人の共感を呼び、その詩碑は日本各地に止まらず外国にも建てられている。森信三がその才覚を見込み、逸材と評価した。

サーリンズ〈マーシャル〉（Marshall Sahlins／1930－2021）
米国の文化人類学者。シカゴ大学人類学科教授。太平洋諸島住民の視点から社会の進化、経済、歴史を研究。パリでは、クロード・レヴィ＝ストロースの学問に親しみ、五月革命の学生蜂起を経験。西欧的思考の限界と批判を行ない、西欧的歴史観と異なる社会ではその社会に固有の意味を持つ文化的秩序と構造、その解釈があることを明らかにした。

サルトル〈ジャン＝ポール〉（Jean-Paul Sartre／1905－1980）
フランスの哲学者、作家。無神論的実存主義を主唱。文学者の政治・社会参加（アンガージュマン）を主張し、共産主義に接近、反戦・平和運動に積極的に参加した。1964年、ノーベル文学賞の受賞を拒否。主著に哲学論文『存在と無』『弁証法的理性批判』、小説『嘔吐』『自由への道』など。

シェークスピア〈ウィリアム〉（William Shakespeare／1564－1616）
イギリスのエリザベス1世時代の代表的詩人、劇作家。英国ルネッサンス文学の最高峰であり世界を代表する作家。ロンドンにて俳優・座付作者として成功し、悲劇、喜劇、史劇の全分野で健筆をふるった。代表作『ロミオとジュリエット』『ハムレット』『ヴェニスの商人』『ヘンリ4世』『オセロ』『マクベス』『リア王』など。

シェンケヴィッチ〈ヘンリック〉（Henryk Sienkiewicz／1846－1916）
ポーランドの小説家。ワルシャワ大学を卒業後新聞社に入りアメリカ特派員を務め、新聞に小説を連載し人気を博す。その愛国者の勇気を激賞した歴史小説は民族独立運動に大きな影響を与えた。1905年ノーベル文学賞受賞。『クォ・ヴァディス』、三部作『火と剣』『大洪水』『草原の火』など。

シオラン〈エミール〉(Emil Cioran／1911－1995)
ルーマニア出身の思想家、随筆家。ブカレスト大学で学び、ミルチャ・エリアーデと交流、終生の友となる。フランス留学後、パリに定住する。近代における人間的条件の不条理性をテーマとして、哲学的エッセーを簡潔なニヒリスティックな文体で著述する。ニーチェ、パスカル、グノーシス主義などから影響を受ける。

十戒(じっかい)
モーセがシナイ山で神から受けた律法。『旧約聖書』の「出エジプト記」20章に記されている。「あなたはわたしのほかになにものをも神としてはならない」に始まり、「あなたは殺してはならない」「あなたは姦淫してはならない」「あなたは盗んではならない」など、10項目の契約からなり、ユダヤ教・キリスト教の倫理の根本を簡潔に示す。

『十戒』(じっかい／原題 The Ten Commandments)
1956年製作のアメリカ映画。1923年に同じセシル・B・デミルが監督した『十誡』を再映画化、製作費1350万ドルを費やしたというスペクタクル宗教史劇。主役のモーセは、チャールトン・ヘストンが熱演。

『失楽園』(しつらくえん／原題 Paradise Lost)
イギリスの詩人ミルトンの長編叙事詩。イギリス文学最高のこの叙事詩は、神につくられた最初の人間であるアダムとイブが悪魔(サタン)に誘惑されて楽園にある禁断の木の実を食べ、楽園から追放される、という『旧約聖書』の「創世記」を素材としている。

ジード〈アンドレ〉(André Gide／1869－1951)
フランスの小説家、批評家。早くからマラルメ、ヴァレリーと知り合い、象徴派風の作品を書くが、すぐ脱し、生命の歓喜、自由を追求した多くの小説を発表。アフリカへ渡り、フランス植民地支配のあり方に疑義を呈し、政治参加した。1924年ノーベル文学賞受賞。『狭き門』『背徳者』『贋金づくり』など。

シメオン（Simeon of Stoudios／949―1022）
「新神学者」とも呼ばれる。初め皇帝に仕えたが修道士となる。コンスタンチノープルで修道院長となったが、教説が批判を受けて小アジアのパルキトンに流され、許された後も生涯を同地で送った。神の内在とその光を強調し、人間精神の至り得る最高段階は神化であることを唱え、ヘシカズム（静寂主義）に理論的根拠を与えた。

シャルダン〈テイヤール・ド〉（Pierre Teilhard de Chardin／1881―1955）
フランスのイエズス会司祭、古生物学者。進化論とキリスト教を統合、宇宙進化の中心に人間を据えた。当時のローマ教皇庁には進化論は認められなかったため、その著作は異端書として扱われるも、壮大な科学的進化の仮説は多くの人に読まれるところとなった。北京原人の発見と研究でも知られる。著書に『自然界における人間の位置』『現象としての人間』など。

十字架の聖ヨハネ（San Juan de La Cruz／1542―1591）
スペインのカトリック神秘思想家、詩人、聖人。アビラのテレサとともにカルメル会の改革に取り組んだ。その改革は周りから危険視され迫害されたが、活発な著述によってその思想を残した。キリスト教神秘思想を表現した著作で知られ、神と合一していく魂の過程を描いた『暗夜』や『カルメル山登攀』等の代表作がある。

執行弘道（しゅぎょう・ひろみち／1853―1927）
戦前の日本美術関係者。佐賀藩出身。大学南校に貢進生として入学後、アメリカ合衆国に留学した。外務省、三井物産に勤務後、起立工商会社ニューヨーク支店長として渡米。パリ万国博覧会等参画に関わった。アメリカではタイル・クラブ、グロリア・クラブ等を通じてフランク・ロイド・ライト等多くの芸術家、収集家と交流。日本美術の普及に貢献した。

朱子学（しゅしがく）
中国・南宋の朱熹が大成した儒学。人の本性は理であり善であるが、気質の清濁により聖と凡の別があるとし、敬を忘れず行を慎んで外界の事物の理を窮めて知を磨き、人格・学問を完成する実践道徳を唱えた。日本では江戸幕府から官学として保護された。

シュールリアリズム
20世紀を代表する芸術思潮の一つ。あらゆる芸術的・社会的価値体系を否定し、反理性・反道徳主義を唱えたダダイスムの思想を受け継ぎつつ、フロイトの深層心理学の影響を受け、非合理的なものや意識下の世界を追求し、芸術の革新を目指した。

趙州（じょうしゅう／778－897）
中国・唐末の最高峰の禅僧。曹州の龍興寺で出家、幼くして悟りを得る。60歳まで南泉普願のもとで修行の後、再度行脚に出る。80歳で趙州の観音院に住し、120歳まで修行した。門弟との問答の多くが『趙州録』として残り、また後世の公案として『碧巌録』や『無門関』といった禅の名著に収録されている。

『朱雀家の滅亡』（すざくけのめつぼう）
ギリシア悲劇の古典であるエウリピデスの『ヘラクレス』をベースに、太平洋戦争末期のある華族の滅亡とともに日本帝国崩壊を描いた三島由紀夫晩年の名作。「国家」や「天皇」へ忠誠心を捧げることを信条とする男の壮大な滅びの物語。

スサノヲ（素戔嗚尊）
『古事記』では「須佐之男命」と書く。日本神話の神。伊奘諾尊・伊奘冉尊の子。天照大神の弟。多くの乱暴を行なったため、天照大神が怒って天の岩屋にこもり、高天原から追放された。出雲に降り、八岐大蛇を退治し、奇稲田姫を救い、大蛇の尾から得た天叢雲剣を天照大神に献じた。大国主命はその子孫とされている。

スタンダール（Stendhal／1783－1842）

フランスの小説家。1800年、ナポレオンのイタリア遠征に従軍。七月革命後、イタリア領事となった。1842年、休暇でパリに帰ったとき急死。墓碑銘〈生きた、書いた、愛した〉が有名。啓蒙思想の影響を受けて人生の幸福を追求、これを妨げる反動的社会を攻撃し、リアリズムの先駆といわれる。代表作に『赤と黒』『パルムの僧院』『イタリア絵画史』などがある。

聖ベルナール（Bernard de Clairvaux／1090－1153）
フランスの神秘家、修道院改革者。貴族出身。同族を伴ってシトー会に入会。1115年クレルヴォー修道院を創設して院長となり、説教、著述のほか修道院組織などを通じて全ヨーロッパに絶大な影響を与え、1145年第二回十字軍の勧誘で各地を遊説。アウグスティヌスに基づく謙遜の神学に立ち、当代の主知的傾向に反対した。クレルヴォーのベルナルドゥスとも呼ばれる。聖公会とカトリック教会の聖人。

関口存男（せきぐち・つぎお／1894－1958）
ドイツ語学者。法政大学教授。陸軍士官学校卒業後、陸軍歩兵少尉となるも途中病気で休務。上智大学卒業後、外務省に勤務。留学経験皆無ながら高度なドイツ語を身につけ、「ドイツ語の鬼」と言われた。またドイツ語以外にも様々な言語に通じており、「不世出の語学の天才」と呼ばれる。

セール〈ミシェル〉（Michel Serres／1930－2019）
エコール・ノルマル・シュペリウール出身。海軍将校として軍務についた後、クレルモン・フェラン大学文学部で教鞭を執り、パリ第一大学でも教授として科学史講座を担当。数学、物理学、生物学の研究の上に人類学、宗教史、文学等の人間諸科学に通暁する百科全書的哲学者として、フランス思想界の重要な一翼を担った。

千利休（せんのりきゅう／1522－1591）
安土桃山時代の茶人。織田信長、豊臣秀吉に仕えながら「侘茶」を大成した。草庵風の茶室を完成させ、朝鮮の茶碗や日常の器を茶道具に取り入れたり、楽茶碗の制作を指導した。その美意識は独特のもので、茶器のみならず建築にも変革をもたらし現代にまで影響を与えている。最期は秀吉の怒りを買い、切腹。

『荘子』（そうじ）
中国の道家書。戦国時代の荘子の著。『老子』と並んで道教の根本経典。多くは寓言により、大自然の理法である道と、この道に従って人間の賢しらである仁義を捨て安心自由な生活を得ようとする方法を説く。

【た】

『大学』（だいがく）
儒学の経書。戦国時代の作とされる。格物致知を主とし、修身・斉家・治国・平天下を説き、道徳と政治との関係を論じている。

ダ・ヴィンチ〈レオナルド〉（Leonardo da Vinci／1452－1519）
イタリア・ルネッサンス期の画家、彫刻家、また科学者、技術者、哲学者。ルネッサンスを代表する芸術家であると同時に、自然科学、土木工学、音楽等多方面に才能を発揮した。晩年はフランス王フランソワ1世に下賜された邸宅で過ごす。絵画の代表作に『モナ・リザ』『最後の晩餐』など。

高橋和巳（たかはし・かずみ／1931－1971）
小説家。『悲の器』で河出書房文芸賞受賞。続けて『散華』『邪宗門』など現代社会における知識人のあり方を追究する長編を発表。吉川幸次郎門下の中国文学者としても知られ、京大助教授を務めたが、学園闘争で学生側に立ち辞職。若くして癌で亡くなり、埴谷雄高が葬儀委員長を務めた。

ダーク・マター／ダーク・フルーィド
別名・暗黒物質、暗黒流体。宇宙空間に存在する、光や電波などの観測では見えない物質の総称。多数の銀河や銀河間に存在する高温ガスが逃げていかないことや、銀河の形が保たれていることを説明するためには、観測にかかる物質の10倍から100倍に達する暗黒物質が宇宙を満たしている必要がある。

田代陣基（たしろ・つらもと／1678－1748）
江戸時代の武士、鍋島藩士。『葉隠』の筆記者。口述者の山本常朝、その師の湛然和尚、石田一鼎とともに「葉隠の四哲」とされる。

ダミアン神父（Father Damien／1840－1889）
ベルギー人カトリック宣教師。カトリック教会の聖人。ハワイに渡り、ホノルルで司祭に叙階。ハワイ政府がモロカイ島にハンセン病者のための診療所を設けると、志願して同島に渡り、病者や島民の世話に献身。自らも発病し、四年間の闘病ののち死去。「モロカイの使徒」と称される。

田宮虎彦（たみや・とらひこ／1911－1988）
小説家。東京大学卒業。『足摺岬』や『絵本』など孤独な知識人の青春を描いた半自伝的作品や、戊辰戦争から明治維新後の激動の時代の中で運命に翻弄される人々の苦悩を描いた『落城』や『霧の中』などの歴史小説でも知られた。独特のリアリズム小説で戦後高い評価を受けた。

田村隆一（たむら・りゅういち／1923－1998）
日本の詩人、随筆家、翻訳家。明治大学卒業。詩誌『荒地』の創設に参加し、戦後詩に大きな影響を与えた。戦争体験に裏づけられた文明批評を鮮明な心象風景として造形、詩における「戦後」を体現した詩人の一人と目される。『言葉のない世界』『奴隷の歓び』など。またアガサ・クリスティ、エラリー・クィーンなどの翻訳でも知られる。

団琢磨（だん・たくま／1858－1932）
実業家、三井財閥の指導者。福岡藩士の家に生まれ、13歳のとき岩倉具視ら特命全権大使の欧米視察団に同行。

マサチューセッツ工科大学鉱山学科卒業。帰国後は工部省鉱山局に勤務、官営三池炭鉱に赴任。三池が三井に払い下げられたときに三井に入社。同炭鉱の近代化に努める。三井合名会社理事長となり、三井財閥を工業中心の事業体に発展させた。昭和初期の財界の最高指導者として活躍したが、三井本館前で血盟団員の凶弾に倒れた。

ダンテ（Dante Alighieri／1265－1321）
イタリア最大の詩人。不滅の古典『神曲』を著して、ヨーロッパ中世の文学、哲学、神学、修辞学、および諸科学の伝統を総括し、古代ギリシアのホメロスとローマのウェルギリウスが築いた長編叙事詩の正統を継承し、ルネッサンス文学の地平を切り開いた。『新生』『饗宴』など。

辻邦生（つじ・くにお／1925－1999）
小説家、フランス文学者。東京大学仏文科卒。フランス留学後、『廻廊にて』で近代文学賞受賞、作家活動の出発となる。『安土往還記』『背教者ユリアヌス』『西行花伝』など歴史的な素材を扱いながら、時空を超える抽象的な精神性を表現。立教大学、東京農工大学、学習院大学教授を歴任した。

ディラック〈ポール〉（Paul Adrien Maurice Dirac／1902－1984）
英国の理論物理学者。量子力学と相対性原理とを結合し、ディラックの電子論を発表して反粒子（陽電子）を予測した。1933年、E・シュレーディンガーとともにノーベル物理学賞受賞。ケンブリッジ大学で教授職。著著『量子力学の原理』など。

デュ・ヌイ〈ルコント〉（Pierre Lecomte du Noüy／1883－1947）
フランスの生物物理学者、哲学者。ソルボンヌ大学で法学を修める。表面張力の研究で知られ、独自に張力計を開発。ロックフェラー研究所のアレキシス・カレルのもとで勤務し、生涯で二百を超える論文を発表した。代表作に『人間の運命』等がある。

トインビー〈アーノルド〉（Arnold・J・Toynbee／1889－1975）
イギリスの歴史家、文明批評家。オックスフォード大学ベリオール・カレッジで学ぶ。イギリス学士院フェロー、ロンドン大学教授。国家ではなく、文明単位での勃興、隆盛、衰亡の過程を考察した。文明のその消長の一般法則を体系づけ独自の歴史観を展開。主著に『歴史の研究』。

東京裁判（とうきょうさいばん）
正式の名称は極東国際軍事裁判（The International Military Tribunal for the Far East）。第二次世界大戦後の日本の戦争犯罪者に対する連合国の軍事裁判。1946年5月～1948年11月に東京の市ケ谷法廷で行われ、東条英機ら7名は絞首死刑、18名は禁固刑（講和後釈放）となった。

道元（どうげん／1200－1253）
鎌倉時代の禅僧。日本における曹洞宗の開祖。初め比叡山で天台宗を修め、次いで栄西に禅を学ぶ。入宋し曹洞禅を修め、帰朝後、坐禅第一主義による厳格な宋風純粋禅を唱えた。公武の権力者との結びつきを避け、越前（現・福井県）に永平寺を創建し、弟子の養成に専念した。著書に『正法眼蔵』『学道用心集』など。

徳川家康（とくがわ・いえやす／1542－1616）
江戸幕府初代将軍。織田信長と結んで駿河を、豊臣秀吉と和して関東を支配。秀吉の死後、関ヶ原の戦いで勝ち、征夷大将軍となって江戸に幕府を開く。武家諸法度、禁中並公家諸法度を発布し、以後300年におよぶ幕藩体制の基礎を築いた。

トリスタン（騎士）とイゾルデ（王妃）
中世ヨーロッパの伝説の一つ。ケルト人の古い伝説を源とするもので、騎士トリスタンと主君マルク王の王妃イゾルデの、死によって結ばれる悲恋を主題とする。この伝説を基として、後世、数多くの作品が作られた。

トロイ戦争
ホメロス作の長編英雄叙事詩「イリアス」に語り継がれた古代ギリシアとトロイの戦争。トロイの王子パリスに奪われたスパルタ王妃ヘレネを奪回するため、ギリシア連合軍がトロイに遠征、10年間の長期戦を展開、最後はオデュッセウスの「木馬の計」でトロイを打ち破ったといわれる。

【な】

鍋島助右衛門切腹の儀（なべしますけえもんせっぷくのぎ）
佐賀藩の藩祖といわれる鍋島直茂の甥にあたり、分家の久間城主であった鍋島助右衛門茂治の切腹の史実。肥後・加藤清正との武士の約束を果たしたがゆえに、藩主・鍋島茂勝の命に背いたとして切腹を命じられる。この切腹は、茂勝が鍋島家の本家筋である助右衛門を疎んでの命であることを知りつつ一族全員自決した。

ナポレオン〈ボナパルト〉（Napoléon Bonaparte／1769－1821）
フランス皇帝。砲兵将校としてフランス革命に参加。イタリア派遣軍司令官として勝利を経て、クーデターで執政、その後皇帝となる。ヨーロッパを征服したが、対英封鎖に失敗、ロシア遠征にも失敗し、退位してエルバ島に流される。翌年帰国し、皇帝に復したがワーテルローの戦いに敗れ、セントヘレナ島に流されて没す。

那由他（なゆた）
サンスクリット語のnayutaの音写。①古代インドの数量の単位。一千億と解するが、異説も多い。転じて極めて大きな数量。②数の単位。10の60乗。一説に10の72乗。

西脇順三郎（にしわき・じゅんざぶろう／1894－1982）
詩人、英文学者。フランス象徴詩人の影響を受ける。また生涯に亘って多くの絵画も残す。イギリスに留学後、母校慶應義塾大学の教授になる。シュールリアリズムなどヨーロッパの思想・文学を紹介した。1971年文化功労者。著作は『Spectrum』『旅人かへらず』『近代の寓話』など。

ニーチェ〈フリードリッヒ〉(Friedrich Wilhelm Nietzsche／1844―1900)
ドイツの哲学者。バーゼル大学の古典文献学の教授となり、音楽家ワグナー、歴史家ブルクハルト、哲学者ショーペンハウエルらと交流。『悲劇の誕生』『反時代的考察』を著す。『ツァラトゥストラはかく語りき』『この人を見よ』で超人と永劫回帰思想を説き、生の哲学、実存哲学の先駆者とされる。

瓊瓊杵尊(ににぎのみこと)
記紀神話にみえる天照大神の孫。「邇邇芸命」(『古事記』)とも書く。日本統治のために三種の神器を奉じて高天原から日向国高千穂峰に降臨した。木花之開耶姫を娶り、彦火火出見尊を生む。神武天皇は曾孫にあたるという。

ニュートリノ
素粒子の一つ。質量の有無が長く論じられてきたが、近年のスーパーカミオカンデの実験などで、質量があることが証明された。記号ν(ニュー)中性微子。

ニュートン〈アイザック〉(Isaac Newton／1642―1727)
イギリスの数学者、天文学者、物理学者。光のスペクトル分析、万有引力の法則、微積分法の三大発見をした。神学者としての一面もあった。主著『プリンキピア』で運動の三法則、万有引力論などの力学体系を完成し、以後200年間、近代自然科学の範となった。またその力学的自然観は、啓蒙思想に大きな影響を与えた。

ノヴァーリス(Novalis／1772―1801)
ドイツの詩人、小説家。貴族の家に生まれる。敬虔主義の宗教的環境の中で幼年期を過ごす。若年で世を去ったが、自然と人間に対する深い哲学的思索、明朗な宗教心などの天性に加え、婚約者ゾフィーへの愛とその死の体験を通じて、現世の生と死を超克するロマン主義的自然観・歴史観を構築した。代表作に『夜の讃歌』『青い花』(未完)

などがある。

【は】

「バガヴァッド・ギーター」
ヒンドゥー教最上の聖典。古代インドの大叙事詩『マハーバーラタ』の中の一詩編で、宗教・哲学的教訓詩。

『葉隠』（はがくれ）
江戸中期の武士の修養書。全11巻。正しくは『葉隠聞書』。鍋島藩士山本常朝の談話を田代陣基が筆録した。藩主に仕える者の心構えや佐賀藩の歴史や習慣に関する知識や挿話が書かれているが、長く禁書となっていた。享保元年成立とされる。

埴谷雄高（はにや・ゆたか／1909－1997）
小説家、評論家。日本大学予科在学中に左翼運動で検挙されて中退。『近代文学』創刊に参加、壮大な構想の観念小説『死霊』を連載。結核再発により中断し、その後26年の長い時期をおいて『死霊』第5章を75年に発表（日本文学大賞を受賞）。その後、第6～9章を14年かけて発表したが作品としては未完に終わった。『幻視のなかの政治』『罠と拍車』など。

パンゲ〈モーリス〉（Maurice Pinguet／1929－1991）
フランスの哲学者、文化人類学者、日本学者。自殺、文学、日本に焦点を当てた文化人類学の研究で知られる。また、フランスの知識人に日本を紹介する役割を担った。パリ高等師範学校卒業後、パリ大学教授、東京大学教授、東京日仏学院院長を歴任した。『自死の日本史』『テクストとしての日本』など。

「般若心経」（はんにゃしんぎょう）

仏教経典。「般若波羅蜜多心経」の略。般若経典の中心思想をきわめて簡潔に述べた経で、仏教の全経典のうち、もっとも短いものに属する。

土方歳三（ひじかた・としぞう／1835―1869）
幕末の新選組副長。武蔵の出身で農家に生まれる。天然理心流を学ぶ道場で、近藤勇に会う。鳥羽・伏見の戦いで病気の近藤に代わって隊を指揮し、戦いに破れた後も会津、函館まで転戦し、五稜郭で戦死した。

ヒルティ〈カール〉（Carl Hilty／1833―1909）
スイスの思想家、法学者。ハイデルベルク大学で法律を修める。ベルン大学総長、ハーグ国際仲裁裁判所判事を歴任。キリスト教の立場から理想主義的な社会改良を唱え、『幸福論』『眠られぬ夜のために』など、宗教的、倫理的著作を刊行した。

ファーンズ〈ジェイミー〉（Jamie Farnes／1984―　）
イギリスの天体物理学者。ケンブリッジ大学、トリニティホール大学で物理学を学ぶ。暗黒流体（ダーク・フルーイド）という概念を提唱し、暗黒物質（ダーク・マター）と暗黒エネルギー（ダーク・エネルギー）が暗黒流体の一部であるという仮説を発表した。

フォーゲルヴァイデ〈ヴァルター・フォン・デア〉（Walther von der Vogelweide／1170頃―1230頃）
中世ドイツの詩人。清新な宮廷恋愛詩（ミンネザング）により中世ドイツ最大の叙情詩人といわれ、政治・社会をテーマにした格言詩にも優れた。禁欲的な規範と乱れた道徳の時代にあって騎士道精神を鼓舞した。代表作に「菩提樹の木かげで」。

藤村操（ふじむら・みさお／1886―1903）
第一高等学校在学中に遺書「巌頭之感」を記し、栃木県日光の華厳の滝より投身自殺した青年。当時の多くの青年層に衝撃を与えたが、その中には同じ一高で英語を教えていた夏目漱石や、在学中の岩波茂雄がいる。

ブーバー〈マルチン〉(Martin Buber／1878―1965)
オーストリア生まれのユダヤ系哲学者。カント、キルケゴール、ニーチェに親しみ、ウィーンで学ぶ。フランクフルト大学名誉教授。ヘブライ大学でも教える。ハシディズムの復興に尽くし、ユダヤ・アラブ両民族の共存に努めた。代表作に『我と汝』『かくれた神』『対話的原理』など。

ブルトン〈アンドレ〉(André Breton／1896―1966)
フランスの詩人、作家。1913年頃から詩を発表し始め、象徴派に連なる新人としてヴァレリー等に評価される。一時期ダダ運動に参加したが、後に離脱。1924年「シュールリアリズム宣言」を発表。その後アメリカに亡命したが、1946年帰国後はパリで精力的に活動。その死とともにシュールリアリズム運動は終わる。

プロチノス(Plōtinos／205頃―270頃)
新プラトン主義を代表する哲学者。プラトンを模範として独自の哲学体系を築く。その思想はアウグスティヌスらを通じてキリスト教神学と結びつき、ヨーロッパ精神史のなかに多大の影響を残している。

ベアトリーチェ (Beatrice)
大詩人ダンテが『新生』『神曲』などに詩的に描いた女性。ベアトリーチェを「愛」の寓意とする説と、彼女を実在の理想の女性とする説がある。

ヘーゲル(Georg Wilhelm Friedrich Hegel／1770―1831)
ドイツの哲学者。ドイツ観念論の体系的完成者と言われる。ルネッサンス以来の近代思想を独自の観点から、論理学、自然哲学、精神哲学からなる三部構成の体系にまとめ上げた。自然や精神の世界を、弁証法的発展の過程として捉えた。代表的著作に『法の哲学』『歴史哲学』『精神現象学』など。

ヘストン〈チャールトン〉(Charlton Heston／1923-2008)
アメリカ合衆国の俳優、社会運動家。代表作に『十戒』『ベン・ハー』。『アントニーとクレオパトラ』では、脚本と監督も手掛けてその多彩な才能を披露した。

ベートーヴェン〈ルートヴィッヒ・ヴァン〉(Ludwig van Beethoven／1770-1827)
ドイツの作曲家。主にウィーンで活躍。ハイドン、モーツァルトから古典派様式を受け継ぎ、発展させて、独自の境地を開いた。晩年は聴力を失いながらも、交響曲・協奏曲・ピアノソナタ・弦楽四重奏曲などに傑作を数多く残した。

ベルクソン〈アンリ〉(Henri Bergson／1859-1941)
フランスのユダヤ系哲学者。パリ大学で人文学を修める。内的認識・哲学的直観の優位を説き、生命の流動性を重視する生の哲学を主張。新プラトン主義やカトリシズムの神秘思想に影響を受けている。1927年ノーベル文学賞受賞。代表的著作として『創造的進化』がある。

ベルジャーエフ〈ニコライ〉(Nikolay Aleksandrovich Berdyaev／1874-1948)
ロシアの思想家。宗教的実存主義の立場から精神の自由を基軸に、宗教・歴史哲学を展開したが、ロシア革命後パリに亡命。共産党体制の経験からその思想を宗教として深く分析、批判。著書に『歴史の意味』『自己認識』『マルクス主義と宗教』など。

ヘンリー〈パトリック〉(Patrick Henry／1736-1799)
アメリカ独立革命期の政治家。バージニア議会で行った「自由か、然らずんば死かの演説」(Liberty Speech)で独立を主張した。バージニア邦初代知事を務めた。アメリカ合衆国憲法の人民の基本的人権に関する権利章典制定に寄与。

ホイットマン〈ウォルト〉(Walt Whitman／1819－1892)
アメリカの詩人。アメリカ民主主義を代表する作家として名高い。自由・平和・平等などをテーマに自由な形式で謳い上げ民主主義精神、同胞愛を表わした。詩集『草の葉』、『民主主義の展望』など。

ホメロス(Homēros／不詳)
紀元前八世紀頃の詩人。古代ギリシア最古最大の叙事詩「イリアス」と「オデュッセイア」の作者とされる。生没年、生地、生涯など様々な伝承がある。

【ま】

マグダラのマリア
『新約聖書』の中の聖女。「悔悛した罪の女」。イエスの足に接吻し、香油を塗って回心した。のちにイエス復活の最初の目撃者となった。

黛敏郎(まゆずみ・としろう／1929－1997)
作曲家。東京音楽学校(現・東京藝術大学)卒。フランス政府給費留学生としてパリ国立高等音楽院に留学。テレビ番組『題名のない音楽会』の司会を長く務めた。日本を守る国民会議議長も務める。『涅槃交響曲』など。

マラルメ(Stéphane Mallarmé／1842－1898)
フランスの詩人。リセ(高等中学校)で英語教師を務めながら詩作。ボードレールの影響を受けて、内的な虚無感と戦いながら理想の美を追求。『エロディヤード』『半獣神の午後』などを書き、象徴派の中心的存在となる。ローマ街の自宅で開いた有名な「火曜会」には多くの文人、芸術家が集い、ヴァレリー、ジード、クローデルらがいた。

マルクス・アウレリウス(Marcus Aurelius Antoninus／121－180)

古代ローマの皇帝。五賢帝の最後の皇帝。辺境諸民族との戦いに奔走する一方、ストア学派の哲学者としても知られ、哲人皇帝と称された。中国とも交流し、『後漢書』に〈大秦王安敦〉とある。著書『自省録』はこの時代の文学・哲学の最高峰。

マルロー〈アンドレ〉(André Malraux／1901―1976)

フランスの作家、政治家。インドシナにてクメール文化遺跡の発掘に従事、安南および中国の革命運動に参加した体験を『西欧の誘惑』『征服者』『王道』『人間の条件』に著わす。スペイン内戦では共和派の義勇軍航空隊長として戦い、その体験を『希望』に、第二次世界大戦では負傷して捕虜となった体験を『アルテンブルクの胡桃の木』に作品化した。対独レジスタンスの闘士としても活躍、戦後はド・ゴール政権下の国務大臣(文化相など)を務めた。

三浦義一(みうら・ぎいち／1898―1971)

歌人、尊皇家。大分県出身、早稲田大学中退。大亜義盟、国策社を結成。国家社会主義運動を推進。度重なる事件により収監されるも、日本の魂を和歌に書き続ける。戦後は政財界の黒幕と目され、財閥解体による三井家の危機を救う。東京日本橋の室町に事務所をかまえて室町将軍と呼ばれた。

ミケランジェロ〈ブォナローティ〉(Michelàngelo Buonarroti／1475―1564)

イタリア・ルネサンスの芸術家。彫刻、絵画、建築などに優れ、ルネッサンスの総合的天才の典型とされる。彫刻では「ピエタ」「ダビデ」などを、絵画ではシスティナ礼拝堂の天井画および正面壁画などの大作を残した。晩年にはサン＝ピエトロ大聖堂の設計などにあたった。また生涯を通じて、新プラトン主義の影響を強く受けた宗教上の思索者、詩人としても知られる。

三島由紀夫(みしま・ゆきお／1925―1970)

小説家、劇作家。東京大学法学部卒。古典主義的な緻密な構成と華麗な文体で独自の様式美を備えた文学世界を展開。唯美的傾向と鋭い批評精神の作品を発表。最後は国を憂い自衛隊市ケ谷駐屯地で割腹自殺を遂げた。代表作に『仮面の告白』『金閣寺』『豊穣の海』（四部作）など。

宮崎滔天（みやざき・とうてん／1871―1922）
西南戦争で熊本協同隊を率いた宮崎八郎の弟。徳富蘇峰の大江義塾、東京専門学校に学ぶ。孫文を犬養毅や頭山満に紹介し、彼らと中国革命を積極的に援助した。1911年辛亥革命が起こるとこれに参加、孫文の南京政府樹立を助け、第二次、第三次の革命も支援。その死にいたるまで中国革命を支持し続けた。

宮崎龍介（みやざき・りゅうすけ／1892―1971）
孫文の盟友の宮崎滔天の長男。東大在学中に大正デモクラシー運動の推進とアジア各国の独立運動へ協力。『解放』を主幹していたとき、炭鉱王伊藤伝右衛門の妻で歌人の柳原白蓮に出会い熱愛、駆け落ちして結婚。その後は社会運動家として民族主義運動と中国問題に取り組んだ。戦後は弁護士となり、不戦運動や護憲運動、日中友好運動に従事した。

宮本武蔵（みやもと・むさし／1584―1645）
江戸初期の剣客。美作国、または播磨国の生まれという。伝記は必ずしも明らかではないが、幼少から兵法を心がけ、諸国を遍歴。生涯六〇余回の勝負に一度も敗れたことがなかったといわれ、巌流島で佐々木小次郎と決闘して勝ったことは有名。晩年、肥後熊本藩主細川家の客分となり、武道の奥義を説く『五輪書』を著す。水墨画にもすぐれ、『枯木鳴鵙図』などの作品がある。

ミルトン〈ジョン〉（John Milton／1608―1674）
イギリスの詩人、思想家。シェークスピアとともにイギリス文学を代表する二大詩人の一人。ピューリタン革命に参加、言論の自由を主張し、共和政府に関与。王政復古後は、失明するも、口述で執筆活動に勤しんだ。『失楽園』『闘士サムソン』。

ミンネゼンガー
中世ドイツの騎士歌人の総称。ミンネジンガー（Minnesinger）とも呼び、「愛の歌い手」を意味する。

孟子（もうし／不詳）
中国戦国時代の儒家。前四世紀後半に活躍した。性善説に立ち、人は修養によって仁義礼智の四徳を成就する可能性を持つことを主張。また、富国強兵を覇道として退け、仁政徳治による王道政治を提唱。後世、孔子と並んで孔孟と称され、亜聖の名がある。

毛沢東（もう・たくとう／1893－1976）
中国の共産党指導者。軍事戦略家、思想家。中国共産党創立に参加、農村から都市を包囲する戦略で党と紅軍の指導権を握る。抗日戦の勝利後国民党軍を駆逐、1949年中華人民共和国を建国して政府主席、のち国家主席に就任。大躍進政策、文化大革命と、革命の生涯を送った。『新民主主義論』『連合政府論』。

本居宣長（もとおり・のりなが／1730－1801）
江戸中期の国学者、歌人、国学の大成者。伊勢（三重県）松坂の商家の生まれ。京都で医・儒学を学び、松坂に帰り小児科医を開業。国学に関心を深め、賀茂真淵の学風を慕い入門。『古事記』を実証的に研究、大著『古事記伝』を完成。日本固有の古代精神の中に真理（古道）を求め、国文学の本質を「もののあはれ」とした。

森鷗外（もり・おうがい／1862－1922）
小説家、評論家、翻訳家、陸軍軍医（軍医総監）。東大医学部卒後陸軍軍医となり、ドイツへ留学後、軍医として日清戦争、日露戦争に従軍する一方、『舞姫』『ヰタ・セクスアリス』『青年』『雁』などを執筆。乃木希典大将の殉死に影響を受け、『阿部一族』『高瀬舟』など歴史小説を書きはじめ、さらに史伝小説『渋江抽斎』を書いた。

モンテーニュ（Michel Eyquem de Montaigne／1533―1592）
フランスの思想家、モラリスト。ボルドー高等法院評定官などを務めたのち、ボルドー市長。主著『エセー（随想録）』は柔軟な人間性、厳密な思考、ルネッサンス人文主義の古典的教養に裏打ちされたモラリスト文学の最高傑作。宗教戦争のただ中で鍛えられたその寛容の精神、教育思想も後世への影響が大きい。

【や】

柳原白蓮（やなぎはら・びゃくれん／1885―1967）
華族の娘として出生。大正天皇の従姉妹。十代で結婚するが破婚。九州の炭坑王・伊藤伝右衛門と再婚、白蓮の雅号で短歌を発表し、歌人として活動。「大正三美人」の一人とされた。三十代半ば、編集者で東京帝大生の宮崎龍介と恋に落ちて出奔し、その後、結婚。戦後は平和運動に力を注いだ。

山鹿素行（やまが・そこう／1622―1685）
江戸時代前期の兵法家、儒者。会津の出身。林羅山に朱子学を、小幡景憲、北条氏長に武芸、兵学を学ぶ。朱子学を批判して、赤穂に流されるが許され江戸に帰る。『武教全書』などを著わし山鹿流兵学を完成した。

日本武尊（やまとたけるのみこと）
『古事記』『日本書紀』で活躍するわが国の古代伝説の代表的英雄。『古事記』では倭建命と記す。父である景行天皇の命で九州の熊襲（くまそ）、東国の蝦夷（えみし）の討伐に遣わされたといわれ、風土記なども含めてさまざまな伝説が残っている。

山本常朝（やまもと・じょうちょう〈つねとも〉／1659―1719）
江戸時代前期～中期の肥前佐賀藩士。9歳から約三十年間藩主鍋島光茂の側近として仕える。光茂の死に際し出家。佐賀藩士田代陣基に武士の心得として『葉隠』を口述した。「じょうちょう」は出家以後の訓で、それ以前は「つねとも」と訓じた。

吉本隆明（よしもと・たかあき／1924－2012）
詩人、評論家。東京工業大学卒業。工場に勤務する傍ら詩作に没頭し、初の詩集『転位のための十篇』で注目される。以後評論『高村光太郎』や『文学者の戦争責任』（共著）などで既成左翼を超える文学・政治思想を確立。その思想は全共闘運動など左翼学生・労働者闘争に広汎な影響を与えた。『共同幻想論』『言語にとって美とは何か』など。

「ヨハネ黙示録」（よはねもくしろく）
『新約聖書』の最後に置かれる書で、「黙示」は「啓示」とほぼ同義。22章からなり、キリストの再臨の近いことを述べ、最後の審判、新世界の出現などを記す。

【ら】

ラ・フォンテーヌ（La Fontaine／1621－1695）
フランスの詩人。ルイ14世治下のフランス古典主義文学の黄金時代を築いた一人。主著は12巻から成り、イソップの寓話をもとに韻文で書いた『寓話詩』や『風流譚』。ほかに長詩『アドニス』、詩を交えた散文小説『プシシェとキュピドンの恋』など。

ラーラ〈マリアーノ・ホセ・デ〉（Mariano José de Larra／1809－1837）
スペインのジャーナリスト、劇作家。スペインの国情を憂い、数多くの風刺記事を新聞に掲載。主に習慣や国民性の悪癖を辛辣に描く。悲劇的な愛をテーマにした劇作もある。『病めるエンリーケ王の近侍』『マシーアス』等。

ランボー〈アルチュール〉（Jean-Nicolas Arthur Rimbaud／1854－1891）
フランスの詩人。ベルレーヌ、マラルメと並ぶ象徴派の代表的詩人。早熟な天才で、詩作は15歳からの数年間だけだったが、近代詩に大きな影響を与えた。ブルジョワ道徳を始めとしたヨーロッパに巣くう因習を否定、反逆的な生を送った。詩を放棄した後は放浪し貿易商として各地を旅した。作品に「酔いどれ船」「地獄の季節」「イリュミナシオン」などがある。

リラダン〈ヴィリエ・ド〉(Villiers de L'Isle-Adam／1838―1889)
フランスの小説家、劇作家、詩人。フランス屈指の名門貴族の生まれで伯爵だが、革命後家は没落した。その作品は、カトリシズムの伝統に唯心論と神秘思想が融合し、貴族の矜持が生来の理想主義とロマン性を支えている。精神の高貴を失わず、科学万能主義や実利主義に毒された当代への痛烈な風刺と、永遠なるものへの「絶対の探究」が作品に込められている。『未来のイヴ』『残酷物語』など。

リルケ〈ライナー・マリア〉(Rainer Maria Rilke／1875―1926)
ドイツの詩人。プラハ生まれ。ドイツ近代抒情詩を代表する存在。プラハ大学、ミュンヘン大学に学び、詩作を始める。ロシアや欧州各地を旅し、生の本質、実存を追求。『マルテの手記』『ドゥイノの悲歌』など。彫刻家ロダンとも交流がありロダン論も著す。

『臨済録』(りんざいろく)
中国・唐代の仏書。臨済宗の開祖臨済の法語を慧然が編集、集録したもの。臨済宗で最も重要な語録。

ルソー〈ジャン・ジャック〉(Jean-Jacques Rousseau／1712―1778)
フランスの思想家、文学者。近代思想に大きな影響を与え、「近代の父」とも呼ばれる。人民主権に基づく共和制を主張した『社会契約論』や教育書『エミール』などを著す。「学問芸術論」で人為的文明社会を批判。「自然にかえれ」と主張。フランス革命に影響を与えた。

ルネッサンス(Renaissance)

14世紀より16世紀にかけてイタリアを中心に起こった人間性尊重の文化運動。語義はフランス語で「再生」を意味する。古代のギリシア・ローマに範を求めて人間と世界とを再発見し、中世のキリスト教的人間観・世界観からの解放を求めたもの。この人間中心のルネッサンス精神は、イタリアの新興都市の財力と市民の自由の精神を基礎として生まれた。

レーニン〈ウラジーミル〉(Vladimir Il'ich Lenin／1870－1924)
ロシアの革命家、政治家。学生時代から革命運動に参加、流刑・亡命生活を経て、帰国後、十月革命を成功させ、史上初の社会主義政権を樹立。人民委員会議長としてソビエト連邦の建設を指導した。また、マルクス主義を理論的に発展させ、その後の国際的革命運動に大きな影響を与えた。

恋闕(れんけつ)
闕は宮殿を意味し、宮殿を恋しく思うことから、天皇に対して忠誠心以上の情熱で恋い焦がれることを示す。

『老子』(ろうし)
中国の老荘思想(道家)の祖とされる伝説的人物・老子の言行録。儒教の人為的な道徳・学問を否定し、無為自然の道を説いた。

ロゴス(logos)
①ギリシャ語で、言葉・理性の意。②古代ギリシャ哲学・スコラ学で、世界万物を支配する理法・宇宙理性。③言葉を通じて表される理性的活動。言語・思想・教説など。④キリスト教で、神の言葉の人格化としての神の子イエス＝キリスト。

ロダン〈オーギュスト〉(François Auguste René Rodin／1840－1917)
19世紀を代表するフランスの彫刻家。イタリア遊学ではミケランジェロに傾倒、写実と躍動、アカデミズムからの解放による大きな芸術上の影響を得る。人間の内的生命を表現したその作品は、近代彫刻に多大の影響を与えた。代表作に「考える人」「地獄の門」「青銅時代」等。

ロベスピエール〈マクシミリアン・ド〉(Maximilien François Marie Isidore de Robespierre／1758－1794)
フランス革命の最高指導者の一人。議会外の民衆運動の支持を得て、封建地代無償廃止など、徹底した変革を行なったが、やがて反革命派を弾圧する恐怖政治を敷き封建制の全廃などの改革を行なったが、テルミドールのクーデターにより処刑された。

ローラン(騎士)
中世・ルネッサンス期の文学作品においてシャルルマーニュの聖騎士の筆頭として登場する人物。11世紀末に成立したとされる「ローランの歌」はフランス最古の叙事詩で、シャルルマーニュの軍とイスラム軍との対戦、その家臣ローランの武功と友情と恋を歌った歌謡物語。

『論語』(ろんご)
儒家の始祖・孔子の言行録。主に孔子とその弟子の問答形式を取り、日常生活に即した実践的倫理を説いている。

【わ】

ワルター〈ブルーノ〉(Bruno Walter／1876－1962)
ドイツの指揮者。マーラーに師事。ミュンヘン、ライプチヒなどで活躍したが、ナチスに追われてウィーンに移り、ウィーンフィルハーモニーを本拠に活動、ナチスドイツのオーストリア併合によりフランスを経てアメリカに移住。ニューヨークフィルハーモニー管弦楽団などを指揮した。

参考文献

『愛と認識との出発』（倉田百三著／岩波書店）
『愛について』（テイヤール・ド・シャルダン著、山崎庸一郎訳／みすず書房）
『阿部一族』（『阿部一族・舞姫』森鷗外著／新潮社）
『天草の雅歌』（『辻邦生全集　3巻』辻邦夫著／新潮社）
『生くる』（執行草舟著／講談社）
『イリアス』（上・下　ホメロス著、松平千秋訳／岩波書店）
『ヴェーダ』（『世界古典文学全集　3』辻直四郎ほか訳／筑摩書房）
『ヴェーダとウパニシャッド』（辻直四郎著／創元社）
『ウォルト・ホイットマン作品集』（原文　ウォルト・ホイットマン著／ワーズワースエディション）
『雨月物語』（上・下　上田秋成著、青木正次訳注／講談社）
『美しい星』（三島由紀夫著／新潮社）
『エセー』（全6巻　モンテーニュ著、原二郎訳／岩波書店）
『エネアデス』（『プロティノス』プロティノス著、田中美知太郎、水地宗明、田之頭安彦訳／中央公論新社）
『エマソン選集』（全7巻　ラルフ・ウォルド・エマソン著、斎藤光ほか訳／日本教文社）
『往生要集』（上・下　源信著、石田瑞麿訳注／岩波書店）
『おゝ、ポポイ！―その日々へ還らむ―』（執行草舟著／PHP研究所）
『オデュッセイア』（上・下　ホメロス著、松平千秋訳／岩波書店）

『カストロの尼』（『スタンダール』スタンダール著、小林正ほか訳／新潮社）
『改訂葉隠』（城島正祥校注／新人物往来社）
『霧の中』（『新潮日本文学 36 田宮虎彦集』田宮虎彦著／新潮社）
『クォ・ヴァディス』（上・中・下 ヘンリック・シェンキェーヴィチ著、木村彰一訳／岩波書店）
『草の葉』（上・中・下 ホイットマン著、杉木喬、鍋島能弘、酒本雅之訳／岩波書店）
『言行録』（『オーウェル著作集』全4巻 ジョージ・オーウェル著、鶴見俊輔ほか訳／平凡社）
『源氏物語』（紫式部著、谷崎潤一郎訳／中央公論社）
『現代の考察』（執行草舟著／PHP研究所）
『現代檻褸集』（『現代日本文学全集50 折口信夫』折口信夫著／筑摩書房）
『古事記』（倉野憲司校注／岩波書店）
『古事記伝』（本居宣長著／吉川弘文館）
『国家と革命』（レーニン著、宇高基輔訳／岩波書店）
『五輪書』（宮本武蔵著、渡辺一郎校注／岩波書店）
『三国志』（全8巻 羅貫中著、小川環樹・金田純一郎訳／岩波書店）
『地獄の季節』（ランボオ著、小林秀雄訳／岩波書店）
『自省録』（マルクス・アウレーリウス著、神谷美恵子訳／岩波書店）
『実存主義とは何か』（『サルトル全集 第13巻』増補版 ジャン・ポール・サルトル著、伊吹武彦ほか訳／人文書院）
『失楽園』（上・下 ジョン・ミルトン著、平井正穂訳／岩波書店）
『資本論』（全9巻 マルクス著、エンゲルス編、向坂逸郎訳／岩波書店）
『邪宗門』（上・下 高橋和巳著／河出書房新社）

参考文献

『十八史略』（『新釈漢文大系　第20・21巻』林秀一著／明治書院）
『趙州録』（『禅の語録11』趙州著、秋月龍珉訳／筑摩書房）
『正法眼蔵』（『日本思想大系12・13道元』道元著、寺田透、水野弥穂子校注／岩波書店）
『死霊』（全3巻　埴谷雄高著／講談社）
『詩論』（『田村隆一全集　全6巻』田村隆一著／河出書房新社）
『神曲』（ダンテ著、平川祐弘訳／河出書房新社）
『神皇正統記』（北畠親房著、岩佐正校注／岩波書店）
『人類再生ーヒト進化の未来像』（ミシェル・セール著、米山親能訳／法政大学出版局）
『朱雀家の滅亡』（三島由紀夫著／河出書房新社）
『聖書』（日本聖書協会　口語訳）
『生の悲劇的感情』（ミゲール・デ・ウナムーノ著、神吉敬三・佐々木孝訳、ヨハネ・マシア解説／法政大学出版局）
『西洋の誘惑』（『世界の大思想III―12』アンドレ・マルロー著、小松清・松浪信三郎訳／河出書房新社）
『石器時代の経済学』（マーシャル・サーリンズ著、山内昶訳／法政大学出版局）
『狭き門』（アンドレ・ジッド著、山内義雄訳／新潮社）
『全詩集』（原文　ルイ・アラゴン著／ガリマール出版社）
『荘子』（全4巻　金谷治訳／岩波書店）
『創造的進化』（アンリ・ベルクソン著、真方敬道訳／岩波書店）
『大学解義』（簡野道明著／明治書院）
『大衆の反逆』（オルテガ・イ・ガセット著、佐々木孝訳／岩波書店）
『脱人間論』（執行草舟著／講談社）

『堕落論』（『堕落論・日本文化私観 他二十二篇』坂口安吾著／岩波書店）
『ツァラトストラかく語りき』（フリードリヒ・ニーチェ著、竹山道雄訳／新潮社）
『哲学史』（『ヘーゲル全集』全20巻32冊　ヘーゲル著、武市健人ほか訳／岩波書店）
『友よ』（執行草舟著／講談社）
『ドン・キホーテとサンチョの生涯』（ミゲール・デ・ウナムーノ著、アンセルモ・マタイス、佐々木孝訳／法政大学出版局）
『涙と聖者』（エミール・シオラン著、金井裕訳／紀伊國屋書店）
『西脇順三郎詩集』（西脇順三郎著、村野四郎編／新潮社）
『日記』（『内村鑑三日記書簡全集』全8巻　内村鑑三著／教文館）
『にんげんだもの』（相田みつを著／文化出版局）
『人間の運命』（ルコント・デュ・ヌイ著、渡部昇一訳／三笠書房）
『バガヴァッド・ギーター』（上村勝彦訳／岩波書店）
『葉隠入門』（三島由紀夫著／新潮社）
『葉隠無残』（滝口康彦著／講談社）
『ハムレット』（『河出世界文学全集1』シェークスピア著、中野好夫ほか訳／河出書房）
『判断力批判』（上・下　カント著、篠田英雄訳／岩波書店）
『般若心経』（『般若心経・金剛般若経』中村元、紀野一義訳注／岩波書店）
『悲天』（三浦義一著／講談社エディトリアル）
『悲の器』（高橋和巳著／河出書房新社）
『プルターク英雄伝』（全12巻　プルターク著、河野與一訳／岩波書店）

『舞姫』（『阿部一族・舞姫』森鷗外著／新潮社）
『マハーバーラタ』（全9巻　山際素男編訳／三一書房）
『万葉集』（『日本古典文学大系　第4・5・6・7巻　萬葉集』高木市之助、五味智英、大野晋校注／岩波書店）
『萬葉集古義』（全10巻　鹿持雅澄著／名著刊行会）
『萬葉集の精神』（保田與重郎著／筑摩書房）
『未来のイヴ』（ヴィリエ・ド・リラダン著、高野優訳／光文社）
『吉本隆明全詩集』（吉本隆明著／思潮社）
『落城』（『新潮日本文学 36 田宮虎彦集』田宮虎彦著／新潮社）
『臨済録』（入矢義高訳注／岩波書店）
『歴史の意味』（ニコライ・ベルジャーエフ著、氷上英廣訳／白水社）
『歴史の研究』（『トインビー著作集』全7巻　アーノルド・トインビー著、長谷川松治訳／社会思想社）
『恋愛論』（上・下　スタンダール著、杉本圭子訳／岩波書店）
『老子』（蜂屋邦夫訳注／岩波書店）
『ロダン』（リルケ著、高安国世訳／岩波書店）
『ロミオとジュリエット』（『河出世界文学全集1』シェークスピア著、中野好夫ほか訳／河出書房新社）
『論語』（金谷治訳注／岩波書店）
『若きウェルテルの悩み』（ゲーテ著、高橋義孝訳／新潮社）
『我と汝』（『我と汝・対話』マルティン・ブーバー著、植田重雄訳／岩波書店）

執行草舟（しぎょう・そうしゅう）
昭和25年、東京生まれ。立教大学法学部卒。実業家、著述家、思想家、歌人。生命の燃焼を軸とした生き方を実践・提唱している生命論研究者。また、独自の美術事業を展開しており、執行草舟コレクション主宰、戸嶋靖昌記念館館長を務める。蒐集する美術品には、安田靫彦、白隠、東郷平八郎、南天棒、山口長男、平野遼等がある。魂の画家・戸嶋靖昌とは深い親交を結び、画伯亡きあと全作品を譲り受け、記念館を設立。その画業を保存・顕彰し、千代田区麴町の展示室で公開している。著書に、『生くる』『友よ』『根源へ』『脱人間論』（以上講談社）、『「憧れ」の思想』『おゝポポイ！』『現代の考察』（以上ＰＨＰ研究所）等がある。

超葉隠論《ちょうはがくれろん》

2021年7月27日　初版第1刷発行
2024年4月19日　初版第3刷発行

著　者　執行草舟
発行者　岩野裕一
発行所　株式会社実業之日本社
〒107-0062　東京都港区南青山6-6-22 emergence 2
電話　（編集）03-6809-0452
　　　（販売）03-6809-0495
https://www.j-n.co.jp/
印刷・製本　大日本印刷株式会社

ISBN978-4-408-33985-6（新企画）